胡咏梅 唐一鹏 著

中国高等教育财政投资规模与配置结构研究

江西教育出版社
JIANGXI EDUCATION PUBLISHING HOUSE

·南昌·

图书在版编目(CIP)数据

中国高等教育财政投资规模与配置结构研究 / 胡咏梅, 唐一鹏著. -- 南昌：江西教育出版社, 2021.10
ISBN 978-7-5705-2479-2

Ⅰ. ①中… Ⅱ. ①胡… ②唐… Ⅲ. ①高等教育 – 教育财政 – 财政支出 – 研究 – 中国 Ⅳ. ① G647.5

中国版本图书馆 CIP 数据核字 (2021) 第 204952 号

中国高等教育财政投资规模与配置结构研究
ZHONGGUO GAODENG JIAOYU CAIZHENG TOUZI GUIMO YU PEIZHI JIEGOU YANJIU

胡咏梅　唐一鹏　著

江西教育出版社出版

(南昌市抚河北路 291 号　　邮编：330008)
各地新华书店经销
江西省和平印务有限公司印刷
700 毫米 ×1000 毫米　　16 开本　　15.25 印张　　字数 204 千字
2021 年 10 月第 1 版　　2021 年 10 月第 1 次印刷
ISBN 978-7-5705-2479-2
定价：48.00 元

赣教版图书如有印装质量问题，请向我社调换　电话：0791-86710427
投稿邮箱：JXJYCBS@163.com　　电话：0791-86705643
网址：http://www.jxeph.com

赣版权登字 -02-2021-668
版权所有　侵权必究

序　言

进入21世纪以来,我国高等教育处于快速发展时期,2015年在校生达3647万人,位居世界第一;各类高校2852所,位居世界第二;毛入学率40%,提前实现了《国家中长期教育改革和发展规划纲要(2010—2020年)》提出的"到2020年,高等教育毛入学率达到40%"的目标,超过中高收入国家平均水平。随着"211工程""985工程""2011协同创新中心""双一流"建设等高等教育重大工程项目的陆续实施,国家投入了大量的财政资金支持高校发展,使得我国高校在国际上的声誉和影响力也快速攀升。根据美国US News发布的2018全球大学排行榜,中国共有136所高校(含港澳地区高校)上榜,位居世界第二,充分反映了我国高等教育重大建设项目所取得的显著成效。习近平总书记在党的十九大报告中指出,内涵式发展、"双一流"建设将是未来我国高等教育发展的重中之重。

然而,自2012年我国GDP(国内生产总值)增速低于8%,2012—2020年一路走低。进入经济发展"新常态"后,国家财政资金对高等教育投入的支持力度相对其他学段的投入在下降。《2016年全国教育经费执行情况统计公报》数据显示,在各级教育生均公共财政预算教育事业和公用经费支出上,普通高校增幅最慢(教育事业经费增幅仅为3.33%),生均公用经费的增幅甚至为负,这无疑将影响到今后我国高等教育事业的稳步发展。而且,2019年底至今,全球遭遇新冠病毒疫情,导致全球经济迅速下滑。因此,我国政府能否持续为高等教育提供充足的财政支持成为亟待研究的问题,值得研究者们根据我国高等教育和经济发展的历史数据进行科学合理的预测研究，以期为我国政府在未来制定高等教育财政政策时提供参考。

本专著聚焦我国高等教育财政投资规模、不同类型高等教育财政投资配置结构、生均财政拨款标准、师均科研经费标准四个方面开展研究，相关结论能够为我国政府制定"十四五"期间高等教育财政的拨款规模提供决策依据；为中央和地方教育主管部门调整生均财政拨款标准提供参考；为相关决策机构制定保障高校教师基本科研事业经费提出备选方案。

在本专著的写作过程中，我们参阅和借鉴了大量相关论文和书籍，在此谨向相关作者表示衷心的感谢！此外，本专著的写作得到许多同行、同事、学生的帮助与支持，受益于与他们的讨论和交流，包括：杜育红教授、陈晓宇教授、栗玉香教授、孙志军教授、刘泽云教授、胡耀宗教授、成刚博士、梁文艳博士、王维懿博士等。同时，感谢易慧霞博士、赵冉博士、梁安安硕士参与部分章节的撰写工作。此外，衷心感谢北京大学闵维方教授、北京师范大学靳希斌教授、首都师范大学孟繁华教授对本书的大力推荐！

最后，感谢江西教育出版社的总编辑桂梅女士在书稿出版过程中给予的帮助与支持！感谢审稿人对此著作提出的宝贵意见，使得此著作更为完善！感谢责任编辑魏文远对此书稿的仔细校对与修改！由于我们的水平有限，错漏之处恐在所难免，恳请各位学者和读者批评指正。

胡咏梅　唐一鹏

2020 年 12 月 30 日

目 录

1 绪论 ·· 001
　1.1 研究背景 ·· 001
　　1.1.1 不同"身份"高校投资配置失衡 ································ 002
　　1.1.2 高校内部经费结构没有达到优化状态 ······················ 004
　　1.1.3 经济发展"新常态"下财政资金对高校人才培养的
　　　　 支持不足 ··· 005
　1.2 研究意义 ·· 006
　1.3 高等教育财政研究的理论基础 ·· 007
　　1.3.1 高等教育成本分担理论 ·· 007
　　1.3.2 高等教育财政拨款模式 ·· 009
　1.4 高等教育财政投资的相关实证研究 ································· 012
　　1.4.1 高等教育财政投资规模与比例的实证研究 ················ 013
　　1.4.2 高等教育财政投资的配置结构的实证研究 ················ 015
　1.5 文献研究述评 ·· 017
　1.6 研究设计 ·· 019
　　1.6.1 研究目标 ·· 019
　　1.6.2 研究内容 ·· 019

    1.6.3 关键研究问题 ………………………………………… 023
    1.6.4 研究框架与内容安排 …………………………………… 023

2 **高等教育财政经费预测研究的基本方法** ……………………………… 026
  2.1 基于面板数据的预测方法 ………………………………………… 026
    2.1.1 面板数据概述 ……………………………………………… 027
    2.1.2 固定效应模型 ……………………………………………… 028
    2.1.3 随机效应模型 ……………………………………………… 029
    2.1.4 固定效应模型与随机效应模型的选择 ……………………… 030
    2.1.5 带异质性的面板数据模型 ………………………………… 032
  2.2 基于时间序列数据的预测方法 ……………………………………… 033
    2.2.1 时间序列数据概述 ………………………………………… 033
    2.2.2 单变量时间序列预测 ……………………………………… 034
    2.2.3 自回归与移动平均模型 …………………………………… 037
    2.2.4 组合预测方法 ……………………………………………… 039
  2.3 本章小结 ……………………………………………………………… 040

3 **高等教育财政经费的充足性与公平性** ……………………………… 044
  3.1 高等教育财政经费的充足性 ………………………………………… 044
    3.1.1 高等教育生均财政性经费的国际比较 …………………… 045
    3.1.2 高等教育财政投资比例的国际比较 ……………………… 048
  3.2 高等教育财政经费的公平性 ………………………………………… 051
    3.2.1 高等教育财政的中立性 …………………………………… 052
    3.2.2 高等教育生均财政经费配置的差异性 …………………… 054

目 录

  3.2.3 高等教育财政支出的收敛性 …………………………… 057

 3.3 本章小结 ………………………………………………………… 059

4 高等教育财政投资规模预测 ……………………………………… 061

 4.1 研究背景 ………………………………………………………… 061

 4.2 文献综述 ………………………………………………………… 062

 4.3 数据与方法 ……………………………………………………… 065

  4.3.1 数据及样本描述 ……………………………………………… 065

  4.3.2 预测模型设定 ………………………………………………… 066

 4.4 实证研究结果 …………………………………………………… 068

  4.4.1 计量模型的估计结果 ………………………………………… 068

  4.4.2 样本内预测精度 ……………………………………………… 069

  4.4.3 高等教育在校生规模预测 …………………………………… 071

  4.4.4 高等教育财政投资比例和规模预测 ………………………… 073

 4.5 本章小结 ………………………………………………………… 074

 附录："十三五"期间高等教育在校生规模与财政投资规模预测 … 077

5 不同类型高校教育财政投资配置结构及比例预测 …………… 090

 5.1 我国高等教育财政投资配置结构现状 ………………………… 091

  5.1.1 不同类属不同省区高校财政投资配置结构现状 …… 091

  5.1.2 不同类型高校财政投资配置结构现状 ……………… 094

 5.2 我国高等教育财政投资配置结构预测 ………………………… 096

  5.2.1 预测模型与方法 ……………………………………………… 097

  5.2.2 预测结果 ……………………………………………………… 101

5.3 主要结论与政策启示 ·· 109
    5.3.1 主要结论 ··· 109
    5.3.2 政策启示 ··· 110

6 高等教育教学拨款与生均财政拨款标准研究 ················ 112

6.1 我国中央高校财政性经费拨款模式的历史沿革 ············· 112
    6.1.1 中央高校"基数加增长"(1955—1985年)拨款模式
        ··· 113
    6.1.2 中央高校"综合定额加专项补助"(1986—2002年)
        拨款模式 ··· 113
    6.1.3 中央高校"基本支出预算加项目支出预算"
        (2002—2008年)拨款模式 ···························· 115
    6.1.4 中央高校"生均综合定额"(2008年至今)拨款模式
        ··· 115

6.2 地方高校的生均经费拨款现状 ································ 118
    6.2.1 地方高校财政预算拨款概述 ······················· 118
    6.2.2 部分省份的生均财政经费拨款政策 ··············· 119

6.3 发达国家公立高校的教学拨款模式 ························· 122
    6.3.1 美国公立高校的拨款模式 ························· 122
    6.3.2 英国公立高校的教学经费拨款及成本核算 ········ 125

6.4 生均培养成本的基本计量方法 ······························· 129
    6.4.1 会计核算法 ··· 129
    6.4.2 作业成本法 ··· 132
    6.4.3 计量模型法 ··· 133

  6.4.4 生均培养成本计量方法的比较 …………………… 134
6.5 我国高校生均财政经费拨款标准制定的原则 …………… 135
6.6 基于培养成本影响因素的拨款标准调整系数估计 ……… 137
  6.6.1 生均培养成本的影响因素分析 ………………… 137
  6.6.2 数据、变量与模型设定 ………………………… 139
  6.6.3 描述统计分析 …………………………………… 142
  6.6.4 模型结果及其分析 ……………………………… 143
  6.6.5 模型稳健性检验 ………………………………… 146
6.7 本章小结 …………………………………………………… 147

7 高校教师师均科研经费标准设定研究 …………………… 149

7.1 研究背景 …………………………………………………… 149
7.2 文献综述 …………………………………………………… 151
  7.2.1 概念界定 ………………………………………… 151
  7.2.2 国内外高校科研经费投入体制 ………………… 153
  7.2.3 国内外非竞争性经费拨款标准 ………………… 157
  7.2.4 国内外竞争性和非竞争性科研经费配置现状 … 160
7.3 高校教师非竞争性科研经费需求调查设计与实施 ……… 168
  7.3.1 问卷设计与调查实施 …………………………… 168
  7.3.2 样本分布及代表性 ……………………………… 169
7.4 高校教师科研项目分布现状 ……………………………… 172
  7.4.1 不同学科高校教师的科研项目分布 …………… 173
  7.4.2 不同层次高校教师的科研项目分布 …………… 174
  7.4.3 不同职称高校教师的科研项目分布 …………… 176

7.5 高校教师科研经费分布现状 ·········· 178
7.5.1 不同学科高校教师的科研经费分布 ·········· 180
7.5.2 不同类型高校教师的科研经费分布 ·········· 182
7.5.3 高校教师科研经费集中度 ·········· 184
7.6 高校教师对非竞争性科研经费的态度分析 ·········· 186
7.6.1 高校教师对非竞争性科研经费设立的态度分布
·········· 186
7.6.2 非竞争性科研经费设立态度的影响因素 ·········· 187
7.7 师均科研经费拨款标准 ·········· 191
7.7.1 基于科研卓越评估框架的英国高校科研经费拨款方法
·········· 191
7.7.2 我国高校师均科研经费拨款标准 ·········· 196
7.8 结论与建议 ·········· 199
7.8.1 主要结论 ·········· 199
7.8.2 政策建议 ·········· 200
附录：高校教师非竞争性科研经费需求调查问卷 ·········· 202
附录：部分高校基本科研业务经费的管理方法 ·········· 207

参考文献 ·········· 208
结束语 ·········· 226

表 索 引

表1-1　我国高等教育财政预算支出的内容和界定 …………… 011

表2-1　高等教育财政预测文献及其主要方法 …………………… 041

附表2-1　主要预测方法的Stata命令简介 ……………………… 041

表3-1　2001-2011年13个国家高等教育生均财政性经费（IntD）
　　　　………………………………………………………………… 046

表3-2　高等教育财政投资比例与GDP、政府财政支出的相关系数
　　　　………………………………………………………………… 051

表3-3　高等教育生均财政经费的阿特金森指数（2006—2016年）
　　　　………………………………………………………………… 056

表3-4　高等教育财政支出的绝对收敛 …………………………… 058

表3-5　高等教育财政支出的条件收敛 …………………………… 059

表4-1　主要变量描述统计 ………………………………………… 066

表4-2　结构方程模型的第二阶段估计结果 ……………………… 068

表4-3　结构方程模型的第一阶段估计结果 ……………………… 069

表4-4　2021—2025年我国高等教育在校生规模的预测结果 …… 072

表4-5　2021—2025年我国高等教育财政投资比例和规模的预测值
　　　　………………………………………………………………… 073

附表 4-1　下限模型估计结果（全样本） …………………………… 082
附表 4-2　下限模型估计结果（中国子样本） ………………………… 083
附表 4-3　2016—2020 年中国高等教育财政投资比例和规模的预测值
　　　　　（下限） ………………………………………………………… 085
附表 4-4　上限模型的第二阶段估计结果 …………………………… 086
附表 4-5　上限模型的第一阶段估计结果 …………………………… 086
附表 4-6　2016—2020 年中国高等教育财政投资比例和规模的预测值
　　　　　（上限） ………………………………………………………… 087
附表 4-7　采用人均 GDP 模型的估计结果（全样本）………………… 088
附表 4-8　中国毛入学率、在校生规模、学杂费占比的预测值 ……… 088
表 5-1　普通本科高等教育财政投资比例预测模型 ………………… 101
表 5-2　趋势模型、单指数平滑及 Holter-Winter 非季节模型预测与组
　　　　合模型预测结果 ………………………………………………… 103
表 5-3　2015—2020 年在校生规模比例 GSTUR 组合模型的预测结果
　　　　………………………………………………………………………… 104
表 5-4　ADF 单位根检验结果 ………………………………………… 104
表 5-5　2015—2020 年央属普通本科高校与地方高职院校生均公共财
　　　　政预算教育经费支出之比 GVEXPP 组合模型的预测结果
　　　　………………………………………………………………………… 105
表 5-6　2015—2020 年预测值 Y_f …………………………………… 106
表 5-7　变量的描述性统计（2005—2014 年） ……………………… 107
表 5-8　2015—2020 年份省地方普通本科高等教育财政投资占比的预
　　　　测结果（固定效应模型） ……………………………………… 108
表 6-1　2008 年改革后的中央高校本专科生均综合定额标准 …… 116

表 6-2 美国得克萨斯州高等教育拨款的成本项目 …………… 123
表 6-3 英国高校高成本学科的生均教学拨款标准 …………… 128
表 6-4 英格兰高等教育基金委员会定向拨款生均拨款标准 …… 129
表 6-5 生均培养成本计量方法概览 …………… 135
表 6-6 教育部直属高校样本名单 …………… 139
表 6-7 影响因素模型中的变量定义 …………… 141
表 6-8 描述性统计 …………… 143
表 6-9 生均培养成本的影响因素模型估计结果 …………… 144
表 6-10 教育部直属高校的生均培养成本及不同特征高校的生均拨款的调整系数 …………… 145
表 6-11 稳健性检验结果 …………… 146
表 6-12 调整系数比较 …………… 147
表 7-1 中国政府对高校的科研资助体系 …………… 153
表 7-2 部分高校基本科研业务费管理办法 …………… 164
表 7-3 样本分布情况 …………… 169
表 7-4 不同职称教师的年龄分布 …………… 171
表 7-5 两组样本的分布特征比较 …………… 172
表 7-6 国家级课题在不同学科、不同年龄段高校教师中的分布 …………… 174
表 7-7 不同层次高校、不同学科教师的科研项目类型分布 …… 176
表 7-8 不同学科、不同职称教师获得的科研项目类型分布 …… 178
表 7-9 样本高校教师科研经费整体情况 …………… 179
表 7-10 不同学科教师的科研经费分布(%) …………… 180
表 7-11 科研经费在 5 万元以下的教师在年龄结构、职称结构的分

布(%) …………………………………………………… 181
表7-12 不同高校类型教师的科研经费分布(%) …………… 183
表7-13 不同学科高校教师科研经费的集中度(%) ………… 184
表7-14 经费处于最低20%的教师特征分布(%) …………… 185
表7-15 不同特征教师对非竞争性科研经费设立持赞同态度的比例
(%) ………………………………………………… 186
表7-16 主要变量说明及描述统计分析 …………………… 188
表7-17 Logistic 模型结果 ………………………………… 190
表7-18 HEFCE 科研拨款的项目类型与资助说明 ………… 192
表7-19 REF 在 X_1 评估单元的质量与研究量 …………… 194
表7-20 三所高校在 X_1、X_2、X_3 评估单元的研究量 …… 195
表7-21 各评估单元的拨款份额 …………………………… 195
表7-22 主流质量相关基金拨款结果 ……………………… 196
表7-23 师均科研经费拨款标准 …………………………… 198

图 索 引

图 1-1　研究的技术路线 ·· 024

图 3-1　2001—2011 年各类国家高等教育生均经费(IntD) ········· 047

图 3-2　2001—2011 年各类国家高等教育财政性经费占 GDP 比例(%)
　　　　·· 049

图 3-3　2001—2011 年各类国家高等教育财政性经费占财政支出比例
　　　　(%) ··· 050

图 3-4　高等教育生均财政经费与人均 GDP 的相关系数(2006—
　　　　2016 年) ··· 053

图 3-5　高等教育生均财政经费对 GDP 的弹性系数(2006—2016 年)
　　　　·· 054

图 3-6　高等教育生均财政经费的阿特金森指数(2006—2016 年)
　　　　·· 056

图 4-1　高等教育在校生规模与投资比例预测精度 ·················· 070

图 4-2　2021—2025 年毛入学率和在校生规模预测值 ············· 072

图 4-3　2021—2025 年高等教育财政投资比例和规模预测值 ··· 074

图 5-1　1995—2014 年央属和地方普通高校财政性教育经费占比变化
　　　　·· 093

图 5-2　1995—2014 年央属和地方普通高校生均预算内教育经费支出

变化 ·· 094

图5-3 2005—2014年普通本科高校、高职院校在校大学生规模数量及普通本科在校生规模占比变化 ·· 095

图5-4 2005—2014年央属普通本科高校与地方高职院校生均公共财政预算教育经费支出与两者比例变化 ·························· 096

图5-5 自相关与偏自相关函数图 ··· 105

图5-6 2016—2020年我国普通本科高校财政投资规模的可行区间 ·· 106

图7-1 我国高校科研经费投入体制 ··· 156

图7-2 样本高校教师与教育部统计的高校教师的年龄结构对比 ·· 170

图7-3 样本高校教师与教育部统计的高校教师的职称结构对比 ·· 171

图7-4 2013—2015年样本高校教师获得的科研项目类型分布 ·· 173

图7-5 2013—2015年不同学科样本高校教师获得的科研项目类型分布 ·· 173

图7-6 2013—2015年不同层次高校教师获得的科研项目类型分布 ·· 175

图7-7 2013—2015年不同职称的高校教师获得的科研项目类型分布 ·· 177

图7-8 样本高校教师获得的科研项目经费的分布（％） ············ 180

图7-9 高校教师对非竞争性科研经费设立的态度分布（％） ······ 186

1 绪论

关于高等教育财政投资研究一直是国内外教育经济学研究的重要领域,对该问题的关注与研究不仅影响高等教育事业的发展与社会公平的改善,也会影响国家人力资源的积累和经济、文化的发展水平。本研究聚焦于"后4%时代"中国高等教育财政投资规模与配置结构问题,主要探究如何制定与经济社会发展需求相适应的高等教育财政投资规模问题,以及如何在高等教育系统合理配置公共教育财政资源,保障高等教育各类人才培养质量和科研事业的可持续发展。本章共分六节,第一节描述研究主题提出的现实背景,剖析我国高等教育财政投资存在的突出问题;第二节阐释本研究的学术价值和政策参考价值;第三节综述高等教育财政研究的理论基础;第四节从高等教育财政投资规模与比例、高等教育财政投资配置结构两个方面展开相关研究综述;第五节是文献研究述评;第六节是在对文献梳理的基础上开展的本研究设计。

1.1 研究背景

1993年7月颁布的《中国教育改革和发展纲要》明确提出,到20世纪末,我国财政性教育经费支出占国民生产总值(GDP)的比重要达到4%的目标。这一指标是当时国内学术界参照主要发达国家政府投资教育水平而设定的基准。但直到20年后,国家财政性教育经费支出占GDP比重才首次超过4%。然而,姗姗来迟的4%让我国公共教育财政政策制定陷入了新的困境,国内部分学者开始以"后 4％时代"为主题,着力探讨今后我国公共教育财政支出的走向问题,以及教育投入长效保障机制建立问题[1-4],高等教育财政投资规模以及配置结构是其中非常重要的内容。

综观已有研究,我们发现目前我国高等教育财政投资体系主要存在以下三个方面的问题:一是对不同"身份"高校投资配置失衡,地方高校运行成本远超过来自财政的生均拨款水平;二是高校内部经费结构没有达到优化状态,按照生均综合定额为基础的财政拨款中缺乏师均定额,导致教师基本科研活动的开展没有稳定来源;三是经济发展新常态下高校顺应经济社会发展对人才需求规格的变化而做出的有益实践探索与人才培养体系改革急需政府财政资金的大力支持与保障。

1.1.1 不同"身份"高校投资配置失衡

2015 年前后媒体上出现的"'211 工程'和'985 工程'存废之争"正是折射出了大众化高等教育时代的政府对不同"身份"高校投资配置失衡问题。2015 年 8 月 18 日,中央全面深化改革领导小组会议审议通过《统筹推进世界一流大学和一流学科建设总体方案》,将"211 工程""985 工程"及"优势学科创新平台"等重点建设项目,统一纳入世界一流大学和一流学科建设。2017 年 1 月,教育部、财政部、国家发展和改革委员会印发《统筹推进世界一流大学和一流学科建设实施办法(暂行)》。2017 年 9 月 21 日,教育部、财政部、国家发展和改革委员会联合发布《关于公布世界一流大学和世界一流学科建设高校及建设学科名单的通知》,正式公布了 140 所"双一流"建设高校名单,其中世界一流大学建设高校 42 所,世界一流学科建设高校 95 所。2018 年 10 月里瑟琦智库统计了 42 所世界一流大学建设高校 2016－2018 年的年度预算金额,60％以上的"双一流"建设高校预算在 50 亿以上,清华大学高居榜首,2018 年预算已经接近 270 亿,而且绝大多数高校预算均呈现明显的增幅,尤其是同济大学、兰州大学、中国海洋大学和云南大学 2018 年度的预算总额较前一年出现较大增幅,同济大学和云南大学甚至是翻倍的增长,这其中和地方政府对"双一流"政策的支持不无关系[5]。

不仅中央财政与地方财政对"双一流"与非"双一流"高校的财政拨款差异巨大,而且长期以来中央高校与地方高校的财政拨款差距也在不断拉大。徐志强[6]通过整理1998—2015年的高等教育经费数据,发现与中央高校相比,地方高校在校均拨款和生均拨款上均严重不足。从校均拨款来看,1998年中央高校和地方高校分别为263所和759所,中央高校的校均经费是地方高校的4.28倍;到2015年,中央高校仅有111所,而地方高校则增加到2734所,但中央高校的校均经费扩大到地方高校的10.52倍。从生均经费来看,在2011年之前,中央高校和地方高校之间的生均经费差距一直在扩大,从1.75倍增加到2.5倍。2015年的数据则表明,中央高校生均经费达到5.16万,而地方高校仅为2.45万,差距仍然十分明显。

在地方高校生均拨款水平处于低位的情况下,地方高校的预算支出则在不断提升,财政拨款远远低于高校实际运行成本,成为普通高等学校提升高等教育质量资金不足的障碍①。实际上,已有研究者注意到地方高校运行成本的问题,并指出地方高校运行成本远远超过来自财政的生均拨款水平。例如,樊司[8]的分析表明,地方普通高校的教育经费收支现状出现日趋不平衡,不少高校甚至尝试向银行寻求贷款来缓解经费紧张的问题。李未[9]则指出,原本有限的财政支持有时也不能全部兑现,约有27.38%的地方高校表示政府拨款难以完全到位,进一步提高了地方高校筹措教育经费难度。另外,高校基于教育公平的原则还需要保障来自低收入家庭的大学生不能因贫失学。2009年世界高等教育大会公报提出,"在扩大高等教育入学机会的同时,高等教育必须同时追求公平、适切性及质量三大目标。公平不只是一个简单的入学机会问题——还意味着要确保学生顺利参与并完成学业的

---

① 根据高等教育财政理论,高等教育机构的成本往往由收入决定,其质量提高受到成本的约束。从长期看,受质量提升的要求,高等学校的成本应该是递增的。中国地方高校近十年来低成本的运行,在一定程度上说明高等教育质量没有发生太大变化,甚至有所降低。参见袁连生:《我国高等学校生均成本变动分析》,《教育研究》2004年第6期。

目标,同时保证学生的待遇,这就必须向贫困和边缘化的群体提供合适的财政援助和教育政策的支持"[10]。根据金芳颖等人的研究表明,2017年浙江省高校平均学费达到农村居民可支配收入的27.8%,城镇居民可支配收入的18.32%,可见地方高校的学费水平仍然超过部分农村家庭的承受能力[11]。此外,该研究也指出,浙江省公立高校的学费十年间的涨幅仅为15.4%,相比高校生均支出的涨幅(102.7%)而言十分有限。但是,仍然需要注意在保持学费合理上涨的同时,合理制定对农村和城市低收入家庭学生的减免学费制度。因此,在完善高等教育财政制度的过程中,需要重视改进学费标准设定与学生资助制度。

1.1.2 高校内部经费结构没有达到优化状态

不仅目前各级财政对不同"身份"高校的投资配置不均衡,央属高校和地方高校获得的财政资金差异很大[12]①,不同省区高校生均财政拨款也有较大差距。而且,高校内部经费结构没有达到优化状态,按照生均综合定额为基础的财政拨款中缺乏师均定额,导致教师基本科研活动的开展没有稳定来源。

教育部综合改革司处长赵应生在全国首届大学发展与筹资、投资学术研讨会上指出:"这几年中央财政提高生均经费的投入,科研经费也大幅度增加,似乎我们的高校并不缺钱,但并不见得经费结构已经达到优化。"[13]这种不合理的结构不仅会导致上述的教育部直属高校与地方高校财政性拨款比例差异较大,而且在教育部直属高校事业经费拨款中仅按照生均综合定额为基础(生均综合定额中没有涵盖教师科研经费,仅有教师工资和福利

---

① 罗建平、马陆亭回顾了我国过去20年间普通高校经费的筹措、分配和使用的进展情况,描述分析了教育经费的收入和支出结构,发现我国1994—2011年间央属和地方普通高校的校均经费收入的差距呈扩大趋势。1994年,地方高校的校均收入为央属高校校均收入的45%,2000年以后持续下降,地方高校的校均经费收入仅为央属院校校均收入的13%左右,这样的经费收入差异结构与我国高校财政的倾斜性投入政策密切相关,使得我国地方院校办学经费不充足的形势更加严峻。

费),缺乏师均定额,导致教师基本科研活动的开展没有稳定来源。目前教育部直属高校财政拨款实施的"项目支出预算"的六类中属于"其他类"中的"中央高校基本科研业务费、基础学科拔尖创新人才专项经费"在高校内部配置时也属于竞争性的经费,而不是非竞争性的、保障所有教师从事基本科研活动的经费。[14]

1.1.3 经济发展"新常态"下财政资金对高校人才培养的支持不足

中国在迈向高收入水平国家过程中,经济发展依赖产业升级、技术进步和人才红利。这对高等教育事业提出更高的要求。高校在高质量人才培养和科技创新中的工作任重道远。2010年以来实施了"卓越工程师教育培养计划"①,2012年8月教育部颁布了《普通本科学生创业教育教学基本要求(试行)》,全面推动高等学校创业教育科学化、制度化、规范化建设。2013年11月教育部同人力资源社会保障部制定颁布了《关于深入推进专业学位研究生培养模式改革的意见》,以职业需求为导向,以实践能力培养为重点,以产学结合为途径,建立与经济社会发展相适应、具有中国特色的专业学位研究生培养模式。② 由复旦大学、上海交通大学、同济大学、上海中医药大学以及第二军医大学共同实施的我国临床医学教育综合改革的"5+3"模式以及南京大学的"三三制"本科人才培养体系改革均是高校顺应经济社会发展对人才需求规格的变化而做出的有益实践探索。近年来,"新工科"建设成为工科人才培养的重要抓手,在教育部指导下进行多次研讨,先后形成了"复旦共识""天大行动""北京指南",旨在加快"新工科"的建设步伐。2017年教

---

① 有208所高校的1257个专业点、514个研究生层次学科点按照"卓越工程师教育培养计划"进行改革试点,覆盖在校生约13万人。(《全面提高本科教育质量将有哪些举措?》教育部高教司司长张大良在教育部新闻办官方"微信教育"平台上的解读。2014-11-17)

② 自2011年以来,已有6155家企业与高校签约参与人才培养工作,其中626家企事业单位成为首批国家级工程实践教育中心建设单位。高校累计投入专项经费22亿元,签约企业投入经费约4.2亿元。(《全面提高本科教育质量将有哪些举措?》教育部高教司司长张大良在教育部新闻办官方"微信教育"平台上的解读。2014-11-17)

育部发布《关于开展新工科研究与实践的通知》,并于2018年发布《关于公布首批"新工科"研究与实践项目的通知》,确定了首批202个综合改革项目和410个专业改革项目。2019年底,9所工科优势院校(哈尔滨工业大学、天津大学、东南大学、同济大学、北京理工大学、重庆大学、大连理工大学、华南理工大学、西北工业大学)联合发布了《卓越大学联盟新工科教育质量宣言》,组成了卓越大学联盟,探索以新工科建设为载体的"三全育人""五育并举"新工科人才培养体系[15]。上述我国高等教育事业的快速发展与变革需要充足经费为支撑。但在中国经济总体增速趋缓大背景下,财政大幅增加教育经费的可能性很小。因此,在"后4%时代"的经济新常态背景下,政府对于与我国高等教育事业发展相匹配的高等教育投资规模的保障以及如何在高等教育系统优化财政资源配置,是关系到高等教育发展改革能否顺利推进的重要问题。

1.2 研究意义

在"后4%时代"的经济新常态背景下,开展高等教育财政投资规模预测和配置结构方面的理论与应用研究,具有重要的学术价值。关于高等教育财政投资研究一直是国内外教育经济学研究的重要领域,但由于理论、方法、数据的局限,现有研究的角度和深度受到不同程度的限制。本研究将基于长期时序数据的计量模型分析方法来预测我国高等教育财政投资规模、比例,以及普通高等教育、高等职业教育投资比例、生均综合定额拨款标准等,力争在理论模型建构、分析方法技术和研究设计完善方面做出贡献。

同时,本研究基于高等教育财政规模预测和配置结构方面的估算也将对相关高等教育发展规划和财政政策的制定与改进具有重要的参考价值。本研究聚焦于"后4%时代"中国高等教育财政投资规模与配置结构问题,主要探究如何制定与经济社会发展需求相适应的高等教育财政投资规模问题,以及如何在高等教育系统合理配置公共教育财政资源,保障高等教育各类人才培养质量和科研事业的可持续发展。这两大问题的解决能够为政府制定未来几年的高等教育财政的拨款规模提供决策依据;为教育部和相关决策机构合理配置不同类型高校(普通高等教育院校与高等职业教育院校)的公共财政投资比例、设定生均定额标准的调整系数提供参考,为制定保障高校教师基本科研事业经费提出备选方案。

总之,对上述问题的研究不仅为政府进一步改进和完善对高等教育财政的宏观调控政策提供理论依据,对保障我国高等教育事业的可持续发展具有重要意义,而且将会拓展和丰富我国高等教育财政理论研究,改进和完善高等教育财政投资规模和配置结构的理论模型和方法技术。

1.3 高等教育财政研究的理论基础

高等教育财政研究是运用经济学和财政学的理论和方法,研究高等教育中的财政问题,聚焦于高等教育经费的筹措、分配和使用,与教育财政政策密切相关。而研究高等教育经费的筹措、分配和使用,这就涉及教育经费的来源渠道和分担机制,特别是政府、社会、个人在高等教育财政中的作用。

1.3.1 高等教育成本分担理论

高等教育成本分担理论是美国教育经济学家布鲁斯·约翰斯通提出的。该理论认为,高等教育的各种成本应由政府或者纳税人、学生家长、学生本人、私人或社会事业捐赠者共同承担。[16]此后,各国政府制定的高等教育财政拨款政策以及高校制定的相关学杂费收支制度都以此作为重要的理论依据。

高等教育成本由高等教育主体中的各受益者进行合理分担,即受益者根据各自收益情况及支付能力对高等教育成本进行补偿。按高等教育成本分担理论逻辑,受益者需付费,那么,高等教育作为一种有投资、有收益的教育服务和产品,可不同程度地满足国家、政府、受教育者、纳税人、企业、家庭、高校等多个主体的需求,他们也是真正的受益者。因而,政府、学生家长、学生本人、企业或社会事业捐赠者需要共同分担高等教育成本。

萨缪尔森于1954年提出的公共产品理论认为,全部社会产品和服务可分为公共产品、准公共产品和私人产品三种,其中公共产品应由政府提供,准公共产品应由政府与相关受益者共同提供,私人产品应由受益者提供。而高等教育产品作为介于私人产品和公共产品两者之间的准公共产品,具有巨大的正外部效应,尤其在促进经济增长、提高国民生活水准、缩小贫富差距等方面均有不可或缺的作用,该产品显然应由政府和相关受益者提供。这也为政府分担高等教育成本提供了一定的理论和现实基础。世界上大多数国家都以此理论为依据化解其高等教育经费需求与供给之间的矛盾,并建立了多元化的高等教育投入机制,美国、加拿大、英国、澳大利亚、荷兰等国家也都以此理论为基础制定了一系列相关高等教育学杂费收支政策并付诸实践。[17]

伴随我国高等教育规模的不断扩大,高等教育整体水平的不断提高,高校的生均成本也在逐步提高,加之国家财力有限,经过30多年的经济高速增长后,目前已经进入相对平稳的中低速发展时期,即处于经济发展"新常态",国家财政收入增速低迷,高等教育可持续发展面临挑战,"双一流"建设的财政保障也面临较大压力。同时,各类高校自身发展也需要大量资金支持,并且我国高等教育资源分布严重不均衡,因此,构建合理的高等教育成本分担机制十分必要,且能够有效解决上述问题。

高等教育学校成本是指高校按照一定的教育服务标准在一定时期内因进行教育活动所耗费教育资源的价值。高等教育成本按支付主体来分类可以分为学校主体与个人主体。高校成本包括教育和管理费用,学校使用的土地费用,教学和科研使用的固定资产等与学校整体运行相关的费用。高等教育个人成本是指受教育者的家庭及个人为其接受高等教育而支付的各项费用之和,也称私人成本,包括学费、杂费、住宿费及生活费等私人费用。

我国普通高等学校教育经费来源主要包括国家财政拨款、学费杂费收入、校办产业和社会服务用于教育的经费、社会捐赠经费、其他收入五部分。一直以来我国高校的教育经费以"财政拨款"和"学费"为主要来源,尚未形成教育经费多元化的格局。[18]

根据英国、美国等国家对高校财政拨款和学费定价的经验,他们通常对不同质量层次的高校以及不同学科专业的学生进行差别拨款和差别学费定价。同时,也会按照"能力支付原则"对来自不同经济收入家庭的高校学生进行差别收费或制定减免学费政策,以保障高等教育入学机会的公平。因而,我国高等学校也可以参照英、美等国的经验,由教育部、财政部组织高等教育财政方面的专家学者测算不同学科的全国平均教学成本,并根据成本高低将所有学科划分为不同的价格组,每组设定一个生均拨款标准,并根据成本分担原则,确定各学科的学费标准,作为各高校针对不同成本学科进行学费定价的参考线。此外,各高校需要考虑地域、学生家庭经济状况等因素制定不同的学费收费标准,尤其是对来自西部偏远地区、农村地区及贫困家庭的学生,根据学生具体家庭收入状况适当减免学费,将学费标准控制在他们的经济承受能力范围之内。

1.3.2 高等教育财政拨款模式

上海教育科学研究院课题组将目前已有的政府高等教育财政拨款方式归纳为四种类型[19]:(1)增量拨款。增量拨款是一种基数加发展的方式。不少国家在20世纪七八十年代都采用了这一拨款方式,正好顺应了这一时期高等教育从精英教育向大众化教育发展的潮流,从而满足政府和高校对于拨款增长的需求。但是,现在许多国家已经不再采用增量拨款法,因为增量拨款法和公平、效率原则相违背。(2)公式拨款。用公式拨款代替增量拨款是20世纪工业化国家高教拨款体制的一项重大变革。公式拨款就是政府按照总的生均成本拨款,对构成生均成本的不同因素赋以不同的权重。如德国、荷兰、丹麦、挪威等国家在20世纪80年代以后实施了将学习时间、专业类型、层次等作为生均成本权重因素的公式拨款模式。我国1986年开始实施的生均综合定额拨款也属于这一类型。(3)合同拨款。合同拨款是20世纪70年代以来形成的大学科研经费拨款模式,政府拨款机构通常采用招标、投标方式分配科研经费,以保证财政拨款的最优配置和高效使用。法国、丹麦、荷兰等国家为了有效配置有限的科研经费而采用了这一拨款模式。

(4)学费拨款。这是一种政府直接资助学生接受高等教育的拨款。它既可以拨给学校,也可以直接给学生;既可以全额拨款,也可以部分拨款、差额拨款。实施全额拨款的国家主要是欧洲一些福利性国家,如德国、法国、西班牙、芬兰等。20世纪80年代以来许多国家开始实施奖贷学金部分拨款,如澳大利亚、英国、新加坡等,政府用无息、低息等方式资助学生,有助于效率和公平目标的实现。

有学者对美国、英国、日本、澳大利亚高等教育财政拨款的构成进行研究发现,这些国家高等教育财政拨款主要由教学拨款、科研拨款和学生资助三部分构成。美国高等教育财政拨款主要包括教育经常经费、资本性经费、专项经费三类,而且是联邦政府、州政府和地方政府三级拨款。联邦政府的拨款主要是科研拨款以及对学生的资助;州政府拨款是大学经费的主要来源,由各州的高等教育管理委员会负责具体实施;地方政府拨款一般较为有限[20]。英国政府对高校的拨款主要涉及教学经常费拨款、科研拨款以及对学生的资助。日本中央政府、都道府县和市共同分担高等教育的财政拨款责任。日本中央政府的财政拨款主要用于国家教育活动的直接开支,如对国立大学的拨款;中央政府也对公立大学和私立大学给予经费补助,具体拨款由日本文部省执行,拨款范围主要涉及以下方面:一是用于国立高等教育机构;二是用于弥补私立高校经常性开支的拨款补助;三是用于科学研究和国家战略及创新性研究促进计划的具有竞争性的拨款补助;四是育英奖学金计划拨款。澳大利亚高等教育财政拨款主要来自联邦政府,州政府负责对州内高等教育的立法管理及少量对大学的拨款。联邦政府对大学的财政拨款主要通过下属的教育、科学与训练部来执行,该部设有专门的高等教育拨款部门,负责对大学的教学、科研和学生援助等各项拨款。自1994年起,联邦政府将原先的经常性拨款和基建拨款合并,称作"一揽子拨款"。主要包括教学拨款、科研拨款和学生资助计划拨款三个方面[21]。

国内学者对于我国高等教育财政拨款模式的研究也不少[22-26]。王善迈[26]认为2002年开始实施的"基本支出预算和项目支出预算"的拨款模式与1986—2002年间实施的"综合定额加专项补助"模式没有发生根本性变化,仍采用了"生均综合定额加专项补助"拨款(参见表1-1)。这种拨款模式存在以下问题:(1)缺乏科学精确的高校成本核算方法,生均定额标准的确定经常与高校实际成本的需求不一致;(2)考虑因素单一,未考虑不同专业学生培养成本的差异,未考虑学校不同职能活动的运行成本差异;(3)缺乏有效增长机制,使得定额标准经常与高校实际支出需求和财政能力变化不一致。而且这种拨款方式,随着中央及地方财政收入的增加,新增经费越来越多地是通过项目的方式进行分配[27]。

表1-1 我国高等教育财政预算支出的内容和界定

拨款模式	解释	支出项目
生均综合定额	由财政部门和教育主管部门根据培养成本确定的生均教育经费定额标准,不同层次、专业和科系生均标准有所不同	教职员工工资、补助工资、福利费;学生奖学金;公务费;业务费;设备购置费、修缮费和其他
专项拨款①②	是对综合定额的补充,由财政部门和教育部门根据国家的政策导向和各个高校的特殊发展需要,单独核定拨给高校使用的专项经费	新建学科、重点学科以及实验室建设费(设备补助费);教师队伍培训费(如博士、硕士、访问学者等在国外进修与培训经费);离退休人员经费;特殊项目补助(如长期外籍专家经费)等

注:①"按项核算、专款专用"总预算不变,可部门内部调整。

②2002年拨款模式中的"项目支出预算"是中央为完成其特定的工作任务或事业发展目标拨付的专项资金。专项资金根据国家经济社会发展战略、高等教育事业发展需要和财力情况相应设立。目前教育类项目支出预算拨款共分为六大类:重点引导类,如"211工程"专项经费、"985工程"专项经费、"2011协同创新中心"专项经费;改善办学条件类,如中央高校改善基本办学条件专项经费;绩效引导类,如绩效拨款、捐赠配比专项经费;学生资助类,如国家奖助学金、国家励志奖学金;国际交流类,如留学生经费、孔子学院拨款;其他类,如本科教学工程专项经费、中央高校基本科研业务费、基础学科拔尖创新人才专项经费等。[14]

由教育部财务司委托、华中师范大学牵头的课题"改革完善中央高校经费投入机制研究"对我国中央直属高校的拨款模式进行了全面、系统深入地研究。[14]他们不仅梳理分析了建国至今我国高校预算拨款模式经历的三个阶段(1955—1985年的"基数加增长"阶段、1986—2002年的"综合定额加专项补助"阶段、2002年至今的"基本支出预算加项目支出预算"阶段)的特征与问题,而且提出了具有建设性的中央直属高校财政拨款模式改革方案,即构建一个以高校成本为核心的"基本支出"、以国家需求为导向的"项目支出"和基于高校功能发挥的"绩效支出""三位一体"的预算拨款体系,为中央直属高校财政拨款改革指明了方向。但是,该研究仅给出了基本支出中生均综合定额拨款需要考虑的因素,如按学生层级、学科(专业)不同档次,以及不同区域物价状况设置折算系数,但没有给出具体的拨款公式。该研究还针对目前综合定额拨款标准中没有涉及教师科研基本经费问题,提出需要增加科研基本保障经费拨款。拨款标准根据中央部门所属高等学校教师人均个人收入状况和中央财政财力确定,并考虑个人收入和物价水平变动情况进行动态调整。但该研究并未给出不同学科类型高校教师师均科研定额的具体标准。本研究将在生均综合定额拨款标准设计以及不同学科类型高校教师师均科研基本定额标准这两个方面进行尝试与探索。

1.4 高等教育财政投资的相关实证研究

高等教育财政投资研究一直是国内外教育经济学研究的重要领域,对该问题的关注与研究不仅影响高等教育事业的发展与社会公平的改善,也会影响国家人力资源的积累和经济、文化的发展水平。从国内外高等教育财政投资研究内容来看,主要包括高等教育财政投资规模[28-31]、高等教育财政投资占GDP比例以及在三级教育投资中的比重[32-35]、高等教育投资与经济增长关系[4,36-37]、高等教育财政拨款模式[22,24,26,38-40]、高等教育成本分担机制与学生资助政策[7,16,42-45]、高等教育投资风险与收益[46-47]、高等教育规模经济和范围经济[16,49-53]、高校经费利用效率[54-56]、高等教育筹资模式与经费管理制度[57-59]等方面。自20世纪80年代以来,虽然世界范围内高等教育的投入呈现出明显的多元化趋势,但政府的经费投入仍发挥着主体性作用。政府财政拨款的规模(即政府财政投资规模)和模式,直接影响着高等教育的发展程度,其中拨款模式的改革还影响着高等学校办学的效率。[14]因此,高等教育财政投资规模及其占GDP比重、拨款模式等研究一直是国内外学者高等教育财政研究的主要领域,国内学者关于高等教育财政配置结构的研究则相对较少[60-61]。

1.4.1 高等教育财政投资规模与比例的实证研究

高等教育财政投资规模和经济发展成正相关。一般来说,在经济起飞阶段,政府高等教育的拨款规模增长的速度要快一些;在经济处于低迷阶段时,高等教育的拨款规模增长速度则会缓慢下来,有时甚至会出现负增长;在经济高速增长时期,对高等教育需求的增长会加大政府对高等教育的投入。例如,在20世纪六十至七十年代中期,美国经济高速增长时期,高等教育的增长是快速的,而到了80年代后,由于经济低迷,高等教育财政拨款也相对缓慢下来。英国、日本、澳大利亚也具有相似的特征。[21]

根据国际通行的教育投资总规模与经济发展水平固定挂钩比例的方法,靳希斌[62]提出以国家经济实力可能提供的教育投资总量为上限,以满足其经济增长所要求的最低限度的人才供给量为下限,提供了一种弹性的高等教育投资规模的思路。厉以宁[28]根据在校生人数的历史数据构建了预测高等教育投资规模的计量模型。郎益夫[29]依据我国1990—1999年政府高教投资与国民生产总值数据,运用多种形式的回归模型确定高等教育的投资规模与国民经济发展规模的适应度,并对2010年我国高等教育投资规模进行了预测。靳希斌[62]归纳了三类测算高等教育投资规模的方法,即利用社会经济发展需求量预测、依据各级各类在校生人数与满足社会经济发展目标需要人才供给量测算,以及依据国家规定教育费用标准来测算。

教育财政投资规模的确定与公共教育投资比例密切相关,公共教育投资比例反映政府对公共教育事业的重视和努力程度。一旦公共教育投资比例确定,政府对于公共教育的财政投资规模亦即确定,政府从财政支出的"大蛋糕"中应当分配给教育的份额就明确了[①]。为了实现政府提出的教育要适当超前发展的战略目标,就应当保证教育投资的比例高于与中国经济发展水平相应的国际平均水平[63]。岳昌君、丁小浩、刘泽云、袁连生等学者[33]均采用基于跨国数据的计量经济模型方法,对2010年、2020年的我国教育投资比例做出了预测,结果约在4%～4.5%。姚继军等人[64]的研究也采用跨国数据进行分析,得出我国财政性教育经费比例应达到4.5%以上,但该研究并未进行预测。

就国内文献看,关于公共教育投资比例的研究相对较多,但仅厉以宁[28]、岳昌君[35]等学者就公共高等教育投资比例问题开展研究,而这一问题值得深入研究,关系到高等教育健康发展。事实上,尽管高等教育公共投入规模不断扩大,面对1999年以后迅速扩大的高校学生规模,生均财政性经费却在逐年下降,尤其是地方高校生均财政性经费下降过快[25]。岳昌君[35]研究发现,我国财政性高等教育经费投入既没有达到经济发展水平所应有的供给水平,也没有满足高等教育发展所必需的基本需求。从供给能力看,我国公共高等教育投资比例2012、2020年分别可以达到0.81%、0.90%;从必要需求看,我国高等教育的生均公共经费指数在2012、2020年应当分别超过70.0、53.6;而且,公共高等教育投资比例在2000—2007年间出现上下波动现象。这项研究在预测方法上很有借鉴价值,只是计量模型中的样本数据时段是2000—2007年,而2008年以后不少国家尤其是发达国家的经济发展速度处于放缓或下降阶段,我国经济增速也从2013年开始放缓,进入中高

---

① 这里假定政府财政支出占GDP比例在短期内固定不变。公共教育投资比例=政府财政支出占GDP比例×财政性教育经费占政府财政支出比例。

速增长阶段。① 该文预测我国公共高等教育投资比例的人均GDP在2008—2020年的平均增长比例为9%是难以达到的。因此,需要利用新的时间序列数据重新估算模型系数,进而给出2016—2025年②我国高等教育财政投资比例更合理的预测值。对2016—2025年我国高等教育投资规模以及投资比例的科学预测将是本研究需要解决的主要问题。

1.4.2 高等教育财政投资的配置结构的实证研究

我们认为,高等教育财政投资的配置结构可以分为外部配置结构和内部配置结构。外部配置结构是指政府高等教育财政投资在不同区域高校、不同类属高校(中央直属高校、地方所属高校③)、不同类型高校(普通高等院校、高等职业院校④)间的财政投资比例(包括总量比例、生均经费比例)。内部配置结构是指高等教育财政投资在高校内部的支出结构比例。外部配置结构更多需要关注的是均衡问题,而内部配置结构则需要更多关注合理性问题。高等学校内部经费配置结构比例的合理安排和确定,制约着学校教育投资利用效率和资源配置效率。对一所高校而言,在教育投资总量一定的条件下,高等学校内部财政投入配置结构直接影响到高校的发展与高校

---

① 2012年、2013年我国经济增长速度分别为7.8%、7.7%,改革开放30年间的年均GDP增速为9.8%。

② 选取2016—2025年预测年度区间,有两方面考虑,一是由于我国通常是五年为一个规划周期,2016—2025年正好是"十三五"和"十四五"两个5年周期;其二是基于时间序列模型的预测年限不宜过长,因为做10年以上长期预测,会出现很多不可控干预因素,难以确保预测的准确性,因而我们拟给出2016—2025年的高等教育投资规模及比例的预测。

③ 《中国教育经费统计年鉴》中按照收入来源或支出结构统计经费时将高等院校分为中央直属普通高等学校、地方普通高等学校。

④ 根据1997年联合国教科文组织颁布的《国际教育标准分类》,将大学教育(5级)分为学术性为主的教育(5A)和技术性为主的教育(5B)。我国实施的普通本、专科教育属于5A,高等职业教育属于5B。因此,我们将我国高校类型分为普通高等院校、高等职业院校这两大类。根据教育部统计,2013年我国普通本科院校1170所,其中具有研究生培养机构的普通高校548所;高等职业院校1321所。

功能的发挥。

高等教育财政投资外部配置不均衡问题主要体现在不同类属高校之间、不同省区间的高等教育投资配置不均衡。胡耀宗[61]对不同类属高校之间、不同省区间的高等教育财政投资配置结构进行了实证分析,其研究发现中央直属高校和地方高校生均支出和预算内生均支出出现分化,两者之间的差距呈扩大之势,财政性教育经费投入倾向央属高校,地方高校主要依靠学费收入和银行贷款维持运行。这与孙志军[25]的研究结论基本一致。胡耀宗认为,中央高等教育财政在省域间非均衡配置,中央财政主要投向中央直属院校和竞争性项目。按东、中、西部地区划分的政府公共财政投入的比例为1.84∶1∶1.29,生均社会投入比值为2.23∶1∶0.68,呈现"东高、西低、中塌陷"的财政投入格局。中央划转到地方的高校公共财政投入出现分化,一些省份的划转院校公共财政拨款持续下降[61]。

不仅不同类属高校间、不同省区间高等教育财政资源配置不均衡,而且普通本科院校与高等职业院校的生均拨款差异也相当大。我们根据《中国教育统计年鉴》和《中国教育经费统计年鉴》数据发现,2005年我国高职高专学校生均事业性经费为3000元/生,到2011年上升为12404元/生,提高了约4倍。同期的高等本科学校生均事业性经费分别为16207元/生(2005年)和33599元/生(2011年),提高了约2倍。但是,从绝对水平上来说,2011年高职高专学校生均事业性经费仍然没有达到2005年高等本科学校的水平。正是由于目前高职教育投入仍然不同程度地存在一些突出问题:多渠道筹措经费和财政生均拨款稳定投入机制还不够健全,高职院校总体投入水平仍然偏低,区域间差异较大,等等。财政部于2014年11月发文,要求2017年各地高职院校年生均财政拨款水平应当不低于12000元。[65]但这一拨款标准是否符合现实需求,仍是值得进一步研究的问题。

此外,有研究表明,我国高等教育财政投资内部配置结构不合理表现在三个方面:一是教育事业支出结构趋势不合理,公务业务费比重、人员经费比重均处于下降趋势[60,66-68];二是生均综合定额拨款与项目支出预算拨款比例不合理,专项设立项目多而杂,占拨款的比重过大,项目支出预算拨款没能更好地促进大学职能发挥[14];三是尽管高校目前在"项目支出预算"中有"中央高校基本科研业务费",但不仅所占比重低,而且在高校内部分配时仍属于竞争性科研经费,高校教师基本科研活动经费无保障[69]。基于此,本书将针对高等教育财政资源的合理配置问题展开深入、系统的研究。

1.5 文献研究述评

世界范围的高等教育规模扩大与政府财政投资能力下降的矛盾日益突出,自 20 世纪 70 年代美国经济学家 D. 约翰斯通基于高等教育的准公共品属性而提出的高等教育成本分担机制使得高等教育的投入呈现出明显的多元化趋势,但政府的财政投入仍发挥着主体性作用。政府对高等教育财政投资规模、拨款模式等一直是国内外学者在高等教育财政研究中的主要领域,这些研究成果为我们开展"后 4%时代"我国高等教育财政投资规模和配置结构研究奠定了理论和方法论的基础,也为政策制定者在新的经济、社会以及教育发展背景下调整和出台新的高等教育财政政策提供了参考依据。然而,由于高等教育财政问题的复杂性①和敏感性,难以获得全面、可靠的指标数据进行科学的定量研究,综观已有的高等教育投资规模、拨款模式以及配置结构研究,我们发现存在以下几点不足:

第一,关于高等教育财政投资规模的研究,多数是从社会经济发展需求或是从高等教育各级各类在校生数和国家规定的生均经费标准去测算,少有将两者结合起来估算高等教育投资的弹性区间。关于公共教育投资比例的研究,多数采用国际比较的方法,利用横截面数据的计量经济模型预测未来几年或几十年的投资比例,但是现有研究使用数据相对较早,而经济发展

---

① 例如,高等教育投资规模问题既涉及经济发展水平、财政供给能力,也涉及高等教育发展规模、质量,以及三级教育中高等教育财政的合理配比等方面。

形势在不断变化，因而需要利用新的时序数据重新估算模型系数，进而对我国2016—2025年高等教育财政投资比例给出更合理的预测值。此外，在计量模型选择和估算方法上也存在缺陷。目前估算高等教育财政投资规模或投资比例的模型通常是采用多个国家的横截面数据模型，分年度给出模型系数，再取系数均值或中位数作为预测模型的系数，对未来年度我国高等教育财政投资规模或比例进行预估。这种方法难以反映时间趋势对投资规模或投资比例的影响，而且经济发展水平和财政供给能力对投资规模或比例的影响通常具有滞后性，因而，需要采用分布滞后模型来预测高等教育财政投资规模或比例。

第二，关于高等教育财政拨款模式的研究，多数聚焦在高等教育财政拨款机制、拨款方式和生均综合定额的标准制定方面，少有从高等教育职能发挥视角去建构高等教育财政拨款结构。而且，前文已述，我国目前实施的拨款模式没有涉及教师科研基本经费问题，不同区域、不同类型、不同学科高校生均综合定额拨款标准确定仍是尚未解决的关键问题。对这一问题的解决将有利于调整我国高等教育财政的配置结构，在不同区域、不同层级、不同学科类型间合理配置高等教育财政资源。

第三，关于高等教育财政配置结构问题的研究较为少见，而且缺乏系统性的研究。这一问题的解决与高等教育拨款方式和结构密切相关。现行的拨款模式使得我国中央直属高校与地方高校在生均经费方面有较大的差异，呈现"东部高、中部塌陷、西部低"的现状，而且普通高校与高职院校的生均拨款差异较大。科学制定不同类型高校、不同区域高校的生均经费的最低标准是高等教育财政配置研究中的重要问题。因此，如何根据我国目前的经济发展水平和经济结构，在不同经济发展水平区域、不同类属（中央直属高校/地方所属高校）、不同类型（普通高等教育/高等职业教育）高等教育之间合理配置高等教育财政资源，以及如何确保不同类型高校事业费、基建费比例合理，以及事业费中人员经费与公用经费比例合理等都需要开展系统、深入的研究。

1.6 研究设计

1.6.1 研究目标

本研究在对已有的国内外高等教育财政规模与配置结构方面的相关研究进行系统梳理分析的基础上,采用长期时序数据计量模型分析方法,多视角深入探讨高等教育财政投资规模和配置结构问题,为政府进一步改进和完善对高等教育财政的宏观调控政策提供理论依据。本研究的目标包括:

①揭示发达国家以及经济发展水平与我国相似的国家对高等教育财政投资的现状和趋势,分析发达国家以及与我国经济、文化相似的发展中国家高等教育投资政策、拨款模式及其对高等教育发展以及经济发展的影响,提出改进我国现有拨款模式的思路。

②考察高等教育财政投资规模与经济发展水平、财政供给能力的关联性,分别从国家财政供给能力、高等教育发展适应经济发展需求的角度建构高等教育财政投资比例预测模型,预测我国2016－2025年高等教育财政投资规模。

③提出不同类型、不同经济水平地区的高校生均财政拨款的标准设定原则和估计不同学科类型师均科研拨款的最低标准。

④预测2015－2020年我国普通本科和高职院校财政投资配置比例。

1.6.2 研究内容

(1)高等教育财政投资规模和配置结构的相关文献研究

我们将对高等教育投资的理论和投资规模及配置结构的实证研究进行文献分析,总结发达国家以及经济发展水平与我国相似的国家对高等教育财政投资的现状和趋势,分析发达国家以及与我国经济、文化相似的发展中国家高等教育投资政策及其对高等教育发展以及经济发展的影响。在此基础上,界定高等教育财政投资规模、配置结构等核心概念,剖析高等教育财政投资需求与供给的影响因素,阐释高等教育财政投资规模的约束条件。

此外,基于公共经济学、财政学相关理论对于高等教育财政投资外部、内部配置原则进行分析,比较不同拨款模式的优劣,分析我国目前实施的拨款模式的主要缺陷,提出改进现有拨款模式的思路,为其后实证研究的理论模型提供依据。

(2)高等教育财政投资规模预测研究

关于高等教育财政投资规模的研究是回答政府公共财政对于高等教育投资的"蛋糕"有多大的问题。首先,将我国2001—2011年的高等教育财政投资规模与发达国家以及经济发展水平相近的国家进行比较分析[1],考察高等教育财政投资规模与经济发展水平、财政供给能力的关联性。基于国际时序数据和全国31个省级面板数据,从充足性和公平性的视角出发,对我国高等教育财政经费的配置状况进行考察,为后续开展高等教育财政经费预测研究奠定基础。其次,建构高等教育财政投资比例预测模型。建构高等教育财政投资比例的合理预测模型既要考虑到经济发展水平和财政能力的约束,又要考虑高等教育发展适应经济发展速度的需求。对于高等教育财政投资比例的合理预测应当具有一定弹性,因为高等教育发展对经费拨款的需求与政府财政能力支出能够提供的高等教育财政经费常常会有差距,而且正如岳昌君[35]认为,通常后者低于前者。由此,我们拟从供给能力和经济发展需求的角度构建高等教育财政投资比例的下限预测模型[2]。对于下限模型我们先采用多国数据建构高等教育投资比例模型,一是考虑到国际比较的视角,二是保证我国预测值不低于相近经济发展水平国家的投资比例均值。再根据我国GDP、财政支出增长率的预测,给出2016—2025年我

---

① 由于不同国家高等教育发展规模不同,为了具有可比性,我们将采用生均预算内拨款作为比较指标。

② 供给能力和经济发展水平对于高等教育财政投资具有一定的滞后性,而且前一年的投资规模也会影响下一年的投资总量,所以我们将采用自回归分布滞后模型作为预测模型。

国 GDP、财政支出的预测值,进而给出高等教育投资比例和规模的预测值[①]。同时,基于我国高等教育发展规模和经济发展速度的历史数据(1995—2014年),从高等教育发展适应经济发展需求的角度建构高等教育财政投资比例的上限预测模型[②]。最后,基于投资比例预测值和经济发展水平预测值给出我国 2016—2025 年高等教育财政投资规模的预测值。

(3)高等教育财政投资配置结构研究

1985 年《中共中央关于教育体制改革的决定》初步确立我国高等教育实行中央、省(自治区、直辖市)、中心城市三级办学体制。1993 年《国家教育中长期发展纲要》以及 1994 年《纲要实施意见》逐步确立了高等教育财政的基本原则是"谁举办,谁出资"。因此,目前我国高等教育财政呈现"三级办学、三级负担"的局面[26]。那么,高等教育财政资源在不同经济发展水平区域、不同类型的高等教育之间应当如何均衡配置?高校财政经费拨款如何根据高校运行的实际需求设计?将是我们需要回答的主要问题。对这些问题的回答实际是从不同视角解决高等教育财政"蛋糕"如何合理切分的问题。

①不同类型高等教育财政投资配置结构。

我们要解决高等教育财政"蛋糕"如何根据不同类型高校进行切分的问题。由于不同类型的高校在人才培养方向和教学、研究模式等方面存在很大差异,如高等职业院校对实践性教学有较高的要求,不仅需要有实习实践的设备、场地等,还需要双师型教师的配置,以及与企业联合培养人才的专项计划;普通高等院校一般兼有人才培养和科学研究两大任务,研究型高校

---

① 通常政府在制定教育财政支出决策时是要先设定公共教育财政投资比例,再给出具体投资金额预算,而设定公共教育财政投资比例则与上一年 GDP 有关,因此,我们在预测高等教育财政投资规模下限时,先预测其投资比例,再根据 GDP 预测值给出投资规模预测值。

② 由于不同时期各国高等教育发展规模差异很大,而且各国经济发展速度受外在突发因素干扰较大,因此,不适宜用其他国家的指标变量数据来预测我国高等教育发展适应经济发展需求的投资规模模型。仅用本国历史数据,不仅可以减少误差项的异方差性,还可能使得时间序列变量保持同阶单整。

还多数需要重点学科、重点实验室、研究基地的配置。因此,需要区分这两大不同类型高校的财政投资配置。基于2005—2014年我国普通高等本科院校与高等职业院校财政经费数据①,运用趋势分析、自回归移动平均模型(Autoregressive Integrated Moving Average Model,ARIMA)、二次指数平滑法、Holter-Winter非季节模型等多种方法的组合模型来预测我国2015—2020年普通本科和高职院校财政投资配置比例,并且利用分省面板数据预测地方普通本科与高职院校的财政投资配比。

②生均综合定额、师均科研拨款标准设计与估算。

现行的生均综合定额拨款模式主要以学生数作为拨款政策参数,虽然也考虑不同学校和专业之间的差别,但没有准确地反映不同经济发展水平地区、不同类型高校(普通高校、高职院校)实际办学成本的变化规律和学校不同功能活动的运行成本的差异,与学校实际成本状况并不十分一致。目前地方高校的生均综合定额标准是由各省区财政部门根据教育部要求自行制定的,差异较大。② 这种按平均成本而不是边际成本配置资源的方式,即根据学生规模配置资源的方式,外延式发展导向较强,因而会导致一些高校盲目扩大招生规模和提高办学层次(如专科院校升级为本科院校)等问题,不利于高校提高办学效益、体现办学特色,更不利于不同发展阶段、不同规模高校间的公平竞争。此外,由于缺乏有效增长机制,使得定额标准经常与高校实际支出需求和财政能力变化不一致,难以保障高校可持续发展。

因此,本研究通过对我国高等教育拨款历史沿革的梳理,以及发达国家

---

① 1985年颁布的《中共中央关于教育体制改革的决定》中明确提出:"……积极发展高等职业技术院校,……逐步建立起一个从初级到高级、行业配套、结构合理又能与普通教育相沟通的职业技术教育体系"。"决定"颁布以后,全国先后建立起120余所职业大学,举办高职教育。因此,我们拟利用2005—2014年的历史数据建立预测模型。

② 比如江苏省省属普通本科高校2012年生均拨款标准为7600元,山东省属普通本科高校生均拨款标准2011年为9500元,2012年为12000元,广东省生均综合定额标准2003—2010年一直是6600元,8年未涨。

高等教育拨款方式的比较,设计我国未来生均综合定额的拨款框架。同时,本研究根据教育部直属高校的生均培养成本数据(2015—2018年)构建影响因素模型,估算出不同层次、不同规模、不同类型、不同地区高校的生均综合定额标准的调整系数。此外,本研究还在全国范围内开展高校教师科研经费现状及其需求问卷调查,并据此估算高校的师均科研经费拨款标准。

1.6.3 关键研究问题

如何预测与经济社会发展需求相适应的高等教育财政投资规模?即回答政府公共财政对于高等教育投资的"蛋糕"有多大的问题。

高等教育公共财政资源在不同经济发展水平区域、不同类型(普通高等教育、高等职业教育)的高等教育之间应当如何均衡配置?高校的生均综合定额、师均科研拨款标准如何估算?对这些问题的回答实际是从不同视角解决高等教育财政"蛋糕"如何合理切分的问题。

1.6.4 研究框架与内容安排

本研究采用理论研究和实证研究相结合、宏观与微观相结合的技术路线,运用发达国家及与我国经济文化相近国家的高等教育财政、公共财政及经济水平的相关数据,以及我国高等教育财政、高等教育规模、公共财政及经济水平等相关数据,使用描述统计、时间序列回归分析模型、结构方程模型等定量研究方法,预测我国2016—2025年的高等教育财政投资规模及占GDP的比例、2015—2020年不同类型高校财政投资配置比例,并利用调查数据估测不同学科类型高校师均科研拨款标准,同时,基于培养成本影响因素估计生均综合定额拨款标准的调整系数。具体技术路线参见图1-1。

>> 中国高等教育财政投资规模与配置结构研究

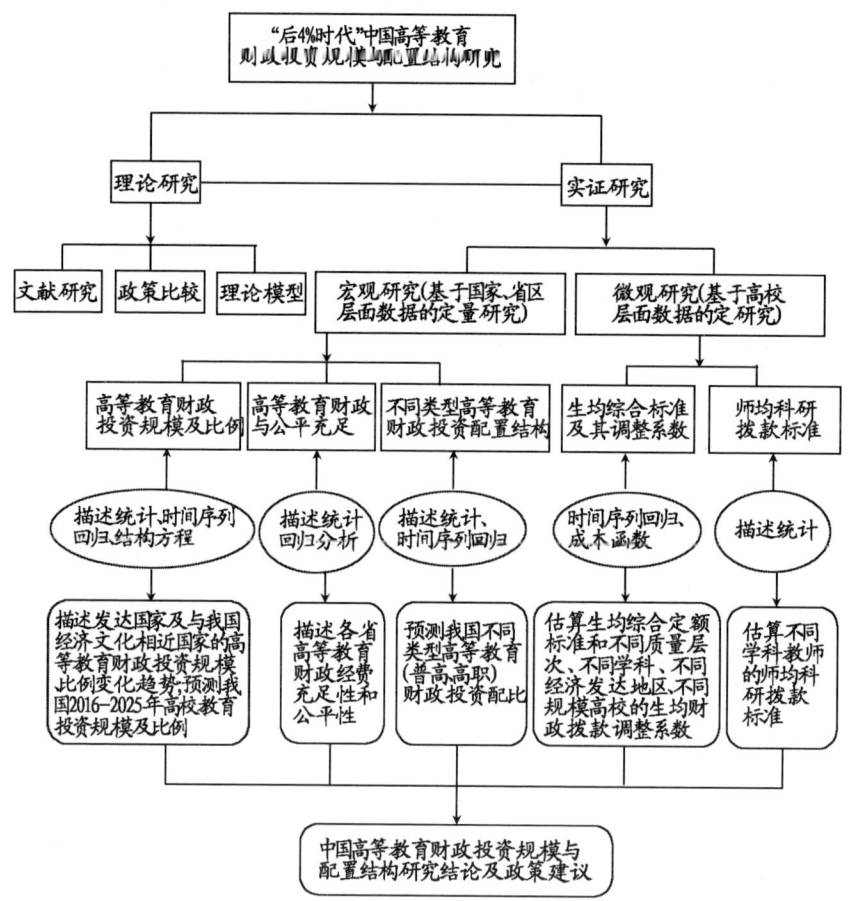

图 1-1 研究的技术路线

全书内容包括以下七个方面:第一章讨论高等教育财政的基本理论问题,为全书提供理论支撑和文献基础,同时展现全书的整体结构和脉络。第二章介绍和归纳高等教育财政经费预测常用的计量模型,为后续章节奠定方法基础。第三章从充足性和公平性的视角出发,呈现我国高等教育财政投资的主要特征。第四章基于1995—2014年的省级面板数据对我国"十四五"期间的高等教育在校生规模、高等教育财政投资规模等重要指标进行预测;同时,利用国际数据使用带异质性斜率的面板时间序列模型,以及利用我国高等教育1995—2011年历史数据采用两阶段最小二乘法分别对"十三五"期间的高等教育财政投资比例和规模的下限、上限进行预测。第五章基于2005—2014年省级面板数据,对"十三五"期间不同类属院校的财政投资比例进行预测。第六章利用76所教育部直属高校的财务数据计算2015—2018年各校的生均培养成本,同时估算不同层次、不同规模、不同类型、不同经济发展水平高校的生均拨款的调整系数。第七章基于高校教师问卷调查数据,探讨高校教师科研经费需求,以及师均科研经费的标准设定。

2 高等教育财政经费预测研究的基本方法

预测是基于历史数据对未来的变化趋势进行计量分析和预估。在教育财政经费研究领域,传统的预测方法基本上是按照生均经费和学生人数变动来进行,不仅有大量研究的成果,而且也在一定时期内为我国高等教育财政经费规划工作提供了有价值的参考[70-73]。但是,随着大数据时代的到来,预测科学正在不断兴起,方法也在不断改进[74-75],不少方法也已经被引入到教育财政预测研究中[76-77],因此有必要进行系统梳理。考虑到面板数据和时间序列数据是目前经济预测中所使用的主要数据类型,而且相关方法也已十分成熟,因此,本章主要介绍基于面板数据的预测方法和基于时间序列数据的预测方法。

2.1 基于面板数据的预测方法

早先的预测研究大多采用普通最小二乘法(Ordinary Least Square,OLS)对横截面数据(Cross-Sectional Data)进行估计,但经典的计量经济学教科书早已指出,最优线性无偏估计(Best Linear Unbiased Estimation,BLUE)只是一种理想状态,现实当中存在的各种干扰因素(Compounding Factor),使得传统计量方法备受挑战。在数据方面,随着横截面数据的缺陷越来越被学者所认识,面板数据在计量经济学中扮演着愈发重要的角色,且在预测研究中得到了较为广泛的应用,特别是固定效应模型和随机效应模型。

2.1.1 面板数据概述

所谓面板数据(Panel Data),也称为纵向数据(Longitudinal Data),是横截面数据与时间序列数据(Time Series Data)的结合。早先的预测研究大多采用OLS技术对横截面数据进行估计,但现实当中存在的各种干扰因素,特别是各种不可观测的异质性(Heterogeneity),在横截面数据或者混合数据(Pooled Data)中无法得到解决,各种针对面板数据的方法应运而生。面板数据的优点在于,同一个体被重复观察多次,因此可以利用该个体的多期数据来控制或消除一些不可观测的异质性对因变量产生的影响。

根据样本缺失情况,面板数据可分为平衡面板数据(Balanced Panel Data)和非平衡面板数据(Unbalanced Panel Data),前者要求每个个体在每一期都有观测值,后者则允许个体在某些期有缺失值存在。根据横截面 n 的大小和时间 T 的长短,面板数据又可以被分为微观面板数据和高维面板数据,前者 n 较大(几百或几千)而 T 较小(一般2~10),多出现在劳动经济学和教育经济学等使用微观数据较多的研究中;后者 n 和 T 都较大,多出现在宏观经济学和金融学中[78]。值得指出的是,本书中使用的数据多为微观平衡面板数据。

简单地把不同时期个体的数据放在一起分析,形成混合模型(Pooled Regression),但混合模型并不是标准的面板数据方法,因为其没有在同一个体的多期数据之间建立起联系,而是简单地将不同期的数据视为不同个体。最简单的混合模型可用如(2.1)式表示:

$$y_{it} = b_0 + b_1 x_{it} + e_{it} \qquad (2.1)$$

其中 y_{it} 表示个体 i 第 t 期的因变量的观测值,x_{it} 表示个体 i 第 t 期的自变量的观测值。由于在(2.1)式中,自变量 x_{it} 的回归系数 b_1 没有下标 i 或者 t,这表示该回归系数不随个体的特征或者时间发生变化,也即假设所有个体在所有时期的回归系数都是常数。因此,(2.1)式所示的模型与普通的一元回归没有本质区别,仅仅是一个由不同时期样本"拼凑"在一起的混合模型。

混合模型忽略了面板数据的性质,其往往假定不同个体特征和不同时期特征是无差异的,而实际样本数据的异方差性和误差相关性会导致混合模型的估计存在偏误,特别是会造成标准误的估计偏误从而降低了假设检验的可靠程度[79]。因此,需要利用固定效应模型和随机效应模型这两类经典的面板数据方法加以修正。

2.1.2 固定效应模型

如何运用面板数据的特性来克服混合模型的缺陷,其中一种方法是放松(2.1)式中所有系数都相同的假设,从而得到如下的(2.2)式:

$$y_{it}=b_0+b_{1i}x_{it}+e_{it} \qquad (2.2)$$

该式中仅 x_{it} 的系数 b_{1i} 与(2.1)不同,这表明 x_{it} 的回归系数不再是固定不变的,而是与个体 i 有关,从而体现了个体特征。虽然(2.2)式所示的模型看似能够很好地刻画不同个体的特征,但是在实践中会受到面板长短的影响而造成估计偏误,特别是对于 $n \gg T$ 的情况(如 500 个个体,但只有 5 期观测值)。于是,为了克服这一问题,计量经济学家对(2.2)式进行调整,得到了如(2.3)所示的标准的固定效应模型:

$$y_{it}=b_{0i}+b_1 x_{it}+e_{it} \qquad (2.3)$$

(2.3)与(2.2)的区别在于,回归系数 b_1 不再有下标 i,而截距项 b_{0i} 则多了下标 i。这一模型建立在个体之间的特征差异能够通过截距项来捕捉,此时截距项随不同个体而变,以控制个体异质性和非时变的特征。

如(2.3)所示的固定效应模型有两种常见的估计方法:最小二乘虚拟变量法(Least Square Dummy Variable)和一阶差分法(First Differencing)①。最小二乘虚拟变量法是为每一个个体设置虚拟变量($D_i, i=1,\cdots,n$),从而将截距项分解到每一个个体上,也即估计如下所示的模型:

$$y_{it}=b_{01}D_1+\cdots+b_{0n-1}D_{n-1}+b_1 x_{it}+e_{it} \qquad (2.4)$$

---

① 这些估计方法本质上都属于OLS算法。固定效应模型也可以使用GLS算法进行估计。

其中 $b_{01},\cdots,b_{0,n-1}$ 分别为第 1 个个体到第 $n-1$ 个个体的虚拟变量的回归系数。因为同时加入 n 个虚拟变量会产生完全共线性,所以模型(2.4)中仅包含 $n-1$ 个虚拟变量。

当 n 较小时,采用最小二乘虚拟变量法非常便捷,但是当 n 较大时,则不仅会损失过多的自由度,而且较为烦琐。此时,一阶差分方法更为适用。该方法利用一阶差分量来消除不随时间变动的变量,具体如(2.5)式所示:

$$y_{it}-\bar{y}_i=b_1(x_{it}-\bar{x}_i)+(e_{it}-\bar{e}_i) \tag{2.5}$$

上式中 $\bar{y}_i$、$\bar{x}_i$、$\bar{e}_i$ 均表示个体 i 在所有时期的均值。(2.5)实际上是将(2.3)与相应的个体 i 在所有时期的均值做一阶差分得到的。通过一阶差分,能够消除所有不随时间 t 变动的变量(如 b_{0i}),由此,可以得到对回归系数 b_1 的估计。

2.1.3 随机效应模型

与固定效应模型相对应的是随机效应模型。在固定效应模型中,我们假定所有的个体差异被截距参数中的差异捕捉,而截距被认为是"固定"的参数,因而可以使用 OLS 方法进行估计。在随机效应模型中,个体差异仍然被假设存在于截距参数中,但此种差异不再被视为个体固定效应,还是包含了随机的个体差异,也即截距参数 b_{0i} 被定义为由代表总体平均值的固定部分 b_0 和偏离总体平均值的随机个体差异 u_i 组成。此时,随机效应模型的一般模型可以写为:

$$y_{it}=b_0+b_1x_{it}+e_{it}+u_i \tag{2.6}$$

上式中 e_{it} 和 u_i 都是随机项,前者表示随机误差项,而后者表示个体随机效应。由于随机效应模型的回归误差由两个部分组成,一个针对个体,一个针对回归,所以随机效应模型也被称为误差分量模型。

一般而言,针对回归的随机误差项应该满足 $E(e_{it})=0$,而针对个体的随机误差项则应该满足 $\sigma_u^2 \neq 0$,即个体之间存在差异,否则,该误差项可以与回归的误差项合并,而随机效应模型也退化为混合模型。由此可以看出,随机效应模型成立的关键在于个体误差项 u_i 是否为常数,即假设 $\sigma_u^2=0$ 是否成立。若该假设成立,则没有随机效应;反之,则存在随机效应。

随机效应模型一般有两种估计方式,一种是使用可行广义最小二乘(Feasible Generalized Least Square,FGLS),另一种是使用极大似然估计(Maximum Likelihood Estimation,MLE)。这两种估计方法的结果在系数上的差别较小,而在统计检验量上的差别较大。FGLS方法仍然给出模型估计的各类R^2,但MLE方法仅给出似然比。

对于固定效应模型和随机效应模型的本质区别,威廉·格林(William Greene)给出过一个较为经典的解释[80],这两类模型的主要区别在于不可观测的异质性是否与已放入模型中的解释变量相关——固定效应模型假设相关,并通过在技术上采用个体虚拟变量的方式(对每个观测个体设一个虚拟变量以控制其自身的特性)来控制异质性。

2.1.4 固定效应模型与随机效应模型的选择

对于面板数据来说,既然可以同时使用固定效应和随机效应方法来进行估计,那么就会存在这样一个问题,即什么时候该使用什么方法?换言之,固定效应模型和随机效应模型哪个更好?对于这一问题,经济学家之间的看法并不一致。有的经济学家认为,只要验证随机效应存在,那么随机效应模型肯定优于固定效应模型,原因主要有以下三个方面[79]:第一,随机效应模型考虑了获得数据的随机抽样过程;第二,随机效应模型可以对非时变变量进行估计,而固定效应模型在处理这些变量时则容易被省略(尤其是一阶差分法);第三,随机效应模型使用广义最小二乘法(Generalized Least Square,GLS),而固定效应模型采用OLS方法进行估计,在大样本中GLS比OLS具有更小的方差。实际上,随机效应模型之所以具有更高的精度,与其具有估计非时变变量影响的能力有关。固定效应模型仅利用每个个体随时间的推移x和y的变化信息,而没有利用关于不同个体间y的变化可能归因于这些个体不同的x的信息。而这些信息都被随机效应模型所利用。

但也有经济学家认为,不能简单地判定随机效应模型优于固定效应模型,而是应该通过假设检验的方式来判别。在误差项u_i与自变量x_{it}满足独立同分布假设的条件下,即如果 u_i 与 x_{it} 不相关(原假设 H_0),那么随机效应模型是最有效率的。因为无论 H_0 成立与否,固定效应模型都是一致估计。然而,如果 H_0 成立,则随机效应模型比固定效应模型更有效。但如果 H_0 不成立,则随机效应模型不是一致估计。因此,如果 H_0 成立,则固定效应模型与随机效应模型的估计结果将收敛于真实的参数值。反之,如果固定效应模型与随机效应模型的估计结果差异过大,则倾向于拒绝 H_0。这一假设检验的方法由计量经济学家豪斯曼(Hausman)提出,因此也被称之为 Hausman 检验。

假设固定效应模型的系数的估计结果为 b_{FE},随机效应模型的系数估计结果为 b_{RE},则待检验的原假设为 $H_0:b_{FE}=b_{RE}$,备择假设为 $H_1:b_{FE}\neq b_{RE}$。那么,通过构造如下的 T 统计量就可以进行 t 检验[81]:

$$T=\frac{b_{FE}-b_{RE}}{[se(b_{FE})^2-se(b_{RE})^2]^{1/2}} \qquad (2.7)$$

(2.7)中,se 表示系数估计结果的标准误,通过将上式计算所得的 T 的值与 t 分布的临界值相比较,便可以得出是否拒绝原假设。如果原假设被接受,即 b_{FE} 和 b_{RE} 没有显著差异,那么表明两个模型的估计结果一致,因此,随机效应模型更适用。如果原假设被拒绝,即 b_{FE} 和 b_{RE} 之间存在显著差异,那么表明两个模型的估计结果不一致,而固定效应模型在大样本中是收敛于真实参数的,因而固定效应模型更适用。

Hausman 检验的缺点是,它假设在 H_0 成立的情况下,随机效应估计量是最有效率的,然而,如果扰动项存在异方差,则随机效应估计量并非是最有效率的估计量。因此,Hausman 检验不适用于异方差的情形。出现异方差情形时,可以采用自助法(Bootstrap Method)来计算 $Var(b_{FE}-b_{RE})$。

尽管如此,无论是固定效应模型还是随机效应模型都存在一定缺陷。对于固定效应模型来说,其主要缺陷在于对截距项的过度解释。对于随机效应模型,很难满足个体误差分量与解释变量无关这一假设。计量经济学家威廉·格林指出[82],无论是固定效应模型还是随机效应模型,都不能完全解决异质性问题。特别是一些异质性较高的面板数据(如不同国家、不同省份),如何克服异质性成为计量经济学家共同关注的焦点,带异质性斜率的面板时间序列模型由此应运而生。这对于增强高等教育财政预测的科学性起到了十分积极的作用。

2.1.5 带异质性的面板数据模型

高等教育财政预测多利用跨省或者跨国数据开展,相较于一般的微观个体面板数据来说,此种宏观经济数据具有更高的异质性。因此,采用带异质性斜率的面板时间序列模型(Panel Times-Series Model with Heterogeneous Slope)能够获得更为精确的估计结果。该模型的一般形式如下:

$$y_{it} = \beta_i x_{it} + u_{it} \tag{2.8}$$

$$u_{it} = \alpha_{1i} + \lambda_i f_t + \varepsilon_{it} \tag{2.9}$$

$$x_{it} = \alpha_{2i} + \lambda_i f_t + \gamma_i g_t + e_{it} \tag{2.10}$$

在(2.8)—(2.10)式中 i 表示个体,t 表示时间。在(2.8)式中,y_{it} 和 x_{it} 分别是第 i 国第 t 年的可观测因变量和自变量,β_i 是可观测自变量的个体斜率,u_{it} 包含不可观测的变量和误差项。在(2.9)式中,不可观测的变量由组固定效应 α_{1i} 和不可观测的共同因子 f_t 两部分构成。组固定效应主要用来控制不随时间变化的跨组异质性,而 f_t 主要用来控制随时间变化的异质性和截面相依性(Cross-Section Dependence)①。在(2.10)式中,α_{2i} 和 f_t 仍然用来表示组固定效应和不可观测的共同因子。此外,该式中还添加了 g_t,用来控制 f_t 无法包含的其他因子。u_{it},ε_{it},e_{it} 均为白噪声项。

对于(2.8)—(2.10)式所示的模型,一般有三类估计方法,即由 Pesaran 和 Smith 较早提出的平均组法(Mean Group,MG)[83]、经过 Pesaran 修正的共同相关效应平均组法(Common Correlated Effects Mean Group,

---

① 截面相依性是指面板数据中每个截面上的个体之间可能存在一定程度的相关,这种相关性源自空间类型(Spatial Pattern),或者不可观测的共同因素(Unobserved Common Factors)。对于此问题的探讨主要来自宏观经济方面,因为随着全球化进程的加快,各国的经济、社会发展之间的相互依存度越来越高。

CCEMG)[84],以及 Eberhardt 和 Teal 提出的增广平均组法(Augmented Mean Group,AMG)[85]。其中 MG 法没有控制截面相依性,CCEMG 则是通过在方程中添加各变量(包括自变量和因变量)截面均值的方式($\bar{y}_t$ 和 $\bar{x}_t$)来控制截面相依性,AMG 使用额外增加的解释变量"共同动态过程(Common Dynamic Process,c.d.p)"表示所有个体共同的动态变化过程。三类估计方法各有特点和优势。鉴于 CCEMG 和 AMG 在模型中添加了当期截面均值和反映不同国家共同的宏观经济动态变化过程的当期变量,因而不适用于对未来时期的预测。

2.2 基于时间序列数据的预测方法

预测实际上是对变量之间的关系进行建模,因此,数据的特性对于预测研究来说非常重要,选择适当的计量经济模型也成为关键。时间序列数据分析所要解决的核心问题是,一个变量 x 对另一个变量 y 随时间变化的影响效应是什么?换言之,x 的变化对 y 的动态效应如何?得益于宏观经济预测、金融数据分析等领域的发展,时间序列数据分析的相关方法已经较为成熟,发展出包括有限分布滞后、序列相关、自回归分布滞后、协整、向量误差修正、向量自回归等一系列重要预测方法。本节重点介绍在高等教育财政预测中常用的几种方法,包括时间序列趋势模型、单指数平滑模型、ARIMA 模型等。

2.2.1 时间序列数据概述

时间序列数据是对单个实体在多个时点所搜集的数据[86]。时间序列数据有一些有别于其他数据的特点。第一,观测值之间可能存在相关性,因此对相关性的检验和建模就成为时间序列分析的主要任务之一。第二,时间序列数据所有的观测值都是按照时间排序的,如果打乱时间顺序,那么可能会混淆变量间存在的动态关系,即当期变化对未来一期或者多期的变量本身或其他变量产生的影响。第三,时间序列分析中的一个重要假设是,未来与过去是相似的,即平稳性(Stationarity)。如果一个时间序列的概率分布不随时间的变化而变化,则称其为平稳的时间序列(Stationary Series);否则,称其为不平稳的时间序列(Nonstationary Series)。平稳的时间序列具有非常好的统计性质,利用最小二乘法就能获得较为稳健的估计结果;而非平稳的时间序列则需要采用更为复杂的方法将其转化为平稳时间序列进行处理。

时间序列分析的重点在于对不同时期观测值的处理,因此,滞后和差分是两个最为基本的概念。假设时间序列变量 y 在 t 时期的观测值为 y_t,总的时期数为 T,那么对于 t 时期的观测值来说,y_{t-1} 表示一阶滞后值,也称为滞后一期;y_{t-j} 则表示第 j 阶滞后值,也称为滞后 j 期。对于不同期之间的观测值的差异,可以用差分量来表示,$y_t - y_{t-1}$ 表示 y_t 的一阶差分,即 $\Delta y_t = y_t - y_{t-1}$。

趋势是时间序列分析中另一重要的基本概念,它是指某一变量随时间变化所产生的持续的、长期的运动[86]。在时间序列中,存在两类可见的趋势,即确定性趋势(Deterministic Trend)和随机性趋势(Stochastic Trend)。确定性趋势是时间的一个非随机函数,而随机性趋势则是随时间的变化而变化。对于确定性的时间趋势,一般只要通过时间虚拟变量的设置即可控制。随机性的时间趋势则较为复杂,会导致一系列的估计偏误,因此需要借助随机性趋势检验方法(如 Dickey-Fuller Test)。

2.2.2 单变量时间序列预测

单变量时间序列(Univariate Time Series)是指由单一个体在不同时期的观测值构成的时间序列数据。由于没有其他协变量存在,对单变量时间序列数据只能根据其本身的变化规律来进行建模分析。平滑算子就是针对此种类型的数据所发展出的建模方法。一般而言,平滑算子可以分为三类,包括移动平均算子(Moving Average Smoother)、非线性算子(Nonlinear Smoother)和递归算子(Recursive Smoother)。其中,移动平均算子和非线性算子仅适用于对观测期内数据进行分析,用来获得剥离噪音后的趋势,不适宜进行预测;而递归算子则适用于对单变量时间序列数据进行预测。因此,本小节主要介绍几种常用的递归平滑算子,包括单指数平滑算子(Exponential Smoother)、双指数平滑算子(Double Exponential Smoother)、非季节性 HW 平滑算子(Nonseasonal Holt-Winters Smoother),以及季节性 HW 平滑算子(Seasonal Holt-Winters Smoother)。

(1) 指数平滑法

指数平滑法是一种特殊的加权移动平均法,其基本思想为任何一期的指数平滑值都是本期实际观测值和前一期指数平滑值的加权平均,加权的特点是对离预测期近的历史数据给予较大的权数,对离预测期远的历史数据给予较小的权数,权数由近到远按指数规律递减,所以,这种方法被称为指数平滑法。常用的指数平滑法包括单指数平滑和双指数平滑,下面分别进行介绍。

指数平滑可以看作是适应性预测算法,或者几何加权移动平均滤波。在时间序列数据表现出低速率、非周期性变动(没有非线性或者高阶趋势)时,该方法最为适用。单指数平滑算子的基本公式如下:

$$S_t = \alpha x_t + (1-\alpha) S_{t-1} \tag{2.11}$$

其中,S_t 表示第 t 期的平滑值,x_t 表示第 t 期的实际值,S_{t-1} 为第 $t-1$ 期的平滑值,α 为平滑参数(Smoothing Parameter),取值范围是 $[0,1]$。

在单指数平滑的基础上,可以进行双指数平滑,也称为二次平滑,即对单指数平滑之后获得的数据进行再次平滑,如下式所示:

$$S_t^{(2)} = \alpha S_t^{(1)} + (1-\alpha) S_{t-1}^{(2)} \tag{2.12}$$

在 (2.12) 中,$S_t^{(1)}$ 与 (2.11) 中的 S_t 相同,表示单指数平滑的结果,$S_t^{(2)}$ 和 $S_{t-1}^{(2)}$ 则分别表示第 t 期和 $t-1$ 期的二次平滑结果。α 仍为平滑参数,取值范围也在 $[0,1]$。

利用该方法进行预测时,其预测值由两部分得到,一部分是常数项(平滑后的样本最后一期观测值的线性项),另一部分是时间项。值得指出的是,双指数平滑与后面将要介绍的 HW 方法和 ARIMA 模型有着较为密切的联系,既可以看作是限制版的 HW 方法[87],也可以看作是等根的 ARIMA

(0,2,2)模型[88]。

(2)Holter-Winter模型(HW模型)

HW模型是单变量时间序列预测的常用方法,能够适用于不同类型的数据,并且根据数据中是否含有季节因素,进一步细分为HW季节模型和HW非季节模型。HW季节模型是对受季节影响的单变量时间序列进行预测的方法。该方法的基本原理是最小化样本内预测误差的平方和。当样本的前几期数据存在缺失时,HW方法自动从第一个非缺失的数据开始计算,然后利用估计值进行回填。考虑到季节因素的振幅不同,HW季节模型在算法上又可以被分为两种:当观测值中的季节因素振幅随时间变大,采用HW乘法模型(Holt-Winters Multiplicative Method);反之,当季节因素的振幅不随时间变大,则采用HW加法模型(Holt-Winters Additive Method)。

HW乘法模型的一般形式如下:

$$x_{t+j} = (\mu_t + \beta_j)s_{t+j} + e_{t+j} \tag{2.13}$$

其中x_{t+j}表示实际观测值,s_{t+j}表示季节因素,μ_t表示随时间变化的均值,β_j表示平滑参数,e_{t+j}表示随机误差项。从(2.13)式中可以看出,HW乘法模型实际上是将非随机的观测值分为两个部分,一部分是季节因素,另一部分是平均趋势,两者之间存在非线性关系。

类似地,将(2.13)式中的乘法变为加法,即得到HW加法模型的一般形式:

$$x_{t+j} = (\mu_t + \beta_j) + s_{t+j} + e_{t+j} \tag{2.14}$$

(2.14)式中所有变量的含义与(2.13)式相同,区别仅在于$\mu_t + \beta_j$和s_{t+j}之间的关系由乘法变为加法,两者之间变成可加的线性关系。

HW非季节模型适用于对随时间变化的截距和系数的线性趋势进行预测,其预测模型一般符合如下形式:

$$\hat{x}_{t+1} = a_t + b_t t \tag{2.15}$$

其中,$\hat{x}_{t+1}$表示预测值,a_t表示随时间变动的均值,b_t表示随时间趋势变

动的系数。这两个变量的估计方程分别如下:

$$a_t = \alpha x_t + (1-\alpha)(a_{t-1} + b_{t-1}) \quad (2.16)$$

$$b_t = \beta(a_t - a_{t-1}) + (1-\beta)b_{t-1} \quad (2.17)$$

其中,α 和 β 分别为 a_t 和 b_t 的平滑参数($0 \leqslant \alpha, \beta \leqslant 1$)。正因为此,HW 非季节调整法也被看作是具有双参数的双指数平滑(Double-Exponential Smoothing with Two Parameters)。

2.2.3 自回归与移动平均模型

(1)p 阶自回归模型

时间序列数据的特性之一就是容易存在时间上的前后依存关系,而自回归模型就是对此种依存关系进行刻画、建模和预测的重要方法。在自回归模型中,最简单的情形是相邻两期的变量存在某种线性关系,此时可以用如下的模型来表示:

$$y_t = b_1 y_{t-1} + e_t \quad (2.18)$$

其中 y_t 和 y_{t-1} 分别表示相邻两期的观测值,b_1 为自回归系数,也表示相邻两期数据之间的依赖程度,e_t 是随机误差项。值得注意的是,一阶自回归模型得以成立的重要条件是该时间序列是平稳的,即自回归系数 b_1 满足 $|b_1| < 1$。

方程(2.18)仅刻画了当期观测值(y_t)和滞后一期观测值(y_{t-1})之间的关系,因此也被称为一阶自回归模型,简记为 AR(1)。对方程(2.18)进行扩展,将该时间序列表示为它的若干先期值的函数,那么此时可以得到更为一般的 p 阶自回归模型,形式如下:

$$y_t = a_1 y_{t-1} + \cdots + a_p y_{t-p} + e_t \quad (2.19)$$

在(2.19)式中,p 表示模型的阶数,即滞后的时间周期;y_t 表示当期的观测值,$y_{t-1}, \cdots, y_{t-p}$ 表示同一时间序列中过去 p 个时期的滞后值;$a_1, \cdots, a_p$ 表示自回归系数,也称为权系数,它表示滞后值变动对当期值所带来的影响;e_t 是随机误差项。

(2)移动平均模型

自回归模型的建立依赖于同一时间序列的前后期观测值之间存在的某种函数关系。类似地,如果对于某一时间序列,其观测值和前期随机误差项之间存在某种函数关系,也可以对其进行建模分析,其一般形式如下:

$$y_t = e_t + b_1 e_{t-1} + \cdots + b_q e_{t-q} \tag{2.20}$$

在(2.20)式中,q 表示模型的阶数,即滞后的时间周期;e_{t-1} 和 e_{t-q} 分别表示滞后一期和滞后 q 期的随机误差项;$b_1, \cdots, b_q$ 表示相应的移动平均系数。

如果仅考虑当期观测值与滞后一期的随机误差项之间的关系,则该模型被称为一阶移动平均模型,简记为 MA(1);如果考虑当期观测值与滞后 q 期的随机误差项之间的关系,则该模型被称为 q 阶移动平均模型,简记为 MA(q)。

(3)自回归移动平均模型

自回归模型假设同一时间序列的当期值与前期值存在某种函数关系,而移动平均模型则假设同一时间序列的当期值与前期的随机误差项之间存在某种函数关系。在实际应用中,上述假设都显得过强,因为当期观测值往往不仅和前期值相关,也与前期误差相关,所以,将两种方法结合在一起,便构成了自回归移动平均模型(Auto-Regressive Moving-Average Model,ARMA)。该模型的一般形式如下:

$$y_t = a_1 y_{t-1} + \cdots + a_p y_{t-p} + e_t + b_1 e_{t-1} + \cdots + b_q e_{t-q} \tag{2.21}$$

(2.21)式中,y_t 表示当期的观测值,$y_{t-1}, \cdots, y_{t-p}$ 表示同一时间序列中过去 p 个时期的滞后值;$a_1, \cdots, a_p$ 表示自回归系数;$e_{t-1}, \cdots, e_{t-q}$ 表示滞后一期和滞后 q 期的随机误差项;$b_1, \cdots, b_q$ 分别表示相应的移动平均系数。方程(2.21)实际上是方程(2.19)和(2.20)的综合,因此可以将该方程分解为两个部分,即自回归部分和移动平均部分,其中 p 和 q 分别是自回归部分和移动平均部分的阶数。因此,该模型也可以简记为 ARMA(p,q)模型,符合该模型的时间序列被认为是服从(p,q)阶自回归移动平均模型。

无论是自回归模型、移动平均模型还是自回归移动平均模型,都建立在时间序列平稳的假设上。对于非平稳的时间序列,不可以直接使用上述方法进行建模预测,而需先对非平稳的时间序列进行处理,然后再使用上述模型。在处理非平稳时间序列上,差分是一种较为常见的做法,而差分自回归移动平均模型作为自回归移动平均模型的拓展,将在下一小节进行介绍。

(4)差分自回归移动平均模型

对时间序列进行检验之后,若发现其属于非平稳序列,则可以通过对该时间序列进行差分,同时分析该差分序列以判断其平稳性,直到获得平稳序列为止。一般而言,差分序列参数 d 的取值多为 0、1、2[89]。

差分自回归移动平均模型(Autoregressive Integrated Moving Average Model,ARIMA)是 1976 年博克斯和詹金斯提出的,故又称 Box-Jenkins 模型。ARIMA 模型是非平稳时间序列分析中的常用方法。ARIMA 模型认为预测的时间序列是由某个随机过程生成,虽然构成该序列的某些序列值存在不确定性,但是整个过程仍然具有一定的发展规律,并且可以被确切地描述出来。在 ARIMA 模型中,序列的未来预测值可以表示为滞后项和随机干扰项的当期以及滞后期的线性函数。对于非平稳的时间序列$\{y_t\}$,先尝试对其进行 d 阶差分处理,若经过处理后的差分时间序列$\{\Delta^d y_t, y_t\}$为平稳序列,则可以化归为 ARMA(p,q)进行建模分析,其一般形式如下:

$$\Delta^d y_t = a_1 \Delta^d y_{t-1} + \cdots + a_p \Delta^d y_{t-p} + e_t + b_1 e_{t-1} + \cdots + b_q e_{t-q} \qquad (2.22)$$

(2.22)式中,$\Delta^d y_t$ 表示经过 d 次差分后变平稳的当期序列值,$\Delta^d y_{t-1}$,$\cdots$,$\Delta^d y_{t-p}$ 等表示同一差分序列中过去 p 个时期的滞后值;a_1,$\cdots$,a_p 表示自回归系数;e_{t-1},$\cdots$,e_{t-q} 表示滞后一期和滞后 q 期的随机误差项;b_1,$\cdots$,b_q 表示相应的移动平均系数;p 和 q 分别是自回归部分和移动平均部分的阶数。

2.2.4　组合预测方法

对于同一个时间序列而言,不同的预测方法得到的预测结果也不同,将不同方法的预测值通过加权组合起来即可得到组合预测的结果。组合预测模型能够有效降低单一预测模型中受随机因素的影响,从而有效提高预测的精度。如何合理确定单项预测模型的权重尤为重要,通常可以采用

Granger 和 Bates 提出的方差倒数法。其基本原理:第一步,计算各个单项预测模型的误差平方和;第二步,通过使整体误差平方和最小的方式确定各模型权重,即对误差平方和小的模型赋予较大权重,同时对误差平方和大的模型赋予较小权重。计算公式如下:

$$W_j = \sigma_j^{-2} / \sum_{j=1}^{m} \sigma_j^{-2} \text{ 且 } \sum_{j=1}^{m} W_j = 1, j = 1, 2, \cdots, m \quad (2.23)$$

向量 $W = (W_1, W_2, \cdots, W_m)^T$ 中每个元素分别表示各个预测方法在组合预测中的权重;σ_j^{-2} 表示第 j 种模型的误差平方和。在上述权重的基础上,可以进一步得到综合所有预测结果($\hat{x}_j$)的组合预测值:

$$X = \sum_{j=1}^{m} W_j \hat{x}_j \quad (2.24)$$

2.3 本章小结

本章主要介绍了高等教育财政预测研究的常用方法,包括基于面板数据的预测方法,以及基于时间序列的预测方法。在基于面板数据的预测方法中,固定效应模型和随机效应模型是两种最为常用的方法,两者都基于历史数据的平均趋势估计自变量对因变量的影响效应,并据此对变量的未来趋势进行预测。对于固定效应模型和随机效应模型与实际数据的匹配程度,能够通过 Hausman 检验进行识别。对于跨国数据来说,由于存在较强的异质性,因此发展出了一类重要的带异质性的面板数据方法。在基于时间序列的预测方法中,指数平滑和自回归移动平均模型是对平稳时间序列进行建模的最常用方法,前者主要利用单变量时间序列自身的变动趋势对未来时期进行预测,后者则利用多变量之间的相互关系进行预测。

上述预测方法已经被部分地运用到我国高等教育财政预测相关的实证研究中。如表 2-1 所示,早期我国学者进行相关预测所采用的方法大多是基于截面数据的多元线性回归方法,近年来,在运用面板数据和时间序列方法进行预测方面取得了重要进展。比如,唐一鹏和胡咏梅利用 12 个国家 2001—2011 年的面板数据,采用带异质性的面板数据模型对"十三五"期间我国高等教育财政投资的比例和规模进行了预测;赵冉和胡咏梅则利用 2006—

2 高等教育财政经费预测研究的基本方法

2015 年的时间序列数据,综合采用趋势分析、HW 非季节模型、指数平滑、ARIMA 模型等多种方法,对"十三五"期间我国普通本科与高职院校的财政投资比例进行了预测,获得了预测精度较高的模型结果。

表 2-1 高等教育财政预测文献及其主要方法

文献	数据	方法
米红,郭书君[90]	中国 1991—2002 年时间序列数据	多元线性回归
刘泽云,袁连生[33]	57 个国家 2001 年截面数据	多元线性回归
张宏文[91]	中国 1992—2013 年截面数据	多元线性回归
唐一鹏,胡咏梅	12 个国家 2001—2011 面板数据	带异质性的面板数据模型
赵冉,胡咏梅	中国 2006—2015 时间序列数据	趋势分析、HW 非季节模型、指数平滑、ARIMA、组合模型

附表 2-1 主要预测方法的 Stata 命令简介

预测方法	Stata 命令	备注
面板数据方法		
固定效应模型	xtreg y x, fe	1. xtreg 为面板数据命令 2. y 表示因变量 3. x 表示自变量 4. fe 表示固定效应模型
随机效应模型	xtreg, re/mle	1. re 表示采用 FGLS 方法估计的随机效应模型 2. mle 表示采用极大似然方法估计的随机效应模型

（续表）

Hausman 检验	hausman fe re	对固定效应和随机效应的估计系数进行检验
带异质性的面板数据模型	xtmg y x, cce/ aug trend full	1. xtmg 表示带异质性的面板数据模型 2. cce 表示使用平均组估计量 3. aug 表示使用增强的平均组估计量 4. trend 表示考虑时间趋势 5. full 表示输出完整结果
时间序列方法		
单指数平滑方法	tssmooth exponential d=x, p(a) f(*)	1. tssmooth 表示指数平滑方法 2. exponential 表示单指数平滑 3. d 表示预测后生成的变量 4. x 表示原始变量 5. p(a) 表示预设参数（在 0—1 之间） 6. f(*) 表示预测的时期数
双指数平滑方法	tssmooth dexponential d=x, p(a) f(*)	1. dexponential 表示双指数平滑 2. d 表示预测后生成的变量 3. x 表示原始变量 4. p(a) 表示预设参数（在 0—1 之间） 5. f(*) 表示预测的时期数
HW 季节模型	tssmooth shwinters d=x, f(*)	1. shwinters 表示 HW 季节模型 2. d 表示预测后生成的变量 3. x 表示原始变量 4. f(*) 表示预测的时期数

（续表）

HW 非季节模型	tssmooth hwinters d＝x, p(ab) f(*)	1. hwinters 表示 HW 非季节模型 2. d 表示预测后的生成变量 3. x 表示原始变量 4. p(ab)表示两个预设参数（均在 0—1 之间） 5. f(*)表示预测的时期数
自回归模型	arima y, ar(1/n)	1. arima 表示动态回归模型 2. y 表示变量 3. ar(1/n)表示第 1 阶到第 n 阶的自回归
移动平均模型	arima y, ma(1/n)	1. arima 表示动态回归模型 2. y 表示变量 3. ma(1/n)表示第 1 阶到第 n 阶的移动平均
自回归移动平均模型（ARMA）	arima y, ar(1/n) ma(1/n)	该命令同时考虑自回归和移动平均
差分自回归移动平均模型（ARIMA）	arima y, arima (♯p,♯d,♯q)	1. 该模型为差分自回归移动平均模型； 2. ♯p 表示自回归的阶数； 3. ♯q 表示移动平均的阶数； 4. ♯d 表示原序列需要经过几次差分才是平稳序列

3 高等教育财政经费的充足性与公平性

预测研究是基于历史数据对未来的发展趋势进行量化估计。对于高等教育财政经费的预测研究,一方面需要依靠科学的预测方法,另一方面也需要对高等教育财政经费的历史数据进行深入分析。过去20年是我国高等教育蓬勃发展的20年。受益于国家层面的高校扩招政策,我国高等教育毛入学率从1998年的9.8%一路攀升至2016年的42.7%,提前完成了《国家中长期教育改革和发展规划纲要(2010—2020年)》中提出的目标。各级各类高校在校生数从1998年的360万增加到2016年的2893万,增幅超过7倍,使我国成为名副其实的世界高等教育大国。过去20年我国公共财政对高等教育的支持力度也在不断增大,财政性经费总量从2001年的535亿增加到2015年的5841亿,增幅约10倍。

对我国高等教育财政经费的历史数据分析,一直是学者们关注的焦点,不少学者对此进行过深入研究,尤其关注对高等教育财政投入变动趋势及是否充足的讨论[25,35,92-93],也有研究涉及对高等教育财政公平性问题的探讨[94-95]。本章基于国际时序数据和省级面板数据,尝试从充足性和公平性两个视角来对我国高等教育财政经费的现状进行研究,为后续开展高等教育财政经费预测研究奠定基础。

3.1 高等教育财政经费的充足性

公立高校是我国高等教育的主体,公共财政是公立高校最主要的办学

3 高等教育财政经费的充足性与公平性

经费来源。《中国教育经费统计年鉴-2012》的数据表明,高校总收入中50%以上来自公共财政拨款,学费等仅占30%左右[①]。由此可见,公共财政在维持我国高等教育经费的充足性方面具有十分重要的作用,高等教育财政经费的充足性对于整个高等教育体系的经费保障举足轻重。高等教育财政经费的充足性是国内外学者共同关注的问题,即便在以私立高校为主体的美国,州政府对公立高校的拨款机制和经费保障问题也广受关注[96]。高等教育财政的充足性是指政府财政对高等教育支出的充足程度,从一个侧面也反映了公共财政对高等教育投入的努力程度。参考岳昌君[35]的研究思路,本小节主要基于国际比较的视角,从以下三个指标来考察我国高等教育财政经费的充足性:一是生均财政性经费;二是高等教育财政经费占国内生产总值的比重;三是高等教育财政经费占财政总支出的比重。

3.1.1 高等教育生均财政性经费的国际比较

根据经济发展水平和人口规模,并结合联合国统计署(UIS)的数据收录情况,我们选择了三类共计13个国家(中国另列一栏)进行国际比较。第一类是西方发达国家,主要包括美国、英国、法国、意大利、波兰、西班牙、澳大利亚等7个国家;第二类是亚洲发达国家,主要是日本和韩国;第三类是主要发展中国家,主要包括印度、巴西、泰国。

表3-1中呈现了主要发达国家和发展中国家的高等教育生均经费(国际元,IntD)。从该表中可以看出,西方发达国家的高等教育生均经费普遍较高,均值从2001年的6385国际元增长到2011年的9316国际元,增长幅度达到45.9%。特别是法国,其2001年的高等教育生均经费为7917国际元,比同期的美国低2941国际元;到2011年,法国高等教育生均经费已经高达13564国际元,在样本国家中位列第一,增幅达到71.3%。对于以日本和韩国为代表的亚洲发达国家来说,其高等教育生均经费表现迥异。日本起点高、增长快,2001年为4455国际元,远低于同期的西方发达国家均值;2011

---

① 根据《中国教育经费统计年鉴-2012》,2011年我国高校总收入为6880亿元,其中政府财政性经费3763亿元,学杂费收入1812亿元,分别占54.7%和26.3%。

年为8194国际元,比2001年增长了83.9%,接近同期的西方发达国家均值。相比之下,韩国起点较低,但增长迅猛,2002年尚不足1000国际元,到2011年时已高达3491国际元。但与日本相比,韩国的高等教育生均经费明显偏低,在很多年份甚至低于一些发展中国家。对于主要发展中国家来说,高等教育生均经费呈现波动上升趋势。比如中国,在2001年的生均经费为2844国际元,此后几年一路下滑,直到2006年开始逐渐恢复,2009年才重新达到2001年的水平,并在其后两年(2010年、2011年)迅速增加。总体来看,2010年以后的中国高等教育生均经费水平已经明显超过主要发展中国家,甚至超过了韩国,但距离日本以及西方发达国家还有很大距离。

表3-1 2001—2011年13个国家高等教育生均财政性经费(IntD)

	2001	2002	2003	2004	2005	2006	2007	2008	2009	2010	2011	增幅
西方发达国家	6385	6656	6904	6927	7429	7825	7916	8346	8523	8897	9316	45.9%
澳大利亚	—	—	—	—	7067	7110	7370	7417	8189	8368	8335	—
法国	7917	8311	9557	9904	10182	10878	11930	12632	13580	13362	13564	71.3%
意大利	6783	7063	6368	6211	6249	7065	7047	8289	8346	8481	8687	28.1%
波兰	1977	2441	2365	2787	2954	2579	2775	3312	3604	4266	4544	129.8%
西班牙	4850	5267	5612	5854	6211	7110	8072	9041	9422	9057	8872	82.9%
英国	5924	7776	7872	7984	10041	9415	8520	7918	7375	8932	11498	94.1%
美国	10858	9079	9653	8823	9300	10616	9700	9817	9144	9814	9713	−10.5%
亚洲发达国家	4455	2743	3556	3767	3782	4046	4390	4876	3467	8080	5843	31.2%
日本	4455	4543	5331	5714	5586	5779	6415	7026	—	8080	8194	83.9%
韩国	—	943	1781	1820	1978	2314	2365	2726	3467	—	3491	—
主要发展中国家	3320	4100	1535	2298	2572	2335	3577	3045	2999	2962	2690	−19.0%
泰国	2399	—	—	2132	2476	3038	—	2541	2523	2132	2731	13.8%
巴西	4241	4100	—	—	3275	3697	—	3577	3549	3631	3917	—

(续表)

	2001	2002	2003	2004	2005	2006	2007	2008	2009	2010	2011	增幅
印度	—	—	1535	1487	1542	1631	—	—	2844	2838	2650	—
中国	2844	2586	2388	2189	2076	2219	2305	2580	2868	3057	4120	44.9%

注：—表示数据缺失。

为了更直观地呈现13个国家高等教育生均经费在2001—2011年的变动趋势,我们分成三类国家(西方发达国家、亚洲发达国家、主要发展中国家)以及中国给出了折线图(图3-1)。由图3-1可以看出,首先,西方发达国家的高等教育生均经费明显高于其他两类国家和中国,而且高等教育生均经费一直保持上升趋势,2008年金融危机之后其增幅更大。其次,亚洲发达国家的高等教育生均经费也显著高于印度、巴西等发展中国家,而且2003—2008年生均经费增幅很大,2009年可能因金融危机影响有大幅下滑,但2010年迅速拉升接近欧美西方发达国家水平。最后,中国2001—2010年的高等教育生均经费一直接近主要发展中国家的平均水平,直到2011年开始拉开差距,但至今距离亚洲发达国家、西方发达国家的平均水平还相距甚远。此外,该图也表明,高等教育财政投资生均规模和经济发展水平成正相关,即经济发展水平越高的国家,其高等教育财政投资生均经费也越高。

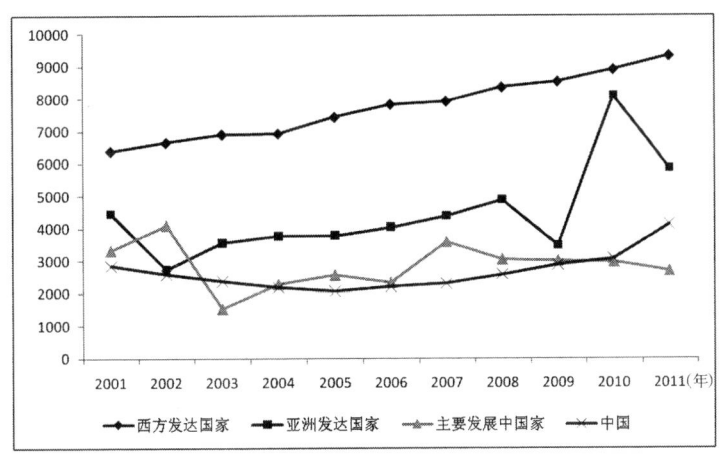

图3-1　2001—2011年各类国家高等教育生均经费(IntD)

3.1.2 高等教育财政投资比例的国际比较

高等教育生均经费只是衡量政府对高等教育投入的多寡，并没有考虑到政府的实际财力。"高等教育财政性经费占GDP比例"和"高等教育财政性经费占财政支出比例"两个指标则能够更好地衡量一国政府对于高等教育的投入努力程度。此处仍将除中国之外的样本国家分为三类，其均值绘制在折线图3-2和图3-3中。

由图3-2可以看出，首先，西方发达国家的高等教育财政性经费占GDP比例明显高于亚洲发达国家和中国，且在2008年以前高于主要发展中国家。其次，亚洲发达国家的高等教育财政经费占GDP比例处于波动上升趋势，但其均值低于中国的水平，仅在2003年和2009年两个年份接近中国。不仅如此，亚洲发达国家的高等教育财政经费占GDP比例一直明显低于主要发展中国家的平均水平。我们推测这与主要发展中国家近十年随着经济发展加速，越发重视高等教育发展，扩大高等教育发展规模有关[①]，而日本和韩国近十年由于经济发展处于相对稳定、甚至停滞状态，对于高等教育人才规模增长需求不及发展中国家[②]，因而其投资比例不及主要发展中国家的平均水平。但是，其生均支出仍保持增长态势，而且高于主要发展中国家的平均水平。主要发展中国家由于高等教育发展规模增速较大，而投资总量增速不及规模增速，因而2001—2011年间其生均支出水平还处于负增长。最后，中国2001—2011年间的高等教育财政经费占GDP比例一直处于上升趋势，特别是2011年已经非常接近0.8%[③]。此图表明，高等教育财政投资比例与一国经济发展水平有弱正向关联。

---

① 印度、中国、泰国2001年高等教育毛入学率分别为9.78%、9.83%、39.23%，2010年三国毛入学率则分别为18.23%、23.32%、50.03%。

② 日本、韩国高等教育毛入学率2001年分别为49.3%、83.3%，2010年分别为56.8%、79%，韩国毛入学率近几年还出现了负增长。

③ 这与《国家中长期教育改革和发展规划纲要（2010—2020年）》提出要"优先发展教育""大幅增加教育投入""提高国家财政性教育经费支出占GDP的比例，2012年达到4%"有关。

3 高等教育财政经费的充足性与公平性

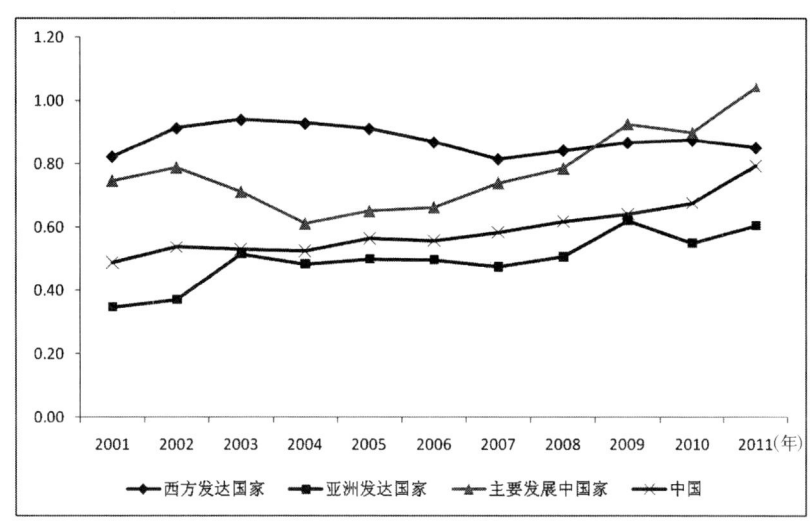

图 3-2 2001—2011 年各类国家高等教育财政性经费占 GDP 比例(%)

由图 3-3 可以看出,首先,西方发达国家的高等教育财政性经费占财政支出比例不再明显高于其他类别的国家,而是基本处于中间位置,除个别年份外,多数情形是低于主要发展中国家的平均比例。其次,亚洲发达国家的高等教育财政经费占财政支出比例明显低于其他类型的国家,也低于中国,在 2001—2011 年间均不超过 2%,且在 2008 年之后出现轻微下降。再次,主要发展中国家的高等教育财政经费占财政支出比例波动幅度较大[①],但其平均水平在多个年份都高于欧美发达国家。最后,中国在 2001—2010 年间的高等教育财政经费占财政支出比例基本上围绕 3% 上下波动,但在 2011 年有一个较大的提升,达到 3.44%。上述发达国家的高等教育财政经费占财政支出比例低于发展中国家,而且在 2001—2011 年间变化不大,较为稳定。我们推测是由于发达国家高等教育投资体制与发展中国家不同,以及发达国家高等教育规模与财政体制较为稳定。发达国家高等教育在 21 世纪之前就已经处于大众化教育阶段,不少发达国家高等教育基本普及。如此

---

① 其中部分原因是数据缺失。

大规模的高等教育,完全靠政府投资是根本不可能的,因而,多数发达国家在20世纪90年代起就逐渐选择了多元化投资体制。像美国、日本等以私立高等教育为主体的国家高等教育投资中,政府财政投资所占比例并不高(通常不及50%),高等教育办学经费主要来自学费、社会服务、捐赠以及投资收益等。不过,像德国、法国、意大利等西欧国家这一比例仍很高(通常超过60%)①,主要是这些国家公立高等教育占主导地位。印度、中国等发展中国家高等教育投资仍以政府投资为主,政府财政投资占高等教育投资比例相对较高,通常接近或超过50%②。这一现象反映出,2001—2011年间包括中国在内的主要发展中国家对于高等教育投资的重视和政府努力程度相对较高。

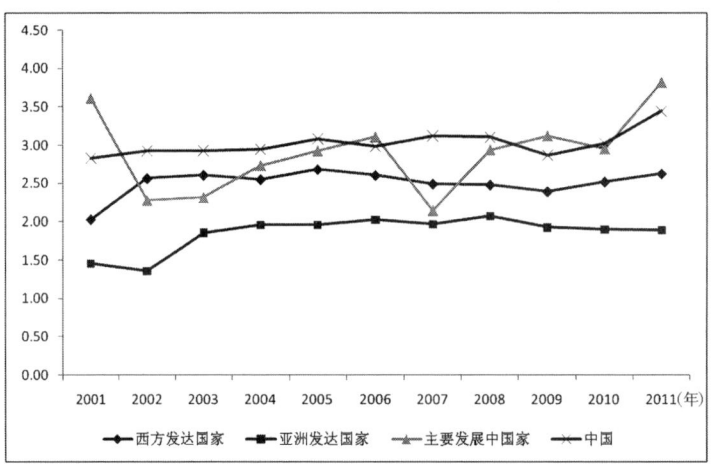

图 3-3　2001—2011 年各类国家高等教育财政性经费占财政支出比例(%)

---

① 西欧发达国家虽然财政投资占高等教育经费比例较高,但这些国家 GDP 处于世界各国前列,而且高等教育总体规模由于人口较少而不及发展中国家,所以,这些国家的高等教育支出占财政支出比例并不及发展中国家。

② 以 2005 年为例,美国、日本、印度、中国 2005 年财政性经费占高等教育总经费的比例分别为 34.7%、33.7%、80.9%、45%。国外数据来自:UNESCO, Education Data and Indicators, 2009。中国数据来自《中国教育经费统计年鉴-2006》。

为了进一步考察高等教育财政性经费占 GDP 比例(公共高等教育投资比例)与 GDP 总量、政府财政支出之间的关联性,我们计算了所有样本国家在三个指标上的相关系数,并且计算了三类国家在三个指标上的相关系数。结果呈现在表 3-2 中。由该表可知,对于全样本来说,主要国家的公共高等教育投资比例与 GDP 和财政支出存在显著的正向关联(0.05 水平上显著)。从不同类型的国家来看,西方发达国家的公共高等教育投资比例与 GDP、财政支出也都存在一定的正向关系,且在 0.1 水平上显著。虽然亚洲发达国家的公共高等教育投资比例与 GDP、财政支出正向相关,但在统计上并不显著。主要发展中国家较为特别,其公共高等教育投资比例与 GDP、财政支出存在一定程度的负向关联,尽管在统计上不显著。不过,总体来看,样本国家的高等教育财政投资比例与 GDP、政府财政支出存在显著关联,而且不同类型国家的相关程度存在一定差异。

表 3-2　高等教育财政投资比例与 GDP、政府财政支出的相关系数

	高等教育财政投资比例			
	总样本	西方发达国家	亚洲发达国家	主要发展中国家
GDP	0.197**	0.217*	0.123	−0.015
政府财政支出	0.201**	0.214*	0.124	−0.024

注:*、**、*** 分别表示在 0.1、0.05、0.01 水平上显著。下同。

3.2　高等教育财政经费的公平性

教育财政经费的公平性是指教育财政经费的分配以"机会均等"为准则,保证每个参与教育财政经费分配的个体有均等的机会占有教育经费,也就是说,资源配置的方式应能保证各学校或各受教育在相同的条件下拥有获得等量资源的机会。衡量教育财政经费配置是否具有公平性,目前比较公认的原则有以下几项:一是分配均等的原则;二是财政中立的原则;三是

调整特殊需要的原则;四是成本补偿原则;五是公共资源从富裕流向贫困的原则。从财政学的角度来说,财政均衡是指各级政府的收入能力与支出能力基本均衡[97]。对于高等教育部门而言,财政均衡则可以从内在和外在两个方面来理解。所谓内在均衡,是指公共财政在不同部门之间的分配均衡,其衡量的直接指标就是高等教育财政对地方经济的依赖程度。如果依赖程度高,则说明高等教育财政缺乏独立性和稳定性,财政经费容易被其他部门挤占。这可以用财政是否中立来衡量。所谓外在均衡,是指高等教育财政经费在不同地区(一般以省为单位)分配的差异情况。如果高等教育财政经费在不同地区分配的差异越大,那么高等教育资源分配的不均衡程度也越高,即考察是否遵循财政经费分配均等的原则。本节将同时从内在均衡和外在均衡两个方面来考察我国高等教育财政经费的均衡性,以反映高等教育财政经费配置的公平程度。与前文中有关充足性的分析不同的是,本节不再采用国际比较的方法,而是采用全国 31 个省市的相关数据,从中立性、差异性和收敛性三个方面来考察我国高等教育财政经费的公平性。

3.2.1 高等教育财政的中立性

(1)高等教育生均财政经费与人均 GDP 的相关系数

本研究将高等教育生均财政经费与人均 GDP 的相关系数简称为"相关系数"。该指标主要用来考察各省市的高等教育生均财政经费与人均 GDP 的相关程度,是测度高等教育财政中立性的重要指标之一。根据教育财政相关研究[98],该指标的阈值一般为 0.5,即如果高等教育生均财政经费与人均 GDP 的相关系数小于 0.5,则表明高等教育财政支出对地方经济的依赖程度不高,从而内在均衡性较强。

此处,本研究采用 31 个省市在 2006－2016 年间的高等教育财政性生均经费数据和人均 GDP 数据来计算相关系数,结果呈现在图 3-4 中。观察图 3-4 可以发现,我国高等教育财政生均经费与人均 GDP 的相关系数一直呈现较为稳定的下降趋势,从 2006 年的 0.76 下降到 2012 年的 0.51,随后在 2013 和 2014 年小幅攀升至 0.58,而后又有所下降。尽管如此,在 2006—

2016年这段时期的大部分年份中,我国高等教育生均财政经费与人均GDP的相关系数都高于0.5,仅在2015年低于0.5。这表明我国高等教育财政对地方经济的依赖程度仍然较高,缺乏应有的财政独立性,从而内在均衡程度不高。

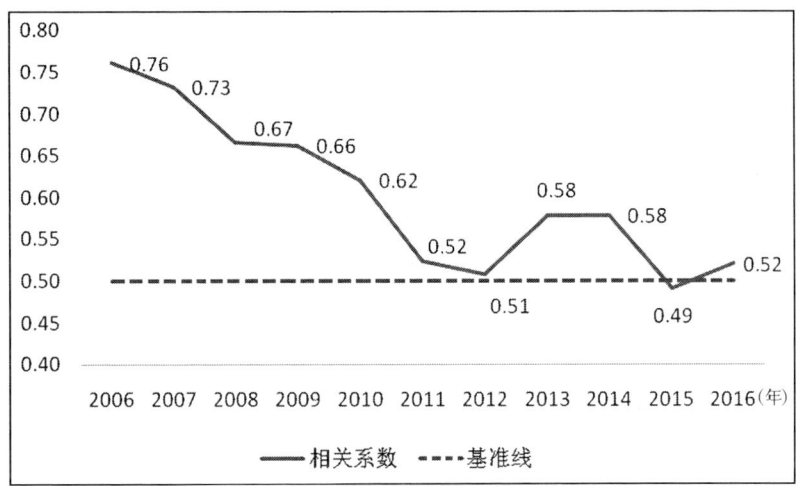

图3-4 高等教育生均财政经费与人均GDP的相关系数(2006—2016年)

(2)高等教育生均财政经费对GDP的弹性系数

本研究将高等教育生均经费对地方人均GDP的弹性系数简称为"弹性系数"。该指标也是考察高等教育财政中立性的重要指标之一。所谓弹性系数,是指地方人均GDP变动一个单位所带来的高等教育财政生均经费的变动程度。从教育财政学的角度来看,弹性系数是地方人均GDP对高等教育生均经费的回归系数[①],它意味着高等教育财政对地方经济变动的敏感程度,如果弹性系数越小,则高等教育财政对地方经济变动越不敏感,从而内在均衡性越高;反之,如果弹性系数越大,则高等教育财政对地方经济变动

---

① 用方程 $\ln(\exp_i) = \beta \ln(pgdp_i)$ 可以表示,其中 $\ln(\exp_i)$ 表示各省市高等教育生均财政经费的对数,$\ln(pgdp_i)$ 表示各省市人均GDP的对数,β 为弹性系数。

越发敏感,从而内在均衡性越低。与相关系数类似,弹性系数也有一定的阈值。一般而言,如果弹性系数小于 0.1,则认为高等教育财政对地方经济的依赖程度较低,即高等教育财政的内在均衡性越高。

本研究对 2006—2016 年间每一年 31 个省市的数据进行了计量分析,整理出了每一年的弹性系数,并将结果绘制在图 3-5 中(虚线表示基准线＝0.1)。从该图中可以看出,与相关系数类似,弹性系数也基本处于下降趋势。2006 年,我国高等教育生均财政经费对地方人均 GDP 的弹性系数为 0.57,此后一路下降至 2012 年的最低值 0.30,然后有所上升,并且到 2015、2016 年维持在 0.38 左右。尽管如此,我国高等教育财政的弹性系数一直都高于 0.1 这一基准线,说明高等教育财政经费对地方经济的敏感程度过高,导致高等教育财政的独立性不强,从而内在均衡程度不高。

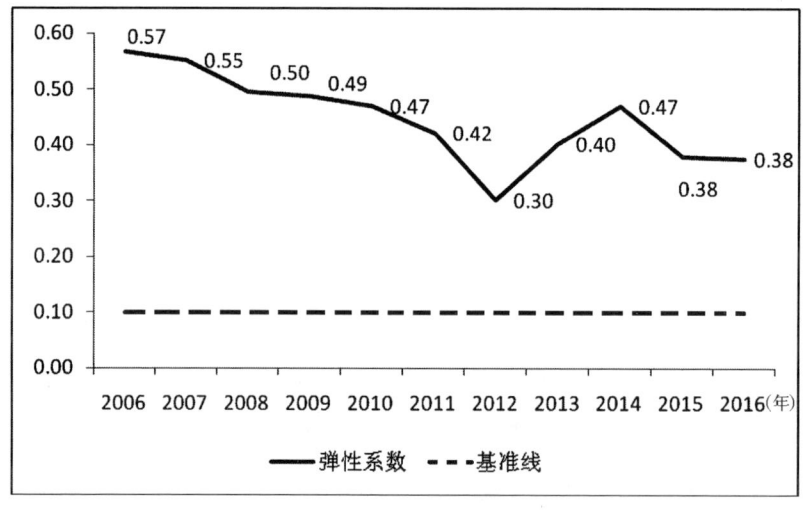

图 3-5 高等教育生均财政经费对 GDP 的弹性系数(2006—2016 年)

3.2.2 高等教育生均财政经费配置的差异性

教育财政学中有很多衡量外在均衡(或者说地区间不平衡)的指标,比如基尼系数、泰尔系数等。本研究中选取的是阿特金森指数,该指数的优点在于可以通过参数 e 的设定来调整对于不平衡的偏好(或厌恶)程度,从而更好地反映经济社会的实际状况[99]。该指数的具体计算方法如下：

$$A_e = 1 - \left[(1/n)\sum_{j=1}^{n}(y_i/u)^{1-e}\right]^{1/(1-e)} \quad (3.1)$$

其中，A_e 表示给定偏好 e 下的阿特金森指数；y_i 表示第 i 个省份的高等教育生均财政经费；u 表示等价敏感平均经费。阿特金森指数的取值范围在 0—1 之间，其中 0 表示完全均衡状态，而 1 表示完全不均衡状态。因此，如果阿特金森指数越接近 0，则表示高等教育财政经费配置越均衡。

本研究计算了 2006—2016 年间全国和各地区[①]的阿特金森指数，结果呈现在表 3-3 中，图 3-6 则采用折现图的方式更为直观地呈现不同地区的变化趋势。从全国的阿特金森指数来看，一直呈现较为稳定的下降趋势，从 2006 年的 0.122 下降到 2016 年的 0.063，表明我国高等教育财政的均衡性正在逐年不断提高。但是从不同地区来看，却呈现出另一番景象，大致可以分为两组：第一组，以华北地区为代表的先高后低型；第二组，以华东地区为代表的先低后高型。对于第一组，在 2006 年，华北地区的阿特金森指数几乎是全国水平的 2 倍，这主要是京津冀三地之间高等教育财政资金不均衡问题导致的。但是到 2011 年以后，受益于京津冀协同发展等国家战略的逐步推动，华北地区的阿特金森指数保持稳定的下降趋势，而且远低于其他地区。对于第二组，华东地区在 2006 年时的阿特金森指数仅为 0.056，远低于全国水平，但是到 2014 年以后，突然上升到 0.169，远高于同期其他地区的水平。这主要是地区内部经济发展的不平衡性导致高等教育财政经费的不均衡性日益严重。在华东地区，以上海、江苏、浙江为代表的高等教育强省，与安徽、江西、福建等高等教育相对落后的省份之间，在高等教育生均经费上的差异在不断扩大。

---

① 参照国家统计局的地区划分方法，华北地区包括：北京、天津、河北、山西、内蒙古；东北包括：辽宁、吉林、黑龙江；华东地区包括：上海、江苏、浙江、安徽、福建、江西、山东；中南地区包括：河南、湖北、湖南、广东、广西、海南；西南地区包括：重庆、四川、贵州、云南、西藏；西北地区包括：陕西、甘肃、青海、宁夏、新疆。

表3-3　高等教育生均财政经费的阿特金森指数(2006—2016年)

	2006	2007	2008	2009	2010	2011	2012	2013	2014	2015	2016
全国	0.122	0.113	0.102	0.107	0.110	0.100	0.061	0.067	0.070	0.074	0.063
华北	0.268	0.242	0.200	0.259	0.215	0.098	0.062	0.101	0.060	0.055	0.008
东北	0.016	0.004	0.006	0.000	0.026	0.239	0.175	0.173	0.003	0.084	0.079
华东	0.056	0.069	0.062	0.047	0.040	0.085	0.007	0.006	0.169	0.175	0.135
中南	0.058	0.029	0.012	0.031	0.025	0.029	0.030	0.035	0.014	0.035	0.032
西南	0.022	0.023	0.018	0.015	0.051	0.022	0.034	0.004	0.011	0.006	0.008
西北	0.121	0.161	0.168	0.130	0.145	0.002	0.008	0.003	0.003	0.007	0.006

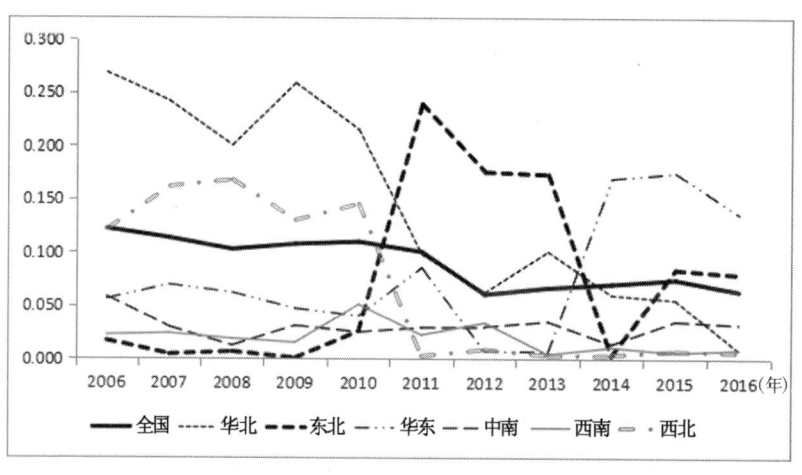

图3-6　高等教育生均财政经费的阿特金森指数(2006—2016年)

通过上述对于高等教育财政均衡性的分析可以看出,我国高等教育财政均衡程度仍然不高,具体表现在以相关系数和弹性系数为指标的内在均衡性不高,以及阿特金森指数为指标的外在均衡性不高。尽管如此,通过阿特金森指数对2006—2016年间的均衡性分析可以发现,全国整体的均衡性在稳步提高,似乎存在着某种均衡化的趋势。在财政学的相关研究中,将这一趋势称为地区差异的"收敛"。后文将进一步对此展开分析。

3.2.3 高等教育财政支出的收敛性

收敛性的概念最早源自经济学,用于描述"不同国家的经济发展水平差异随着时间推移逐渐缩小"的经济现象。该概念最早由美国经济学家 Robert J. Barro 和 Xavier Sala-I-Martin[100]提出,并利用计量经济模型进行实证检验,后被广泛地应用于经济学、财政学中有关地区差异的研究。在国内教育财政研究中,也不乏对收敛性的深入考察,但大多集中在基础教育领域[101]。借鉴相关研究中使用的方法,本研究利用 31 个省市在 2006—2016 年的面板数据对我国高等教育财政支出的收敛性进行分析,具体模型设定如下:

$$\ln(\exp_{it}) = e^{-\beta}\ln(\exp_{i,t-1}) + \alpha X \quad (3.2)$$

其中,$\exp_{it}$ 和 $\exp_{i,t-1}$ 分别表示第 i 个省份在第 t 年和 $t-1$ 年的高等教育生均财政经费;X 表示其他控制变量。在该模型中,最为关键的变量是 $e^{-\beta}$,它表示 $t-1$ 期的高等教育生均财政经费对 t 期的高等教育生均财政经费的回归系数。如果 $e^{-\beta}>1(\beta<0)$,则表明 t 期的高等教育生均经费总是大于 $t-1$ 期,不存在收敛;反之,如果 $e^{-\beta}<1(\beta>0)$,则表明存在收敛。此外,如果模型中未添加任何控制变量 X,则该模型为绝对收敛模型(不存在任何其他条件);如果模型中添加了控制变量 X,则该模型称为条件收敛模型(以控制变量 X 为条件的收敛)。

为了进一步计算收敛速度,可以对(3.2)式进行等价变形,得到:

$$\ln(\frac{\exp_{it}}{\exp_{i,t-1}}) = b\ln(\exp_{i,t-1}) + \alpha X \quad (3.3)$$

此时,$b = e^{-\beta} - 1$ 成为判断是否收敛的关键变量。若 $b<0$,则表示高等教育生均财政经费是收敛的,β 表示收敛速度;若 $b>0$,则表示不存在收敛性。

基于上述计量模型,本研究采用面板数据方法中的 PA 模型 (Population-Averaged Model)对全国以及华北、东北、华东、中南、西南、西北六大地区高等教育财政支出的绝对收敛性进行估计,结果呈现在表 3-4 中。根据表 3-4 的结果,在 2006—2016 年间,全国模型的回归系数为

$b=-0.062$,且在统计上显著,表明全国的高等教育生均财政经费存在绝对收敛,且收敛的速度$\beta=6.40\%$。从各大地区的结果来看,各大地区的高等教育生均财政经费均存在不同程度的收敛($b\in[-0.159,0.079]$),其中中西部地区的收敛速度较快,中南、西南、西北地区的β值分别为17.23%、14.22%和15.37%;相比之下,东部地区的收敛速度较慢,华北、东北、华东地区的β值分别为9.64%、8.55%和8.22%。由此可见,无论是全国还是各地区,高等教育生均财政经费的差异正在逐步缩小,而且中西部地区的速度要快于东部地区。

表 3-4 高等教育财政支出的绝对收敛

	全国	华北	东北	华东	中南	西南	西北
b	-0.062*** (0.011)	-0.092*** (0.026)	-0.082** (0.035)	-0.079** (0.039)	-0.159*** (0.024)	-0.133*** (0.042)	-0.143*** (0.034)
常数	0.701*** (0.099)	0.990*** (0.242)	0.897*** (0.325)	0.859** (0.360)	1.597*** (0.224)	1.348*** (0.381)	1.443*** (0.309)
β	6.40%	9.64%	8.55%	8.22%	17.23%	14.22%	15.37%
N	310	50	30	70	60	50	50

下一步,本研究将在绝对收敛模型的基础上,添加对数人均GDP和生师比两个控制变量,考察全国以及各地区的高等教育生均财政经费是否存在条件收敛。此处,对数人均GDP主要用于控制各省在经济发展水平方面的差异,而生师比则用于控制各省在高等教育质量上的差异。具体的检验结果呈现在表3-5中。

根据表3-5的结果,当控制了对数人均GDP和生师比两个变量之后,结果发生了较为明显的变化。第一,全国模型的回归系数变小($b=-0.051$),表明虽然存在收敛,但是收敛速度变慢($\beta=5.23\%$)。第二,东北和华东两个地区的回归系数虽然为负,但在统计上已经不再显著,表明在添加控制变量之后,这两个地区已经不存在显著的条件收敛。第三,中南和西北地区的回归系数变大,表明在控制经济发展水平和高等教育质量之后,这两个地区的收敛速度更快,β 值分别达到 29.18% 和 20.56%。总体来看,华东和东北地区的高等教育生均财政经费仍然存在较大差异,没有呈现出条件收敛的趋势;而华北和中西部地区内部的差异正在逐步缩小,特别是中南和西北地区,收敛的速度有所加快。

表 3-5 高等教育财政支出的条件收敛

	全国	华北	东北	华东	中南	西南	西北
b	−0.051***	−0.082**	−0.077	−0.064	−0.256***	−0.127*	−0.187***
	(0.013)	(0.034)	(0.066)	(0.053)	(0.041)	(0.068)	(0.036)
对数人均GDP	−0.012	−0.018	−0.000	−0.015	0.103***	−0.008	0.081**
	(0.011)	(0.041)	(0.080)	(0.056)	(0.035)	(0.065)	(0.038)
生师比	0.000	−0.005	0.025	−0.013	0.018	−0.018	0.041***
	(0.007)	(0.027)	(0.067)	(0.025)	(0.033)	(0.041)	(0.015)
常数	0.723***	1.168*	0.429	1.109**	1.082	1.700*	0.340
	(0.166)	(0.617)	(1.378)	(0.536)	(0.682)	(0.875)	(0.419)
β	5.23%	8.55%	8.00%	6.61%	29.18%	13.54%	20.56%
N	310	50	30	70	60	50	50

3.3 本章小结

本章从充足性和公平性的视角出发,对我国高等教育财政经费的配置状况进行考察。基于国际时序数据的分析表明,在 2001—2011 年间,我国的高等教育生均财政性经费水平明显低于西方和亚洲发达国家,但在逐渐逼近,并在 2010 年超过主要发展中国家的平均水平;我国高等教育财政投资占 GDP 比例低于西方发达国家和主要发展中国家的平均水平,但明显高于亚洲发达国家的平均水平,且 2001—2011 年间的我国高等教育财政经费占 GDP 比例一直处于上升趋势;我国高等教育财政经费占财政支出比例已超过西方和亚洲发达国家,但在一些年份仍然与主要发展中国家存在一定差距。这些国际比较的统计结果反映出,我国对于高等教育投资的重视和政府努力程度相对较高,高等教育财政经费的充足性也在逐渐增加。基于省级面板数据的分析表明,我国高等教育财政在相关系数和弹性系数两项内在均衡性指标上表现不高,在以阿特金森指数衡量的外在均衡性上也表现不高。尽管如此,通过阿特金森指数对2006—2016年间的均衡性分析发现,全国整体的高等教育财政经费配置的均衡性在稳步提高。此外,PA模型的结果表明,全国以及六大地区的高等教育财政支出均存在绝对收敛,无论是全国还是各地区,高等教育生均财政经费的差异正在逐步缩小,而且中西部地区的绝对收敛速度要快于东部地区;同时,控制经济发展水平和高等教育质量的条件收敛模型结果发现,华东和东北地区的高等教育生均财政经费仍然存在较大差异,没有呈现出条件收敛的趋势,而华北和中西部地区内部的差异正在逐步缩小,特别是中南和西北地区,条件收敛的速度有所加快。

4 高等教育财政投资规模预测

关于高等教育财政投资规模的研究是回答政府公共财政对于高等教育投资的"蛋糕"有多大的问题。本章将建构高等教育财政投资比例预测模型,利用经济增速、高等教育发展规模等数据科学地预测2021—2025年间我国高等教育财政投资的规模。

4.1 研究背景

1993年中共中央、国务院印发《中国教育改革和发展纲要》,明确提出财政性教育经费支出占GDP比例要达到4%的目标。这一指标也是当时一些国家衡量教育财政投入水平的基础线。但直到20年后,我国财政性教育经费支出占GDP比例才首次超过4%。然而,姗姗来迟的4%让中国公共教育财政政策制定陷入了新的困境,国内部分学者开始以"后4%时代"为主题,着力探讨今后我国公共教育财政支出的走向问题,以及教育投入长效保障机制建立问题[1,3-4],但是对于高等教育财政投资规模的预测研究付之阙如。

近20年来我国高等教育处于快速发展时期,经过"211工程""985工程""2011协同创新中心""双一流"建设等高等教育重大工程项目的实施,国家投入了大量的财政资金支持高校发展,使得我国高校在国际上的声誉和影响力快速攀升。根据美国US News发布的2018全球大学排行榜,中国共有136所高校(含港澳地区高校)上榜,位居世界第二,充分说明了我国高等教育发展所取得的显著成效。习近平同志在十九大报告中指出,内涵式发展、"双一流"建设将是未来我国高等教育发展的重中之重。然而,2012年中国

GDP增速低于8%,2012—2020年一路走低。进入经济发展"新常态"后,国家财政资金对高等教育投入的支持力度相对其他学段的投入在下降。《2016年全国教育经费执行情况统计公告》数据显示,在各级教育生均公共财政预算教育事业费和公用经费支出上,普通高校增幅最慢,生均财政预算教育事业费的增幅仅为3.33%,生均公共财政预算公用经费的增幅甚至为负,这无疑将影响今后我国高等教育事业的稳步发展。因此,中国政府能否持续为高等教育提供充足的财政支持成为亟待研究的问题。

美国、英国、日本等发达国家高等教育财政投资实践与经济发展的历程表明,高等教育财政投资规模和经济发展速度成正相关[102-103]。一般来说,在经济起飞阶段,政府对高等教育的拨款规模增长的速度要快一些;在经济处于低迷阶段时,高等教育的拨款规模增长速度则会缓慢下来,有时甚至会出现负增长;在经济高速增长时期,对高等教育需求的增长会加大政府对高等教育的投入。例如,在20世纪60—70年代中期,美国经济高速增长时期,高等教育的拨款规模增长速度是快速的,而到了80年代后,由于经济低迷,高等教育财政拨款规模增长速度也相对缓慢下来。英国、日本、澳大利亚等国的发展历程也具有相似的特征[21]。这一现象也为本研究利用中国近20年经济增速数据和高等教育发展规模数据建立高等教育财政投资比例预测模型提供了实践依据。因此,本研究的核心问题在于,如何利用经济增速、高等教育发展规模等数据科学地预测2021—2025年间我国高等教育财政投资的规模。①

4.2 文献综述

根据国际通行的教育投资总规模与经济发展水平固定挂钩比例的方法,靳希斌[62]提出以国家经济实力可能提供的教育投资总量为上限,以满足其经济增长所要求的最低限度的人才供给量为下限,提供了一种弹性的高

---

① 本章的主要内容摘自胡咏梅、唐一鹏:《我国"十四五"期间高等教育在校生规模和财政投资规模预测》,《重庆高教研究》2019年第1期。

4 高等教育财政投资规模预测

等教育投资规模的思路。厉以宁[28]根据在校生人数的历史数据构建了预测高等教育投资规模的计量模型。郎益夫[29]依据中国1990—1999年政府高教投资与国民生产总值(Gross National Product, GNP)数据,运用多种形式的回归模型确定高等教育的投资规模与国民经济发展规模的适应度,并对2010年中国高等教育投资规模进行了预测。靳希斌[62]归纳了三种测算高等教育投资规模的方法,即利用社会经济发展需求量预测、依据各级各类在校生人数与满足社会经济发展目标需要人才供给量测算,以及依据国家规定教育费用标准来测算。本研究拟参考前两种方法来预测"后4%时代"中国高等教育投资规模。

教育财政投资规模的确定与教育财政投资比例密切相关,教育财政投资比例反映政府对公共教育事业的重视和努力程度。一旦教育财政投资比例确定,政府对于教育的财政投资规模亦即确定,政府从财政支出的"大蛋糕"中应当分配给教育的份额就明确了①。为了实现政府提出的教育要适当超前发展的战略目标,就应当保证教育投资的比例高于与中国经济发展水平相应的国际平均水平[63]。岳昌君、丁小浩[63]、刘泽云、袁连生[33]等学者均采用基于跨国数据的计量经济模型方法,对2010年、2020年的中国教育投资比例做出了预测,结果约在4%~4.5%②。

国际上对于教育财政的预测研究多聚焦投入规模方面[104-105],而国内关于教育财政投资比例的研究相对较多[64],也有部分学者就高等教育财政投资比例问题开展过研究[28,35,76-77]。而这一问题亟须继续深入研究,它不仅关系到高等教育的可持续发展问题,也关系到经济发展"新常态"下高校

---

① 这里假定政府财政支出占GDP比例在短期内固定不变。公共教育投资比例=政府财政支出占GDP比例×财政性教育经费占政府财政支出比例。

② 刘泽云等人按照23个中等收入水平国家的数据建模,预测2010年、2020年中国教育财政投资比例分别为3.7%、4.54%,岳昌军等人按照GNP年均增速7.18%来预测中国教育投资2010年、2020年的比例分别是4.04%、4.3%,而且根据其教育投资增速适当超前的观点,建议中国2010年、2020年的投资比例区间分别是4.0%~4.5%、4.5%~5.0%。

顺应经济社会发展对人才需求规格的变化而做出的人才培养体系改革所需要的政府财政资金的支持与保障问题。①

事实上,尽管高等教育公共投资规模不断扩大,面对1999年以后迅速扩大的高校学生规模,生均财政性经费却在逐年下降,尤其是地方高校生均财政性经费下降过快[25]。另一个值得关注的事实是,2004年后中国民办高等教育发展迅速,本专科在校生规模突破百万,到2013年已经达到550多万,占全国高校本专科在校生总人数的18.43%②。因而,私人部门在高等教育总投入中的比重也在逐年增长。以学杂费占高等教育总经费的比例这一指标为例,该指标在1999年扩招之后便一路攀升,从21.30%增加到2008年的峰值33.68%,虽然之后有所下降,但仍保持在25%以上。

岳昌君[35]研究发现,中国财政性高等教育经费投入既没有达到经济发展水平所应有的供给水平,也没有满足高等教育发展所必需的基本需求。从供给能力看,在2012、2020年中国高等教育财政投资比例可以达到0.81%、0.90%;从必要需求看,中国高等教育的生均公共经费指数在2012、2020年应当超过70.0、53.6。而且,高等教育财政投资比例在2000—2007年间出现上下波动现象。这项研究在预测方法上很有借鉴价值,只是计量模型中的样本数据时段是2000—2007年,较难符合2008年以后由于金融危

---

① 例如,2010年以来实施了"卓越工程师教育培养计划"。有208所高校的1257个专业点、514个研究生层次学科点按照"卓越工程师教育培养计划"进行改革试点,覆盖在校生约13万人。2013年11月教育部同人力资源和社会保障部制定颁布了《关于深入推进专业学位研究生培养模式改革的意见》,以职业需求为导向,以实践能力培养为重点,以产学结合为途径,建立与经济社会发展相适应、具有中国特色的专业学位研究生培养模式。自2011年以来,已有6155家企业与高校签约参与人才培养工作,其中626家企事业单位成为首批国家级工程实践教育中心建设单位。高校累计投入专项经费22亿元,签约企业投入经费约4.2亿元。(《全面提高本科教育质量将有哪些举措?》教育部高教司司长张大良在教育部新闻办官方"微信教育"平台上的解读。2014-11-17)

② 此处仅统计本专科在校生规模,因为我国民办高校研究生招生不仅启动晚而且数量非常有限。根据《中国教育统计年鉴2012》《中国教育统计年鉴2013》,2012年和2013年的民办高校硕士在校生规模分别为155和355人。

机造成的全球性经济放缓的趋势。特别是对于中国来说，GDP 增长率从 2012 年开始明显放缓，由改革开放 30 年的高增长阶段步入中高增长的"经济新常态"，而该文在预测时将中国在 2008—2020 年间的人均 GDP 平均增长率设定为 9%，基本上无法实现。因此，需要利用新的时间序列数据重新估算模型系数，进而给出 2021—2025 年①中国高等教育财政投资比例更合理的预测值。对 2021—2025 年②中国高等教育投资规模以及投资比例的科学预测将是本研究需要解决的主要问题，也是本研究的主要贡献。

4.3 数据与方法

关于高等教育财政投资规模的研究是回答政府公共财政对于高等教育投资的"蛋糕"有多大的问题。本研究通过建构高等教育财政投资比例预测模型，科学估算未来我国高等教育财政的投入规模和比例。

4.3.1 数据及样本描述

本研究旨在利用 1995—2014 年③我国高等教育和经济发展的历史数据对 2021—2025 年的高等教育在校生规模、财政投资比例和规模进行预测。研究中所涉及的变量主要包括：高等教育预算内经费占 GDP 比重、GDP 增速、学杂费占高等教育总收入比重、在校生规模。上述变量涉及的指标包括：GDP、GDP 增速、高等教育经费总收入、高等教育经费预算内收入、高等教育学杂费收入、在校生规模、高等教育毛入学率等。其中，GDP 和 GDP 增速的数据来自《中国统计年鉴》；高等教育经费总收入、高等教育经费预算内收入、高等教育学杂费收入等数据均来自《中国教育经费统计年鉴》中普通

---

① 选取 2021—2025 年预测年度区间，有两方面考虑，一是由于中国通常是以五年为一个发展规划周期，2020 年是中国教育发展中长期规划纲要的目标截止年，而 2021—2025 年正好是"十四五"规划的五年；二是基于时间序列模型的预测年限不宜过长，因为做十年以上长期预测，会出现很多不可控干预因素，难以确保样本期外预测的准确性。

② 对 2016—2020 年我国"十三五"期间高等教育财政投资规模的预测结果参见本章附录。

③ 由于高等教育财政投资比例数据目前仅能查到 2014 年的统计数据，所以本研究采用 1995—2014 年的时序数据。

高等学校(包括高等本科学校和高职高专学校,不包括成人高等学校)的经费数据;在校生规模数据来自《中国统计年鉴》,包括普通高校本专科生、硕士生和博士生;高等教育毛入学率数据来自《中国教育统计年鉴》中有关18—22周岁人口接受高等教育情况的统计。表4-1中呈现了主要变量的描述统计结果。

由表4-1可知,在1995—2014年这20年间,高等教育财政性经费占GDP比例的均值为0.54,标准差为0.16,平均年增幅为5.05%。GDP增速的均值为9.61,标准差为1.77。高等教育毛入学率稳步增长,从1995年的7.2%增加到2014年的37.5%,平均年增幅达到9.17%。高校学杂费占总收入比例也基本保持增长,从1995年的13.57%增加到2014年的23.27%,平均年增幅为3.52%。高校在校生规模保持较高的增长速度,平均年增幅高达12.64%。

表4-1 主要变量描述统计

变量名	变量释义	N	均值	标准差	年均增幅
Y	高等教育财政经费占GDP比例(%)	20	0.54	0.16	5.05%
dGDP	GDP增速(%)	20	9.61	1.77	9.61%
REDUR	毛入学率(%)	20	19.53	8.87	9.17%
TSHARE	学杂费占高校总收入比例(%)	20	25.06	6.99	3.52%
STUSIZE	高校在校生数(万)	20	1469.57	904.06	12.64%

注:1. 年均增幅即每年增加幅度的均值,具体计算方法为 $\frac{本年值-上年值}{本年值} \times 100\%/19$。

2. 由于 dGDP 本身已经是增速,所以年均增幅与其均值一致。

4.3.2 预测模型设定

对于预测模型的构建,我们主要借鉴厉以宁[28]预测中国高等教育投资规模的思路,采用时间序列方法进行建模。基于中国高等教育发展规模和经济发展速度较快的1995—2014年间的历史数据,从高等教育发展适应经济发展速度需求的角度建构高等教育财政投资比例的预测模型,其具体形式如下:

4 高等教育财政投资规模预测

$$Y_t = b_0 + b_1 \text{STUSIZE}_t + b_2 d\text{GDP}_t + b_3 \text{TSHARE}_t + U_t \quad (4.1)$$

$$\text{STUSIZE}_t = c_0 + c_1 \text{REDUR}_t + c_2 d\text{GDP}_t + c_3 \text{TSHARE}_t + V_t \quad (4.2)$$

其中,Y_t 是因变量,表示中国第 t 年高等教育财政投资比例。STUSIZE_t 表示第 t 年的高等教育在校生折合数(百万人)[①]。$d\text{GDP}_t$、$d\text{GDP}_{t-1}$ 分别表示第 t 期、第 $t-1$ 期的 GDP 增速。TSHARE_t 表示学杂费占高等教育经费总投入的比例。U_t 和 V_t 分别是两个方程中的随机误差项。

模型中加入 STUSIZE 的原因是高等教育现有的发展规模会影响国家对高等教育投资规模。因而,模型中纳入高等教育在校生折合数作为自变量。许多国家的实践表明,GDP 增长速度与高等教育财政投资增速成正相关。在经济发展增长期,国家对高等教育投资增速一般会相对较高;在经济发展稳定及下降期,国家会减少或放缓对高等教育的投资。因此,模型中加入 GDP 增长率变量($d\text{GDP}$),反映高等教育投资比例适应经济发展速度的变化。通常情形下,高等教育规模受到经济发展水平增速和毛入学率的影响,因而我们采用了联立方程来建构预测高等教育财政投资比例的模型。REDUR_t 为第 t 年高等教育毛入学率。中国高等教育招生计划是由教育部根据高校现有容纳能力以及经济发展需求制定的,因为每年的高等教育在校生规模的变化受教育部制定的录取率影响,录取率各地均不相同,而且尚未纳入中国教育统计年鉴,故采用毛入学率变量替代。此外,正如前文中分析指出的,民办高校在校生规模已经接近全部高校在校生的 1/5,而由于体制原因,我国民办高校的办学经费主要依靠学费,受到的财政支持非常有限。为了控制民办高校在校生规模的影响,应将历年在校生数纳入模型作为控制变量,但考虑到 2002 年以前相关统计年鉴中没有民办高校在校生数据,我们拟采用学杂费占高等教育经费总投入的比例(TSHARE)作为代理变量来控制民办高校在校生规模的影响。

---

① 当期人口规模也可能是影响高等教育财政投入占比的因素之一,但其与当期在校生数的相关系数过高($r=0.9733$),同时放入模型(4.1)中会产生严重的共线性问题。此外,在校生数预测也是本文的主要研究目标之一,所以未将当期人口规模纳入预测模型。

4.4 实证研究结果

4.4.1 计量模型的估计结果

借鉴厉以宁[28]高等教育发展适应经济发展需求的预测思路,基于我国高等教育发展规模和经济发展速度较快的近 20 年(1995—2014 年)的历史数据,采用两阶段最小二乘方法(2SLS)进行估计,结果参见表 4-2、4-3。模型 A 与模型 B 的主要区别在于,前者在第一阶段回归中使用了当期 GDP 增速($d\text{GDP}_t$),而后者在第一阶段回归中使用了滞后一期的 GDP 增速($d\text{GDP}_{t-1}$)。回归结果则显示,两个模型的系数较为接近,特别是在第二阶段,回归系数非常相似。通过比较两者的 R^2 不难发现,模型 A 和模型 B 在两个阶段回归中的拟合度相差不大,前者在第一阶段的预测中具有更高的 R^2,而后者在第二阶段预测中具有更高的 R^2。考虑到我国经济规划的特性(本年度预算根据上年度决算做出),此处采用模型 B 的结果来进行预测。

表 4-2 结构方程模型的第二阶段估计结果

第二阶段:Y_t	模型 A	模型 B
STUSIZE_t	0.016***	0.017***
	(0.002)	(0.002)
$d\text{GDP}_t$	−0.018***	
	(0.004)	
$d\text{GDP}_{t-1}$		−0.017***
		(0.004)
TSHARE_t	0.004	0.002
	(0.002)	(0.002)
常数项	0.394***	0.413***
	(0.031)	(0.036)
N	20	19
R^2	0.944	0.939

注:*、**、*** 分别表示在 0.1、0.05、0.01 水平上显著。括号内为稳健标准误。下同。

4 高等教育财政投资规模预测

表 4-3 结构方程模型的第一阶段估计结果

第一阶段:lnSTUSIZE$_t$	模型 A	模型 B
$d\text{GDP}_t$	0.398*	
	(0.203)	
$d\text{GDP}_{t-1}$		0.633***
		(0.169)
TSHARE$_t$	0.163*	0.165*
	(0.091)	(0.070)
REDUR$_t$	0.921***	0.926***
	(0.076)	(0.061)
常数项	−11.205***	−13.782***
	(1.454)	(1.376)
N	20	19
R^2	0.970	0.977

4.4.2 样本内预测精度

预测精度是预测科学性的重要保障,为此,我们根据预测模型的结果,对样本(1996—2014 年)内的预测精度进行计算,主要包括偏差值和均方根误差(Root Mean Square Error,RMSE)两个指标。偏差值是指预测值(E_i)对实际值(R_i)的偏离程度,用百分比来表示,其计算公式为 $\frac{E_i - R_i}{R_i} \times 100\%$。RMSE 则能够对预测值和实际值之间的偏离程度进行更为精确的度量,其计算公式为 $\sqrt[2]{(\sum E_i - R_i)^2 / n}$,其中 n 表示样本量。

图 4-1 的左边呈现了在校生规模的预测值与实际值,并且提供了预测精度的统计指标。从第一阶段对于学生规模的预测结果来看,在 1996—2008 年间都较为准确,在 2009—2014 年间的偏差较为明显,而且偏差程度由负转正。这主要是 2009 年我国受到全球性金融危机冲击,我国大学生就业难问题更加凸显,政府采取了扩招研究生办法来减缓就业压力,当年开始推进专

业研究生教育,也给研究生扩招带来契机。2009年研究生招生数高达51.09万,比2008年增长14.4%。总体来看,所有年份的平均预测偏差为6.4%,而RMSE仅为1.29。这些统计量都表明第一阶段对于学生规模的预测具有较高的精度。

类似地,图4-1的右边则呈现了高等教育财政投资比例的预测值与实际值。从图中可以看出,第二阶段对于高等教育财政投资比例的预测结果在大部分年份都没有明显的偏差,仅在2010年左右出现了明显估计偏差,尤其是2011年最为明显。对于这种情况,我们推测有两方面原因,一是2011年高等教育在校生规模被低估,二是社会舆论和学界关注4%一直未实现问题,因而2011年教育财政投入大幅增长,财政性教育经费占GDP比例达到3.93%,全国教育经费投入比2010年增加22.02%,对于高等教育的投入增速更大,比如生均公共财政预算教育事业费支出增长44.71%,在各级各类教育的生均经费中增速最大。总体来看,高等教育财政投资比例在所有年份的平均预测偏差为5.4%,RMSE仅为0.04,均优于第一阶段对于学生规模的预测。因此,可以认为所有的预测偏差都在可接受的范围内,预测模型较为符合我国经济和教育发展的趋势,预测结果具有较高的精度①。

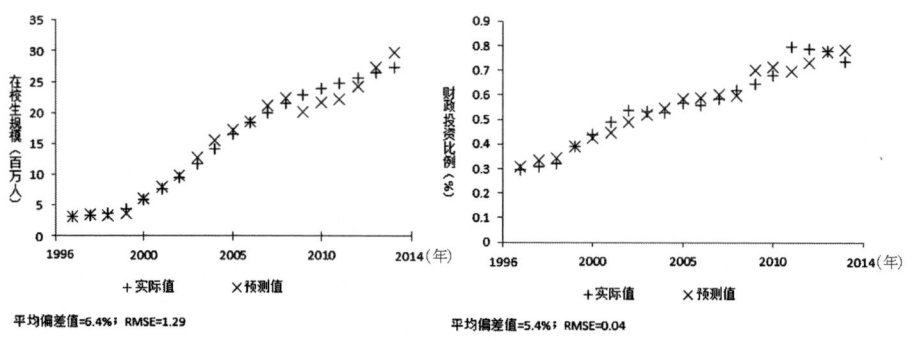

图4-1 高等教育在校生规模与投资比例预测精度

---

① 本文没有给出样本外预测精度,主要是由于本研究能够使用的样本数量较小,不宜再将样本分为两部分,一部分用于预测模型的系数估计,另一部分用于做样本外预测精度估计。从本文计算的较好的样本内预测精度来推测,模型也会有较高的样本外预测精度。

4.4.3 高等教育在校生规模预测

根据第一阶段回归的结果,我们对 2021—2025 年间我国高等教育在校生规模进行了预测,结果呈现在表 4-4 中。此外,表 4-4 还呈现了第一阶段回归中两个关键变量毛入学率和学杂费占比的预测值。考虑到这两个变量本身具有一定的内在趋势,因此我们采用时间序列递归平滑(Recursive Smoothing)方法进行估计。递归平滑算子方法是基于历史变量自身随时间的变化规律来预测未来发展趋势的一类方法,在单变量时间序列数据的预测中占据重要地位,它能够根据数据的历史趋势进行动态的样本外预测。本文我们主要采用 hwinters 方法,该方法的优点在于能够通过双参数的调整来优化预测精度。

高等教育毛入学率一直是我国高等教育发展的重要指标。《国家中长期教育改革和发展规划纲要(2010—2020 年)》中明确提出,到 2020 年我国高等教育毛入学率应达到 40%。但实际数据显示,2010 年以后我国高等教育进入跨越式大发展时期,毛入学率成功实现从 30%(2012 年)到 40%(2015 年)的跳跃,根据《中国教育统计年鉴 2016》的数据显示,2016 年我国高等教育毛入学率已经达到 42.7%,超前完成了"纲要"所提出的目标。为了符合此种飞速发展的趋势,我们采用 hwinters(0.4,0.6)对高等教育毛入学率进行预测,结果发现在 2021—2025 年间,我国高等教育将继续呈现出跨越式发展的态势,到 2025 年毛入学率将达到 60.19%。

对于学杂费占比这一变量的预测,需要考虑 1999 年高校扩招和 2004 年民办教育发展的影响,我们对不同的参数组合进行尝试,并比较其预测精度,最终确定选择 hwinters(0.9,0.1)的预测结果,因为其不仅最符合已有的变化态势,而且预测值均值与 2004—2014 年的历史趋势最为接近。从预测结果来看,2021—2025 年间,我国高等教育总收入中学杂费的占比将保持在一个较为稳定的水平,即 24% 左右。

最后,考察在校生规模的增长情况。我们将经济增速设定为两个水平,即中高增速(6.5%)和中低增速(5.5%)。预测结果(表 4-4)显示,如果我国经济保持较高的增长速度,那么高等教育各级各类在校生规模会保持较快增长,从 2021 年的 4174 万增长到 2025 年的 5020 万,分别比 2016 年增长 43.30% 和 73.47%,年均增长率为 4.7%。如果我国经济保持中低增速,那么高等教育各级各类在校生规模的增长会相对缓和,从 2021 年的 4111 万增长到 2025 年的 4956 万,分别比 2016 年增长 42.06% 和 71.26%,年均增长率为 4.5%。由此可见,只要我国经济保持平稳运行,在毛入学率逐年递增的情况下,"十四五"期间我国高等教育在校生规模都会保持一个快速增长的态势(参见图 4-2)。

表 4-4 2021—2025 年我国高等教育在校生规模的预测结果

年份	毛入学率(%)	学杂费占比(%)	在校生规模(百万人)	
			中高增速(6.5%)	中低增速(5.5%)
2021	51.15	24.41	41.74	41.11
2022	53.41	24.54	43.85	43.22
2023	55.67	24.67	45.97	45.33
2024	57.93	24.80	48.08	47.45
2025	60.19	24.93	50.20	49.56

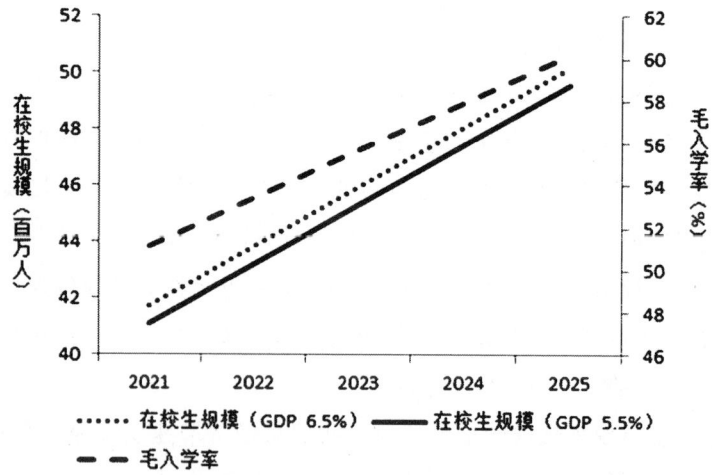

图 4-2 2021—2025 年毛入学率和在校生规模预测值

4.4.4 高等教育财政投资比例和规模预测

前文根据第一阶段的回归结果对几个关键变量进行了预测。下面我们将根据第一阶段的预测结果,以及第二阶段的回归结果,对高等教育财政投资比例和规模进行预测,结果呈现在表 4-5 中。与第一阶段中对预测期经济增长的假设一致,我们考虑了中高增速(6.5%)和中低增速(5.5%)两种情形进行预测,并且给出了中国高等教育财政投资比例和规模的预测值。由表 4-5 可知,如果未来我国经济发展保持中高增速,则 2021 年我国高等教育财政投资占 GDP 的比例将达到 1.046%,并在随后几年稳步攀升至 1.187%。如果我国经济发展保持中低增速,那么高等教育财政投资的比例也会在 2021—2025 年间稳步攀升,且比例要略高于中高增速的情形。类似地,如果我国保持经济增速在 6.5% 的水平,则 2021—2025 年的高等教育财政投资总规模将会从 10696 亿增加到 15614 亿,增幅达到 45.98%。当然,若我国经济增速保持中低增速 5.5%,则到 2025 年的高等教育财政投资规模也会有所下降,大约为 14560 亿,但仍比 2021 年增加 40.46%。

通过上述预测不难发现(参见图 4-3),对于我国来说,低经济增长必不可避免地会带来高等教育财政投资规模的相对缩减,但是高等教育财政投资占 GDP 的比例却反而会有所增大。这主要是高等教育财政支出具有一定的刚性,而且高等教育在校生的规模不会由于经济紧缩而发生大的改变,因此,即便在经济紧缩时,政府会缩减对高等教育的投入,但其所占比例可能反而会更高。

表 4-5 2021—2025 年我国高等教育财政投资比例和规模的预测值

年份	情形一:中高增速(6.5%)		情形二:中低增速(5.5%)	
	比例(%)	规模(亿)	比例(%)	规模(亿)
2021	1.046	10696	1.053	10366
2022	1.081	11775	1.088	11302
2023	1.116	12949	1.123	12310
2024	1.152	14226	1.158	13394
2025	1.187	15614	1.194	14560

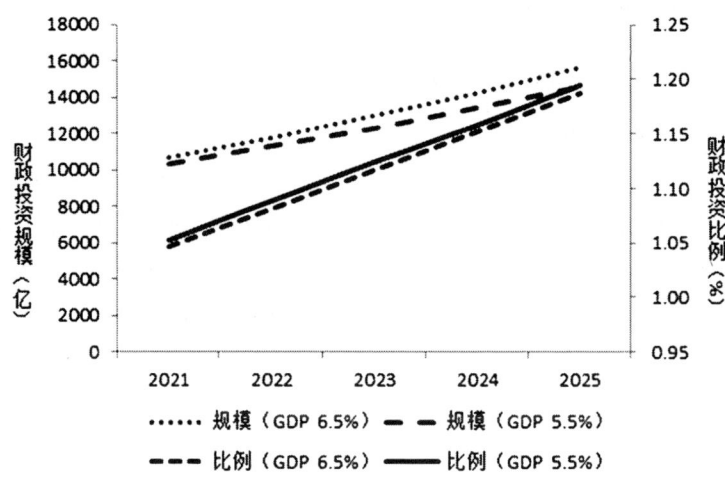

图 4-3　2021—2025 年高等教育财政投资比例和规模预测值

4.5　本章小结

我国进入经济发展"新常态"后,国家对各类人才尤其是高层次创新人才的需求在不断增长,新时代高校顺应经济社会发展对人才需求规格的变化而做出的人才培养体系改革所需要的政府财政资金的支持与保障问题更显重要。本研究基于我国近 20 年的经济增速与高等教育发展规模数据的经验研究,给出了"十四五"时期我国高等教育在校生规模、财政投资比例和规模的预测结果,获得了如下几点主要结论:

第一,到 2025 年,我国高等教育毛入学率有望达到 60%。进入 21 世纪以来,我国高等教育一直处于蓬勃发展期,更是一跃成为世界高等教育大国。相关统计资料表明,以 18—22 岁的学龄人口为基数,我国高等教育毛入学率已在 2015 年达到 40%,提前 5 年完成了"纲要"所提出的目标,为我国迈向高等教育大众化奠定了坚实的基础。通过对高等教育毛入学率的时间序列数据进行预测,发现在 2021 年和 2025 年,毛入学率将分别突破 50% 和 60%,需要相关部门在未来的规划中进行提前布局和统筹考虑。

第二,在"十四五"时期,我国高等教育仍将处于持续扩张期,各级各类在校生规模有望增加到 5000 万左右。根据《中国教育统计年鉴 2016》的数

4 高等教育财政投资规模预测

据显示,2016年我国高等教育各级各类在校生(不含成教)为2894万。本研究的预测表明,2025年,我国高等教育在校生规模将达到5000万左右。在校生规模的快速扩张必然会对高等教育财政投入造成挑战,相关部门需要构建更加积极的财政政策以保证生均经费的稳定。

第三,在"十四五"时期,若我国经济保持稳定增长,则我国高等教育财政投资规模也能够保持稳定增长。根据4.4.3节预测研究,若我国经济增速保持在6.5%,则2021—2025年高等教育财政投资比例的变动区间为1.046%~1.187%,高等教育财政投资规模的变动区间为10696亿元到15614亿元;类似地,若我国经济增速保持在5.5%,则2021—2025年高等教育财政投资比例的变动区间为1.053%~1.194%,规模的变动区间为10366亿元到14560亿元。因此,只要我国经济保持相对平稳的发展态势,都能够为高等教育提供较为充足的经费保障。

根据上述研究结论,为了更好地保障我国高等教育事业可持续发展,为创新性国家建设提供高质量的人才储备,为建设高等教育强国提供充足的财政资金支持,我们提出如下三点政策建议:

第一,合理控制"十四五"期间在校生规模,在确保高等教育质量的前提下促进高等教育规模有序、良性扩张。按照马丁·特罗的理论,我国高等教育已经进入大众化阶段,并逐步向普及高等教育的阶段发展。4.4.3节的预测结果显示,如果按照现行的增长速度,我国高校在校生规模在"十四五"期间将迎来高等教育的普及化(高等教育毛入学率超过50%)。高等教育普及化一方面能够使更多适龄人口享受高等教育扩张带来的普惠利益,但另一方面也可能会由于过度扩张而导致高等教育质量的下降以及文凭贬值等一系列问题。实际上,扩招在我国是老问题,面临着新局面。从1998年开始本科生扩招,随后研究生扩招,直到2018年教育部再度发文,要求"适度扩大博士研究生规模"。可以说,高校扩招已经成为我国高等教育发展的"新常态"。但是如何为扩招提供充足的财政支持,以确保硬件设施、师资力量、教学条件的充足性,这是一个更为严峻的问题。正如引言中所引用的数据表明,近几年我国高等教育生均经费面临较大压力,所以政府应当合理控制高校在校生规模的扩张,为高等教育质量提供有力保障。

第二,科学估算生均成本,按照高等教育成本分担原则合理设计生均综合定额和不同类型、不同质量高校的学费标准。由于我国高校内部一直没有建立内部成本核算制度,因此,高校提高财政资金使用效率、降低办学成本的动机弱化,很容易造成年度预算高估,年底经费结余过多的情形,导致资金的闲置甚至年底突击花钱的浪费。2007年发布的《国家发展改革委关于公布中央部属高校学费标准的通知》[①]已经过了5年的学费冻结的期限,但很多省区高校学费政策仍然没有调整,维持在3000－5000元/学年,而物价水平和教职工工资随着GDP增长而不断攀升,生均成本必然随之快速增长。而且,我国现行的学费水平在不同层次、不同质量的高校间没有体现出应有的差别。这一状况既不利于公平又不利于效率[②]。目前急需各类高校科学估算办学成本和生均综合定额,为高等教育财政拨款提供可靠数据。此外,按照高等教育成本分担原则,依据不同类型、不同质量的高校分别制定学费标准,保障高校稳定的收入来源。

第三,提高高等教育财政充足性,逐步建立高等教育生均经费增长的长效机制。本文对于2021－2025年的高等教育财政预测结果表明,只要我国经济发展保持稳定增长态势,我国政府就有能力保障高等教育财政投资规模的逐年增长。但是,如果不合理规划增量资金的使用方式,那么仍然会出现生均公用经费负增长的尴尬局面。因此,政府应该考虑建立健全高等教育生均财政预算经费逐年增长的长效机制。更为重要的是,创新型国家和世界一流大学建设的客观要求必然使得未来我国高等教育财政经费要向一批重点高校和重点学科倾斜,因此,我国政府应该科学规划增量资金的使用

---

① 该通知要求2007－2011年各级各类学校的学费、住宿费标准不得高于2006年秋季相关标准。

② 有研究表明,目前就读在高水平大学的学生中,具有城镇户口的学生比例远高于农村户口的学生,并且该比例还在继续上升。这表明更高比例的家庭经济状况良好的学生既接受了高水平高等教育,又享受了相对低学费的优惠。从整个社会角度而言,这是不公平的。而且,长期的低水平收费不能补偿高校相应的办学成本,还会挤占其他的教学科研经费,不利于高校办学效率的提高。

方式①，在确保公平的基础上提高增量经费的使用效益。

高等教育事业的健康稳定发展离不开政府的科学规划和政策引导，而高等教育事业发展指标的科学预测则是政府制定发展规划以及财政投资政策的重要基础。目前，在高等教育领域，研究者们对于预测研究的重视程度还不高，导致预测研究在数据、方法、成果等多个方面存在局限，无法为高等教育管理部门提供准确的信息，使得政府规划仍然停留在历史数据和经验判断的基础之上，无形中制约了高等教育的发展。展望未来，大数据、云计算等新技术正在崛起，国内高等教育学者应当紧跟时代步伐，不断开拓创新，充分利用新技术、新手段开展预测研究，以更好地支持和促进我国高等教育事业发展规划的科学性和前瞻性。

附录："十三五"期间高等教育在校生规模与财政投资规模预测

本附录分别采用下限模型和上限模型来预测2016—2020年间的高等教育财政投资比例。

1. 下限模型的设定

对于预测模型的构建，本研究在跨国数据的基础上开展，此处部分借鉴了岳昌君[35]预测高等教育财政投资比例的建模思路，即将 GDP 作为主要解释变量，但与其不同的是，本研究并没有采用分年度回归的方式，而是充分利用面板数据特性，同时兼顾各国高等教育财政体制差异，采用了带异质性斜率的面板时间序列模型。该模型的一般形式如下：

$$y_{it} = \beta_i x_{it} + u_{it} \tag{4.3}$$

$$u_{it} = \alpha_{1i} + \lambda_i f_t + \varepsilon_{it} \tag{4.4}$$

$$x_{it} = \alpha_{2i} + \lambda_i f_t + \gamma_i g_t + e_{it} \tag{4.5}$$

在(4.3)—(4.5)式中，i 表示国家，t 表示时间。在(4.3)式中，y_{it} 和 x_{it} 分

---

① 比如，对中西部地区普通高校扩大财政投入力度，减弱这些地区的普通高校对于学杂费收入的过度依赖。

别是第 i 个国家第 t 年的可观测因变量和自变量。β 是可观测自变量的国别斜率，u_{it} 包含不可观测的变量和误差项。在(4.4)式中，不可观测的变量由组固定效应 α_{1i} 和不可观测的共同因子 f_t 两部分构成。组固定效应主要用来控制不随时间变化的跨组异质性，而 f_t 主要用来控制随时间变化的异质性和截面相依性(Cross-Section Dependence)[①]。在(4.5)式中，α_{1i} 和 f_t 仍然用来表示组固定效应和不可观测的共同因子。此外，该式中还添加了 g_t，用来控制 f_t 无法包含的其他因子。$u_{it},\varepsilon_{it},e_{it}$ 均为白噪声项。

具体地，本研究使用如下模型对2016—2020年间我国高等教育财政投资比例进行预测：

$$y_{it} = a_i y_{i,t-1} + b_i \ln GDP_{i,t-1} + c_i \ln FIN_{i,t-1} + u_{it} \tag{4.6}$$

$$u_{it} = \alpha_{1i} + \lambda_i f_t + \varepsilon_{it} \tag{4.7}$$

$$y_{i,t-1} = \alpha_{2i} + \lambda_1 f_t + \gamma_i g_t + e_{it} \tag{4.8}$$

$$\ln GDP_{i,t-1} = \alpha_{3i} + \lambda_i f_t + \gamma_i g_t + d_{it} \tag{4.9}$$

$$\ln FIN_{i,t-1} = \alpha_{4i} + \lambda_i f_t + \gamma_i g_t + d_{it} \tag{4.10}$$

其中，y_{it} 是第 i 个国家第 t 年的高等教育财政投资比例，$y_{i,t-1}$ 是滞后一期的高等教育财政投资比例，$\ln GDP_{i,t-1}$ 是第 i 个国家第 $t-1$ 年的 GDP 的自然对数[②]，$\ln FIN_{i,t-1}$ 是第 i 个国家第 $t-1$ 年的公共财政支出的自然对数。其他变量的解释与前文中相同。

对于带异质性斜率的面板时间序列模型，一般有三类估计方法，即由 Pesaran 和 Smith 较早提出的平均组法(Mean Group，MG)[83]，经过 Pesaran 修正的共同相关效应平均组法(Common Correlated Effects Mean Group，

---

① 截面相依性是指面板数据中每个截面上的个体之间可能存在一定程度的相关性，这种相关性源自空间类型(Spatial Pattern)，或者不可观测的共同因素(Unobserved Common Factors)。对于此问题的探讨主要是在宏观经济层面，因为随着全球化进程的加快，各国的经济、社会发展之间的相互依存度越来越高。

② 为了保证跨国数据的可比性，此预测模型中的中国 GDP 数据来自世界银行数据库中 GDP 指标，而非《中国统计年鉴》。

CCEMG)[84]，以及 Eberhardt 和 Teal 提出的增广平均组法（Augmented Mean Group，AMG)[85]。鉴于 CCEMG 和 AMG 在模型中添加了当期截面均值和反映不同国家共同的宏观经济动态变化过程的当期变量，因而无法用于我国高等教育财政投资比例未来时期的预测，本研究将只采用 MG，MG-Trend，AMG-Impose 以及 AMG-Impose-Trend 四种方法[①]进行估计，并且根据拟合结果的均方根误差来选择合适的模型进行预测。

2. 上限模型的设定

对于上限模型的构建，本研究主要借鉴厉以宁[28]预测中国高等教育投资规模的思路，采用时间序列方法进行建模。基于中国高等教育发展规模和经济发展速度较快的 1995—2011 年间的历史数据，从高等教育发展适应经济发展速度需求的角度建构高等教育财政投资比例的上限预测模型（此模型为递归模型，因而可以采用 2SLS 给出一致估计），其具体形式如下：

$$Y_t = b_0 + b_1 \ln\text{STUSIZE}_t + b_2 d\text{GDP}_t + b_3 \text{TSHARE}_t + U_t \qquad (4.11)$$

$$\ln\text{STUSIZE}_t = c_0 + c_1 \text{REDUR}_t + c_2 d\text{GDP}_t + c_3 \text{TSHARE}_t + V_t \qquad (4.12)$$

其中 Y_t 是因变量，表示中国第 t 年高等教育财政投资比例。$\ln\text{STUSIZE}_t$ 表示第 t 年的高等教育在校生折合数。$d\text{GDP}_t$，$d\text{GDP}_{t-1}$ 分别表示第 t 期、第 $t-1$ 期的 GDP 增速。TSHARE_t 表示学杂费占高等教育经费总投入的比例。U_t 和 V_t 分别是两个方程中的随机误差项。

模型中加入 $\ln\text{STUSIZE}$ 的原因是高等教育现有的发展规模会影响国家对高等教育投资规模。因而，模型中纳入高等教育在校生折合数作为自变量。前文已述，许多国家的实践表明，GDP 增长速度与高等教育财政投资增速成正相关。在经济发展增长期，国家对高等教育投资增速一般会相对

---

① AMG 模型有三种估计方法，第一种是加入外显变量，即各变量的截面均值；第二种是在各组模型中通过将每组因变量减去 c.d.p. 的方式添加一个单位系数（Unit Coefficient）；第三种是在第二种估计模型之上加入各组时间趋势变量（Trend）。后两种估计去除了当期 c.d.p.，因而可以用于对未来时期的预测。

较高,在经济发展稳定及下降期,国家会减少或放缓对高等教育的投资。因此,模型中加入 GDP 增长率变量($dGDP$),反映高等教育投资比例适应经济发展速度的变化。通常情形下,高等教育规模受到经济发展水平增速和毛入学率的影响[109-111],因而本研究采用了联立方程来建构预测高等教育财政投资比例的模型。$REDUR_t$ 为第 t 年高等教育毛入学率①。由于中国高等教育招生计划是教育部根据高校现有容纳能力以及经济发展需求制定的,因为每年的高等教育在校生规模的变化受教育部制定的录取率影响,录取率各地均不相同,而且尚未纳入中国教育统计年鉴,故采用毛入学率变量替代。此外,正如前文中分析指出的,民办高校在校生规模已经接近全部高校在校生规模的 1/5,而由于体制原因,我国民办高校的办学经费主要依靠学费,受到的财政支持非常有限。为了控制民办高校在校生规模的影响,应将历年在校生数纳入模型作为控制变量,但考虑到 2002 年以前相关统计年鉴中没有民办高校在校生数据,本研究拟采用学杂费占高等教育经费总投入的比例(TSHARE)作为代理变量来控制民办高校在校生规模的影响。

3. 高等教育财政投资比例下限预测模型的结果

基于 2001—2011 年间发达国家以及与我国经济发展水平相近国家的高等教育财政投资比例、经济发展水平、财政支出能力数据,本研究采用带异质性斜率的面板时间序列模型。在运用面板时间序列方法时,需要事先考察因变量是否为平稳时间序列。因此要求事前进行单位根检验。考虑到模型中使用的是各国公共财政经费占比和 GDP 数据,可能存在较高的异质性和截面相依性,此处本研究使用 Pesaran 提出的 CADF 检验法,检验结果表明因变量为非平稳时间序列($Z=4.848$),适用带异质性截距的面板时间序列模型。

在(4.6)—(4.10)式所示的模型中,我们采用对数 GDP 而非人均 GDP,

---

① 高等教育毛入学率数据来自《中国教育统计年鉴》。

4 高等教育财政投资规模预测

主要有两方面原因。其一是考虑到人均 GDP 增速的预测难度较大,不仅要考虑人均 GDP 自身的历史变动趋势,还要考虑对复杂的人口变动因素进行调节,否则难以确保科学性;其二是我们发现刘泽云、岳昌君等人采用人均 GDP 预测教育财政投资比例或高等教育财政投资比例时,模型的拟合度均不高(拟合度在 0.1－0.3 之间),因而我们采用对数 GDP 而不是人均 GDP[①]。

前文中已经提及,对于带异质性截距的面板时间序列模型有三类估计方法,考虑到预测的需要,此处本研究使用 MG,MG-Trend,AMG-Impose 和 AMG-Impose-Trend 四种方法进行估计。全样本的估计结果呈现在附表 4-1 中。模型 A 采用 MG 方法进行估计,自变量 $Y_{i,t-1}$ 在 0.01 水平上显著,即第 t 期的高等教育财政投资比例受到第 $t-1$ 期比例的影响。相比之下,自变量 $\ln GDP_{i,t-1}$ 有正向影响但不显著。模型 B 在模型 A 的基础上添加了时间趋势变量来控制时间趋势造成的影响,但结果表明时间趋势变量并不显著。不仅如此,各国子样本的估计结果(附表 4-1 最后一行)也显示:没有哪一个国家的时间趋势变量在 0.05 水平上显著。模型 C 采用 AMG-Impose 方法进行估计,结果显示 $Y_{i,t-1}$ 没有显著影响,而 $\ln GDP_{i,t-1}$ 有显著正向影响。这表明从各国总体状况来看,前期 GDP 总量与当期高等教育财政投资比例联系紧密。实际上,经济总量增长越快,国家对于高素质人才的需求越旺盛,因而需要加大高等教育投资力度。模型 D 在模型 C 的基础上添加了时间趋势变量,结果各变量在统计上没有显著影响,而且在各国子样本中仅有 15.4% 国家(2 个)有显著的时间趋势。模型 E－H 则是在模型 A－D 的基础上控制了第 $i-1$ 期的公共财政总支出变量 $\ln FIN_{i,t-1}$。估计结果表明,不仅该变量自身对因变量没有显著影响,而且会造成改变 $Y_{i,t-1}$ 和 $\ln GDP_{i,t-1}$ 的作用方向和降低它们的显著性。本研究认为,这与 $\ln GDP_{i,t-1}$

---

① 附表 4-7 给出了使用人均 GDP 的估计结果。

和 $\ln FIN_{i,t-1}$ 之间存在较高的共线性有关(相关系数为 0.9845),故而模型 E－H 估计的结果不宜用来进行预测。总体看来,添加时间趋势的模型 B 和 D 中均没有体现出显著的时间趋势,模型 A 和模型 C 更为合适。而与模型 A 相比,模型 C 的 RMSE 明显更低,表明该模型统计性质更好,更适合用来进行预测。当然,附表 4-1 仅表明了全样本的结果,本研究还需要根据中国子样本的估计结果来判断究竟使用哪一模型的结果来进行预测。附表 4-2 中给出了中国子样本的估计结果。

附表 4-1　下限模型估计结果(全样本)

变量	模型 A MG	模型 B MG-Trend	模型 C AMG-Impose	模型 D AMG-Impose-Trend	模型 E MG	模型 F MG-Trend	模型 G AMG-Impose	模型 H AMG-Impose-Trend
$Y_{i,t-1}$	0.3626***	0.2883**	0.1062	0.0225	0.2354*	−0.0733	−0.0002	−0.2361
	(0.1153)	(0.1328)	(0.1203)	(0.1268)	(0.1214)	(0.2473)	(0.1169)	(0.1619)
$\ln GDP_{i,t-1}$	0.0163	0.0205	0.1650**	0.1094	−0.2578	−0.5010	0.3130	0.2157
	(0.0694)	(0.1532)	(0.0654)	(0.1344)	(0.2844)	(0.5645)	(0.2685)	(0.3614)
$\ln FIN_{i,t-1}$	—	—	—	—	0.2674	0.2258	−0.1606	−0.4145
					(0.2440)	(0.6348)	(0.2665)	(0.4655)
Trend	—	−0.0054	—	0.0018	—	0.0280	—	0.0302
		(0.0126)		(0.0129)		(0.0232)		(0.0186)
常数项	0.2140	0.4147	−3.8565**	−2.0126	1.0026	9.0188	−3.6174*	5.9740
	(2.0033)	(4.1949)	(1.8677)	(3.5530)	(2.9273)	(6.1978)	(2.0662)	(6.1864)
N	109	109	109	109	109	99	109	99
Trend 在 0.05 水平上显著的比例	—	0	—	0.154	—	0	—	0
RMSE	0.0509	0.0466	0.0476	0.0420	0.0483	0.0440	0.0445	0.0403

注:表格中括号中的数据为该系数估计的标准误,"—"表示无此项变量。下同。

4 高等教育财政投资规模预测

由附表 4-2 可知,模型 E—H 的中国子样本估计结果存在与附表 4-1 中全样本估计结果类似的问题,因此也不宜用来做预测。模型 B 和 D 中的时间趋势都不显著,因此模型 A 和模型 C 更好。考虑到模型 A 中自变量的系数均不显著,而模型 C 中 $\ln\text{GDP}_{i,t-1}$ 的系数在 0.01 水平上显著,呈现出与全样本相同的模式。这表明对于我国来说,前期 GDP 总量与当期高等教育财政投资比例协同变化,这与前文所述的国际趋势非常相似。因为 GDP 增速较快,对于各类人才的需求也较大(特别是接受过高等教育的高技能人才),因而国家需要加大对高等教育投资规模和比例,以适应经济发展的需要。

附表 4-2 下限模型估计结果(中国子样本)

变量	模型 A MG	模型 B MG-Trend	模型 C AMG-Impose	模型 D AMG-Impose-Trend	模型 E MG	模型 F MG-Trend	模型 G AMG-Impose	模型 H AMG-Impose-Trend
Y_{it}	0.9452 (0.7289)	0.9692 (0.7673)	−0.4473 (0.7046)	−0.4520 (0.7613)	0.6392 (0.7835)	0.5892 (0.9342)	−0.9420 (0.7422)	−1.1803 (0.9013)
$\ln\text{GDP}_{i,t-1}$	0.0439 (0.0792)	0.1603 (0.2176)	0.2443*** (0.0766)	0.2215 (0.2159)	−0.3315 (0.3718)	−0.4219 (0.7863)	−0.1918 (0.3522)	−0.9852 (0.7586)
$\ln\text{FIN}_{i,t-1}$	—	—	—	—	0.4587 (0.4440)	0.5217 (0.6749)	0.5139 (0.4206)	1.0659 (0.6511)
Trend	—	−0.0213 (0.0367)	—	0.0042 (0.0364)	—	0.0071 (0.0528)	—	0.0570 (0.0509)
常数项	−1.1931 (1.8685)	−4.4221 (5.9088)	−6.1405*** (1.8062)	−5.5064 (5.8629)	−2.5039 (2.2512)	−1.6063 (7.1202)	−7.0497*** (2.1326)	0.7548 (6.8689)
RMSE	0.0292	0.0284	0.0290	0.0256	0.0413	0.0413	0.0418	0.0378

综上,附表 4-1 和附表 4-2 中的模型 E—H 均不宜用来做预测。考虑到附表 4-2 中模型 C 的 RMSE 较低,且附表 4-2 中的模型 C 非常符合国际趋

势和中国实情。因而,本研究根据表 4-2 模型 C 的估计结果采用(4.13)式来预测 2016—2020 年间我国高等教育财政投资比例:

$$Y_{it} = -6.1405 - 0.4473 Y_{i,t-1} + 0.2443 \ln \text{GDP}_{i,t-1} \qquad (4.13)$$

在未来 5 年,中国经济运行将处于新常态,经济增速会有所放缓,因此,在利用(4.13)式进行预测时,本研究考虑了经济保持中高速增长(7.5%)和中低速增长(6.5%)两种情况。在预测中国高等教育财政投资比例的同时,本研究还预测了同期的高等教育投资规模(以美元计)。所有预测结果均呈现在附表 4-3 中。由附表 4-3 可知,在 2016—2020 年间中国高等教育财政投资比例逐年上升,从 2016 年的 0.8295% 上升到 2020 年的 0.8732%(2016—2020 年的 GDP 增速按照 6.5% 来估计),或者从 0.8318% 上升到 0.8815%(2016—2020 年的 GDP 增速按照 7.5% 来估计),这不仅与西方主要发达国家常年保持在 0.8% 以上的投资比例基本保持一致,而且与主要发展中国家如印度、泰国、巴西的近年投资比例(印度、泰国 2011 年分别是 1.283%、0.80%,巴西 2010 年为 0.883%)也较为接近。因此,即使中国经济增长在未来将有所放缓,仍有必要保持投入力度,才可使中国高等教育投资水平接近西方发达国家的平均水平,也才可能与主要发展中国家的投资增速保持同步。

由附表 4-3 可知,若中国保持经济增速在 7.5% 的水平,则 2016—2020 年我国高等教育财政投资总规模将会从 995.85 亿美元增加到 1409.49 亿美元,增幅达到 41.54%。当然,若中国经济增长放缓,下降到 6.5% 的水平,则 2016—2020 年的高等教育财政投资规模也能从 974.73 亿美元增加到 1319.95 亿美元,增幅也能达到 35.41%。因此,未来 5 年,在经济运行保持基本稳定的条件下,中国政府仍然有较大的投资空间,进一步推动高等教育事业全面发展。

附表 4-3　2016—2020 年中国高等教育财政投资比例和规模的预测值(下限)[①]

年份	情形一:中高增速(7.5%)		情形二:中低增速(6.5%)	
	比例(%)	规模(亿美元)	比例(%)	规模(亿美元)
2016	0.8318	995.85	0.8295	974.73
2017	0.8454	1088.04	0.8418	1053.52
2018	0.8570	1185.68	0.8517	1135.15
2019	0.8695	1293.18	0.8627	1224.51
2020	0.8815	1409.49	0.8732	1319.95
2021	0.8938	1536.28	0.8839	1422.97

4. 高等教育财政投资比例上限预测模型的结果

借鉴厉以宁[28]从高等教育发展适应经济发展需求的预测思路,基于我国高等教育发展规模和经济发展速度较快的近 17 年(1995—2011 年)的历史数据,采用两阶段最小二乘方法进行估计,结果参见附表 4-4、附表 4-5。模型 A 与模型 B 的主要区别在于,前者在第一阶段回归中使用了当期 GDP 增速($d\text{GDP}_t$),而后者在第一阶段回归中使用了滞后一期的 GDP 增速($d\text{GDP}_{t-1}$)。回归结果则显示,两个模型的系数较为接近,特别是在第二阶段,回归系数非常相似。通过比较两者的 R^2 不难发现,模型 A 和模型 B 在两个阶段回归中的拟合度相差不大。考虑到我国经济规划的特性(本年度预算根据上年度决算做出),此处采用模型 B 的结果来进行预测。

---

① 2011—2014 年的中国 GDP 数据来自世界银行,因此,2012—2014 年情形一与情形二的估计结果相同。2015 年及以后的 GDP 数据在 2014 年 GDP 数据的基础上,分别按照 7.5% 和 6.5% 预测得到。

附表 4-4　上限模型的第二阶段估计结果

第二阶段:Y_t	模型 A	模型 B
$\ln\text{STUSIZE}_t$	0.2576***	0.2648***
	(0.0382)	(0.0431)
$d\text{GDP}_t$	−0.0137***	
	(0.0044)	
$d\text{GDP}_{t-1}$		−0.0114***
		(0.0040)
TSHARE_t	−0.0079**	−0.0090**
	(0.0038)	(0.0042)
常数项	−3.3066***	−3.4170***
	(0.5112)	(0.5853)
N	17	16
R^2	0.9632	0.9516

注:*、**、*** 分别表示在 0.1、0.05、0.01 水平上显著。括号内为稳健标准误。下同。

附表 4-5　上限模型的第一阶段估计结果

第一阶段:$\ln\text{STUSIZE}_t$	模型 A	模型 B
$d\text{GDP}_t$	−0.0047	
	(0.0107)	
$d\text{GDP}_{t-1}$		−0.0106
		(0.0084)
TSHARE_t	0.0340***	0.0343***
	(0.0043)	(0.0042)
REDUR_t	0.0832***	0.0844***
	(0.0054)	(0.0061)
常数项	13.8713***	13.8989***
	(0.0886)	(0.0706)
N	17	16
R^2	0.9953	0.9951

4 高等教育财政投资规模预测

附表 4-6 呈现了根据附表 4-4、附表 4-5 中模型 B 的估计结果进行的预测值。与下限模型类似,本研究考虑了中高增速(7.5%)和中低增速(6.5%)两种情形进行预测,并且给出了中国高等教育财政投资比例和规模的预测值①。由附表 4-6 可知,2020 年我国高等教育财政投资比例将迅速增加至 1.0674%(GDP 增速 6.5%)或 1.0532%(GDP 增速 7.5%),这一数值已经超过 2001—2011 年间西方主要发达国家的平均水平。同样由附表 4-6 可知,若中国保持经济增速在 7.5%的水平,则 2016—2020 年的中国高等教育财政投资总规模将会从 1174.24 亿美元增加到 1683.88 亿美元,增幅达到 43.40%。当然,若中国经济增长下降至 6.5%,则到 2020 年的高等教育财政投资规模也会有所下降,大约为 1613.51 亿美元,但仍比 2016 年增加 38.0%。由此,如果按照高等教育发展需求适应经济发展增速来提供相应的经费支持,中国高等教育财政投资应该比目前的水平有一个更快的增长幅度,也更助于追赶西方发达国家的平均水平。相比于下限模型的预测结果(按照供给趋势的估计结果),可能上限模型对于中国政府部门制定相关的经费投入政策具有更大的参考价值。

附表 4-6　2016—2020 年中国高等教育财政投资比例和规模的预测值(上限)

年份	情形一:中高增速(7.5%)		情形二:中低增速(6.5%)	
	比例(%)	规模(亿美元)	比例(%)	规模(亿美元)
2016	0.9808	1174.24	0.9950	1169.16
2017	0.9983	1284.86	1.0125	1267.09
2018	1.0162	1405.97	1.0304	1373.28
2019	1.0345	1538.58	1.0486	1488.47
2020	1.0532	1683.88	1.0674	1613.51

---

① 第一阶段回归中对于在校生规模和学杂费占比的预测参见附表 4-8。

附表 4-7 采用人均 GDP 模型的估计结果(全样本)

变量	MG	MG-Trend	AMG-Impose	AMG-Impose-Trend
$Y_{i,t-1}$	0.3692***	0.2821**	0.1203	0.0197
	(0.1146)	(0.1313)	(0.1202)	(0.1266)
$lnPGDP_{i,t-1}$	0.0070	0.0173	0.1516**	0.1006
	(0.0795)	(0.1520)	(0.0719)	(0.1322)
Trend	—	−0.0055	—	0.0016
		(0.0118)		(0.0123)
常数项	0.5890	0.8404	−0.6628	0.0844
	(0.8249)	(1.3574)	(0.7317)	(1.1138)
N	109	109	109	109
RMSE	0.0511	0.0466	0.0479	0.0421
Trend 在 0.05 水平上显著的比例	—	0	—	0

注:lnPGDP 为人均 GDP 的自然对数。

附表 4-8 中国毛入学率、在校生规模、学杂费占比的预测值

年份	毛入学率(%)	在校生规模(取对数)		学杂费占比(%)
		中高增速(7.5%)	中低增速(6.5%)	
2012	30	17.27	17.27	27.44
2013	34.5	17.69	17.69	27.99
2014	35.24	17.77	17.77	28.53
2015	36	17.86	17.86	29.07
2016	36.77	17.94	17.95	29.62
2017	37.55	18.02	18.03	30.16
2018	38.35	18.11	18.12	30.70

(续表)

年份	毛入学率(%)	在校生规模(取对数)		学杂费占比(%)
		中高增速(7.5%)	中低增速(6.5%)	
2019	39.16	18.20	18.21	31.24
2020	40	18.29	18.30	31.79
2021	40.85	18.38	18.39	32.33

注:1. 2012—2014 年 dGDP 变量数据为实际值。REDUR 变量在 2012、2013 年为实际值,以后按照《国家中长期教育改革和发展规划纲要(2010—2020 年)》的目标值估算,其中,2015 年为 36%,2020 年为 40%。据此,由算式 $REDUR_{2013}(1+r)^2 = REDUR_{2015}$ 得到 $r=0.02151$,则 2014 年的毛入学率为 35.242%;类似地,由算式 $REDUR_{2015}(1+r)^2 = REDUR_{2020}$ 得到 $r=0.02129$,则 2016—2020 年的毛入学率依次为 36.766%、37.549%、38.348%、39.164%、40%。

2. 学杂费占比采用时间序列递归平滑方法进行估计,其中双指数(Double Exponential)和 H-W 能够对年度数据做 1 年期以上的预测。通过对比不同参数设定的估计结果,本研究选择了 hwinters(0.9,0.1)的结果,因为其不仅最符合已有变化态势,而且 2012—2020 年的预测值均值与 2004—2011 年的均值最为接近(2004 年是我国民办普通高等教育在校生规模达到百万的一年。2004 年后民办高校各年在校生规模逐年平稳增长,2008 年除外)。笔者也采用 dexponential 方法尝试各参数结果,发现其样本期内估计精度不如 hwinters(0.9,0.1);如果采用参数缺省设置的结果,在样本期外(2012—2020 年)预测值持续快速下降,甚至出现负值,显然会与真实情形相去甚远,尽管其 RMSE(2.6833)低于 hwinters(0.9,0.1)的 RMSE,也不宜采用。

5 不同类型高校教育财政投资配置结构及比例预测

2014年,习近平总书记在APEC会议上提出中国经济的新常态特征之一是"中国经济增速从高速增长转为中高速增长",而且在新常态下,中国经济结构将面临优化升级,高新技术产业和第三产业将得到迅速增长,创新将成为中国经济增长的主要驱动力。这种经济发展的新动态对于我国高等教育事业发展也提出了新的挑战。高校如何加强经济社会发展所需人才的培养工作,提高人才培养的质量和适切性已经成为高等教育发展改革的重中之重。2010年以来,高等教育实施了"卓越工程师教育培养计划",2012年8月教育部颁布了《普通本科学生创业教育教学基本要求(试行)》,全面推动高等学校创业教育科学化、制度化、规范化建设。2017年1月国务院印发的《国家教育事业发展"十三五"规划》中指出,应继续推进本科教育基础学科拔尖学生培养试验计划,推动高校针对不同层次、不同类型人才培养的特点,改进专业培养方案,构建科学的课程体系和学习支持体系。本科人才培养体系改革是高校顺应经济社会发展对人才需求规格的变化而做出的有益实践探索。我国在"后4%时代"的经济新常态背景下,在"十三五"规划的新时期,高等教育财政投资体系的改革势在必行,如何在高等教育系统优化财政资源配置更是关涉到高等教育发展改革能否顺利推进的重要问题。[4]

本章基于2005—2014年间我国普通高等本科院校与高等职业院校财政经费数据,运用趋势分析、ARIMA、二次指数平滑、Holter-Winter非季节模

5 不同类型高校教育财政投资配置结构及比例预测

型等多种方法的组合模型来预测我国2015—2020年普通本科和高职院校财政投资配置比例,并且利用分省面板数据预测地方普通本科与高职院校的财政投资配比。最后提出优化我国高等教育财政经费配置结构的若干建议。①

5.1 我国高等教育财政投资配置结构现状

5.1.1 不同类属不同省区高校财政投资配置结构现状

高等教育财政投资外部配置不均衡问题主要体现在不同类属高校之间、不同省间的高等教育投资配置不均衡。在不同类属高校中,经费收入的差距与我国高校财政的倾斜性投入政策密切相关,政府将有限的教育资源投入到为数极少的核心高等教育机构,即对以央属院校为代表的重点大学进行重点资助。1999年开始推行的"985工程"项目和《面向21世纪教育振兴行动计划》使得资金流向主要集中在央属院校,而地方属院校只能以自筹经费为主。罗建平、马陆亭回顾了我国过去20年间普通高校经费的筹措、分配和使用的进展情况,描述分析了教育经费的收入和支出结构,发现我国1994—2011年间央属和地方普通高校的校均经费收入的差距呈扩大趋势。1994年,地方高校的校均收入仅为央属高校校均收入的45%,2000年以后持续下降,地方高校的校均经费收入仅为央属院校校均收入的13%左右,这样的经费收入差异结构与我国高校财政的倾斜性投入政策密切相关,使得我国地方院校办学经费不充足的形势更加严峻。[12]刘天佐等人的研究发现,1997年全国普通高等学校生均预算内教育事业费为6523元,H省生均预算内教育事业费为5493元。到2006年,全国普通高等学校生均预算内事业费

---

① 本章的主要内容摘编自赵冉、胡咏梅:《"十三五"期间我国不同类型高校教育财政投资配置结构比例预测——基于普通本科与高职院校数据的分析》,《中国高教研究》2017年第9期。

为5552.5元,H省生均预算内教育事业费降至2728元。同1997年相比较,全国生均预算内教育事业费下降幅度为15%;H省生均预算内教育事业费下降幅度为50%。随着公办高等教育规模的扩大,部分省份的生均经费水平与全国平均水平差距增大,地方政府财政的承受能力明显下降,有不堪重负的迹象。[112]

图5-1呈现了1995—2014年间我国央属和地方普通高校财政性教育经费比例变化情况,数据来源于《中国教育经费统计年鉴》(1996—2015年)。央属普通高校财政性教育经费收入呈上升趋势,从1995年的119亿元上升到2014年的1363亿元,年均增长率为13.7%[①],1999年后其经费收入所占比例逐年下降并被地方高校超越。地方普通高校尽管在财政性经费总量上大大超出央属普通高校,但其财政性教育经费收入占全国普通高校财政性经费的比例只是从1999年的51.2%上升至2014年的70.9%,年均增长率为20.2%。虽然地方高校在财政性经费总量和年均增长率方面均超过央属高校,但需要提及如下事实:据教育部统计,全国普通高校由1998年的1022所增加到2008年的2263所,增长比例超过120%。其中,地方高校由1998年的759所增加到2008年的2152所,地方高校占全国高校总数的比例由1998年的74%上升到2008年的95%。地方高校本专科在校生数由1998年的225.8万人增加到2008年的1850.5万人,占全国本专科在校生数的93.2%。[113]所以,我们更需要关注两类属性高校在生均财政性经费上的差距及其变化。

---

① 本章中年均增长率的计算均为几何增长率,19年内发展速度为1363/119=11.4538,平均增长速度为11.4538^(1/19)−1=13.7%,下同。

5 不同类型高校教育财政投资配置结构及比例预测

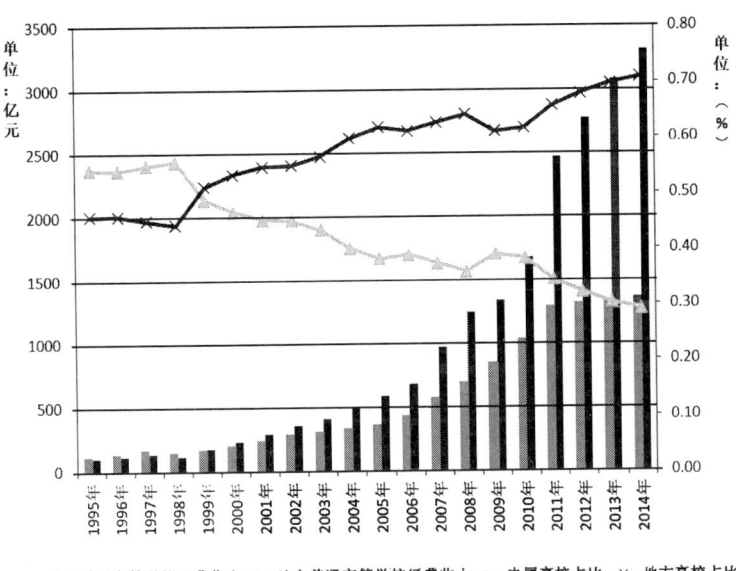

图 5-1 1995—2014 年央属和地方普通高校财政性教育经费占比变化

图 5-2 从生均预算内经费支出角度呈现了 1995—2014 年间央属和地方普通高校的经费差异变动情况。从不同类属院校生均预算内经费支出来看,央属普通高校生均水平明显高于地方普通高校生均水平。1995—2014 年央属普通高校生均预算内支出保持在 0.78 万元—2.66 万元之间,但是地方普通高校生均预算内支出仅在 0.61 万元—1.46 万元之间,两者差距明显。具体来说,1995—1997 年间央属和地方普通高校间生均预算内经费差距并不明显,但是随着高等教育管理体制改革和 1998 年中央和地方高等教育机构出现结构性调整之后,差距逐渐扩大。2001—2008 年间,央属和地方普通高校的生均预算内支出差距呈现出停滞倾向,差异变化不明显,至 2009 年央属和地方普通高校的差距又逐渐拉大。2009 年,央属普通高校生均预算内支出是 17055.44 元,地方普通高校生均预算内支出是 7298.36 元,两者相差 9757.08 元,至 2014 年,两者相差 12033.04 元,可见当前高等教育财政拨款对高校的资源配置产生了较大影响,地方普通高校教育经费不足的相

对弱势日益显露。

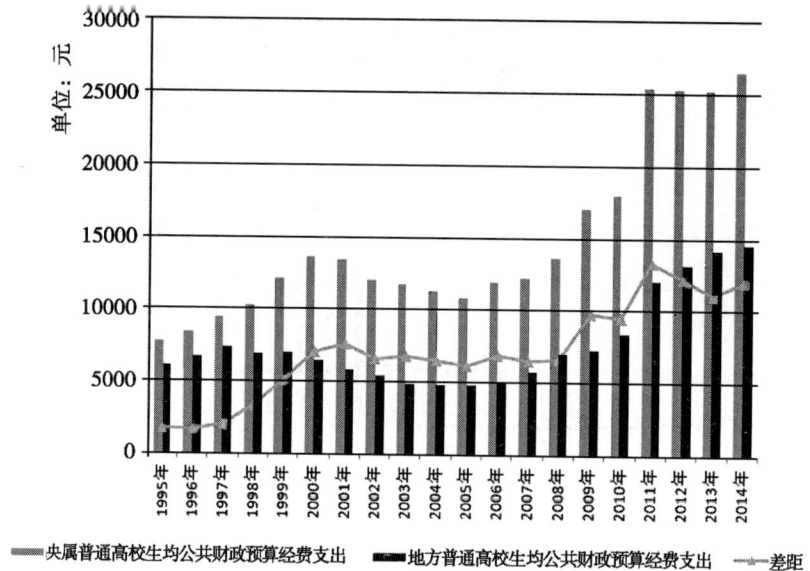

图 5-2　1995—2014 年央属和地方普通高校生均预算内教育经费支出变化

5.1.2　不同类型高校财政投资配置结构现状

不仅不同类属高校间、不同省区间高等教育财政资源配置不均衡,而且普通本科院校与高职院校的拨款规模和生均经费差异也相当大。张连绪等人的研究发现,我国高等职业院校教育经费的来源结构存在一定的局限性,与普通本科教育经费来源相比,它的财政性收入所占比例较低,学杂费收入过高。2010 年高职院校学杂费占事业经费收入的 41.5%,反映了家庭的教育成本分担过重,而且不同省份间高职教育经费来源结构差异悬殊,2008 年各省高职院校经费收入的极差高达 80 亿。[114] 根据《中国教育统计年鉴》和《中国教育经费统计年鉴》的数据统计,2005 年我国高职高专学校生均事业性经费为 3000 元/生,到 2014 年上升为 14209 元/生,提高了约 3.7 倍。同期的高等本科学校生均事业性经费分别为 16207 元/生(2005 年)和 29508 元/生(2014 年),提高了约 0.8 倍。但是,从绝对水平上来说,2014 年高职高

5　不同类型高校教育财政投资配置结构及比例预测

专学校生均事业性经费仍然没有达到2005年高等本科学校的水平,而且不及2014年普通本科院校生均事业费的一半额度(仅为48.15%)。正是由于目前高职教育投入仍然不同程度地存在一些突出问题,如多渠道筹措经费和财政生均拨款稳定投入机制还不够健全,高职院校总体投入水平仍然偏低,区域间差异较大,等等。财政部于2014年11月发文,要求2017年各地高职院校年生均财政拨款水平应当不低于12000元。[65]但这一拨款标准是否符合现实需求,仍是值得进一步研究的问题。

图5-3呈现了我国2005—2014年间两类普通高等学校在校大学生数量及普通本科院校在校生数占比变化情况。从总量上看,2005年全国普通本科高校在校大学生达848.82万人,9年间持续增长,年均增长率为6.85%,而同期高等职业院校在校大学生人数为712.97万人,相差近136万人,年均增长率仅为3.91%;2014年普通本科高校学生数增长至1541.07万人,高等职业院校为1006.63万人,相差约5344万人。从普通本科院校在校生规模占普通高等院校在校生总规模的比例(GSTUR)来看,该比例呈现逐年上升的态势,由2005年的0.543上升至2014年的0.605。普通本科高校与高职院校学生规模差距的扩大对高等教育财政投资的配置提出了新的需求。

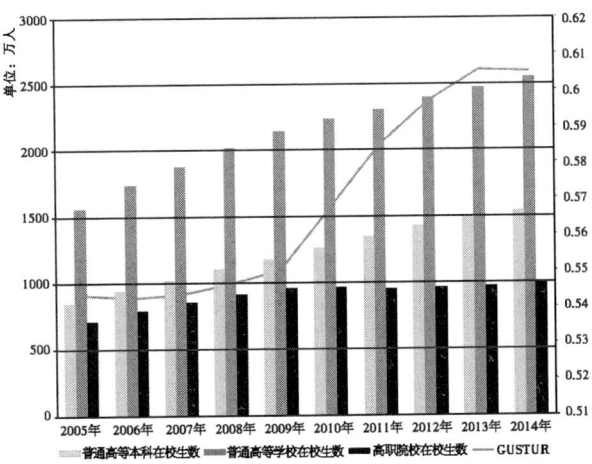

图5-3　2005—2014年普通本科高校、高职院校在校大学生规模数量及普通本科在校生规模占比变化

图 5-4 呈现了 2005—2014 年间我国央属普通本科高校与地方高职院校生均公共财政预算教育经费支出及其比重变化情况。从生均经费用度看，2005—2011 年间我国央属普通本科高校生均公共财政预算教育经费支出逐年增长。由 2005 年的 10851.34 元提高到 2011 年的 25421.92 元，2013 年下降至 25269.69 元后，2014 年回升为 26585.24 元。9 年间年均增长率为 10.47%。同期地方高职院校的生均公共财政预算经费支出逐年上涨，年均增长率达 14.7%，比普通本科院校生均财政预算经费支出增长率高出 4 个百分点左右。从两类高校生均预算内财政经费支出比例（GVEXPP）的变动趋势来看，2005—2014 年间我国央属本科与地方高职院校生均预算内经费比例呈现出驼峰状变动态势，变动区间在 2.50—3.68 之间，整体来看呈下降态势，但直到 2014 年央属高校本科生均财政预算经费支出仍是地方高职院校的 2.5 倍左右，地方高职院校人才培养的生均财政经费与央属高校本科生培养经费差距不容小觑。

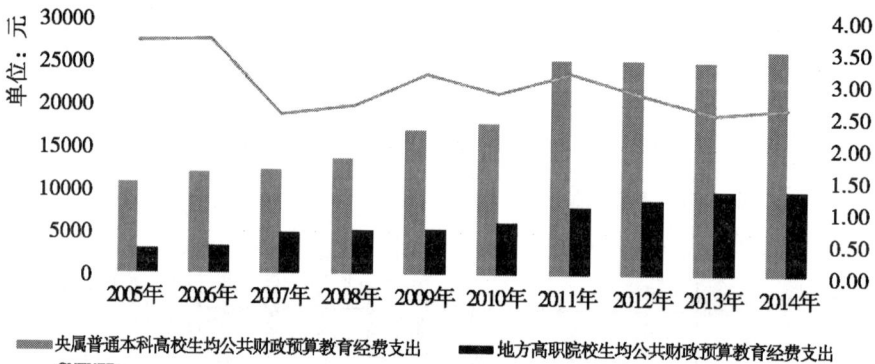

图 5-4　2005—2014 年央属普通本科高校与地方高职院校生均公共财政预算教育经费支出与两者比例变化

5.2　我国高等教育财政投资配置结构预测

由于方法、数据可得性的局限，现有的研究主要集中在不同类属、不同省区间高等教育财政差异，而关于不同类型高校教育财政配置结构问题的研究较为少见,并缺乏系统性的研究。本研究将基于一定时期内时间序列数据和面板数据的计量模型分析来预测我国普通本科院校、高等职业教育的财政投资比例。现行的拨款模式使得我国普通本科高校与高等职业院校的生均拨款差异较大,科学制定不同类型高校的生均经费比例标准是高等教育财政配置研究中的重要问题。[115]因此,如何根据我国目前的经济发展水平和经济结构,在不同经济发展水平区域、不同类型(普通本科院校、高等职业院校①)高等教育之间合理配置高等教育财政资源,需要开展系统、深入的研究。这项研究将不仅为政府进一步改进和完善对高等教育财政的宏观调控政策提供决策参考,而且对保障我国高等教育事业的可持续发展具有重要的现实意义。

5.2.1 预测模型与方法

本研究聚焦"后4%时代"中国高等教育财政投资配置的外部结构,拟解决高等教育财政"蛋糕"如何根据不同类型高校(普通本科院校/高等职业教育)进行切分的问题。由于不同类型的高校在人才培养方向和教学、研究模式等方面存在很大差异,如高等职业院校对于实践性教学有较高的要求,不仅需要有实习实践的设备、场地等,还需要双师型教师的配置,以及与企业联合培养人才的专项计划;普通本科院校一般兼有人才培养和科学研究两大任务,研究型高校还多数需要重点学科、重点实验室、研究基地的配置。因此,需要区分这两大不同类型高校的财政投资配置,基于我国普通本科院

---

① 根据1997年联合国教科文组织颁布的《国际教育标准分类》,将大学教育(5级)分为学术性为主的教育(5A)和技术性为主的教育(5B)。"标准分类"对学术性为主的教育(5A)描述为:"课程在很大程度上是理论性的,目的是使学生进入高级研究课程和从事工程要求的职业作充分的准备。""标准分类"对技术性为主的教育(5B)描述为:"课程内容是面向实际的,是分具体职业的,主要目的是让学生获得从事某个职业或行业或某类职业或行业所需的实际技能和知识,完成这一级学业的学生一般具备进入劳务市场所需的能力和资格。"由此定义可以看出,我国实施的普通本、专科教育属于5A,高等职业教育属于5B。目前,我国高等职业教育中尚无研究生学历教育,仅有专科、本科学历。研究生教育属于6级,存在于我国普通高等院校中。因此,我们将我国高校类型分为普通高等院校、高等职业院校这两大类。

校与高等职业教育规模之比、生均财政预算支出比例等历史数据建构计量经济模型,合理预测这两类高校未来的财政性经费的配置比例。

(1)数据来源与模型设定

本研究按照相关统计年鉴中的分类,将普通高等教育分为本科院校和高职高专两大类,重点研究高等教育财政投入在这两类高校上的配置情况。利用我国普通高等教育与高等职业教育规模之比、生均财政预算支出比例等历史数据建立计量经济模型进行财政投资配置比例的预测。具体来说,普通本科院校和高职高专高校预算内教育经费支出和生均公共财政预算内教育经费支出数据均来源于《中国教育经费统计年鉴》(2006—2015年),在校生规模数据来源于《中国统计年鉴》(2006—2015年)。初步拟定的预测不同类型高等教育财政投资配置比例的时间序列模型如下:

$$Y_t = b_0 + b_1 \text{GSTUR}_t + b_2 \text{GVEXPP}_t + U_t \tag{5.1}$$

$$Y_t = b_0 + b_1 \text{GSTUR}_t + b_2 \text{GVEXPP}_t + b_3 Y_{t-1} + U_t \tag{5.2}$$

$$Y_t = b_0 + b_1 \text{GSTUR}_t + b_2 \text{GVEXPP}_{t-1} + U_t \tag{5.3}$$

其中,Y_t 是第 t 年我国普通本科高等教育财政投资占普通高等教育财政总投资的比例,Y_{t-1} 是第 $t-1$ 年该比例,GSTUR_t 是第 t 年普通本科院校在校生规模占普通高等院校在校生总规模的比例,GVEXPP_t 是第 t 年普通本科高校与高职院校生均公共财政预算教育经费支出之比,U_t 是模型中的随机误差项。考虑到有学者研究发现,高等教育扩招后,地方高校生均财政拨款趋于下降,与央属高校生均财政拨款之间的差异逐步扩大。[25]因此,作为预测模型,本研究拟将可以更好反映高等教育发展财政需求的央属高校生均公共财政预算经费支出作为该比例变量(GVEXPP_t)的分子,分母为地方普通高职高专院校生均公共财政预算经费支出。

基于2005—2014年间我国普通高等本科教育与普通高等学校规模之比、央属普通高校与地方高职院校生均财政预算支出等数据,我们利用以上(5.1)—(5.3)模型进行财政预算经费的配置比例估计。

(2)预测方法

1.时间序列趋势模型

时间序列趋势分析是根据时间序列自身发展变化的基本规律即变动趋势,选取适当的趋势模型进行分析的传统建模方法。变量 y_t 表示时间序列,通常采用如下多项式形式的模型进行预测：

$$y_t = \alpha_0 + \alpha_1 t + \alpha_2 t^2 + \cdots + \alpha_k t^k + u_t \tag{5.4}$$

传统时间序列趋势分析利用模型预测 y_t 的长期趋势,误差项 u_t 反映了 y_t 的长期变动趋势以外的波动趋势。

2. ARIMA 模型

差分自回归移动平均模型,简称 ARIMA 模型(Autoregressive Integrated Moving Average Model)。该模型是 1976 年由博克斯和詹金斯提出的,故又称 Box-Jenkins 模型。ARIMA 模型广泛应用于各类时间序列模型的分析。[116] 不同于趋势模型分析法,ARIMA 建模认为预测的时间序列是由某个随机过程生成,虽然构成该序列的某些序列值存在不确定性,但是整个过程仍然具有一定的发展规律,并且可以被确切地描述出来。在 ARIMA 模型中,序列的未来预测值可以表示为滞后项和随机干扰项的当期以及滞后期的线性函数,即模型的一般形式如下：

$$y_t = a_0 + a_1 y_{t-1} + \cdots + a_p y_{t-p} + \varepsilon_t + b_1 \varepsilon_{t-1} + \cdots + b_q \varepsilon_{t-p} \tag{5.5}$$

如果序列 y_t 经过 d 次差分后变为平稳序列,即 $y_t \sim I(d)$,则经过 d 阶差分后的 ARMA(p,q) 模型中,p 为自回归模型 AR(p) 的阶数,q 为移动平均模型 MA(q) 的阶数,ε_t 为一个白噪声过程。

3. 单指数平滑模型

指数平滑法是一种特殊的加权移动平均法,其基本思想为任何一期的指数平滑值都是本期实际观测值和前一期指数平滑值的加权平均,加权的特点是对离预测期近的历史数据给予较大的权数,对离预测期远的历史数据给予较小的权数,权数由近到远按指数规律递减,所以,这种方法被称为指数平滑法。根据平滑次数主要划分为一次指数平滑法、二次指数平滑法、三次指数平滑法。考虑到本研究的总时期数限制,拟采用二次指数平滑法。

已知时间序列为 $x_1, x_2, \cdots, x_t$,t 为时间序列总期数,二次指数平滑的基本公式为：

$$S_t^{(1)} = \alpha x_t + (1-\alpha) S_{t-1}^{(1)} \tag{5.6}$$

$$S_t^{(2)} = \alpha S_t^{(1)} + (1-\alpha) S_{t-1}^{(2)} \tag{5.7}$$

其中，S_t 表示时期 t 的平滑值，x_t 表示时期 t 的实际值，S_{t-1} 为 $t-1$ 时期的平滑值，α 为平滑指数，取值范围是 $[0,1]$。

4. Holter-Winter 非季节模型

Holter-Winter 非季节模型是一种多参数的指数平滑模型，指数平滑的结果取决于平滑系数。不同于一般单指数平滑，该模型有两个平滑系数 α 和 $\beta(0 \leqslant \alpha, \beta \leqslant 1)$。[117] 运用 Eviews 可以计算出最优平滑系数，进而可以求出截距和斜率，从而估计出模型参数值，利用模型对时序数据进行预测。a_t 为截距，b_t 为斜率，则预测模型表达式为：

$$X_{t+T} = a_t + b_t T \tag{5.8}$$

$$a_t = \alpha x_t + (1-\alpha)(a_{t-1} + b_{t-1}) \tag{5.9}$$

$$b_t = \beta(a_t - a_{t-1}) + (1-\beta) b_{t-1} \tag{5.10}$$

5. 组合预测模型

对于同一个时间序列而言，不同的预测方法得到的预测结果也不同，将不同方法的预测值通过加权组合起来即可得到组合预测的结果。组合预测模型能够有效降低单一预测模型中受随机因素的影响，从而有效提高预测的精度。如何合理确定单项预测模型的权数尤为重要，本研究采用 Granger 和 Bates 提出的方差倒数法。其基本原理是，首先计算各个单项预测模型的误差平方和，然后通过使整体误差平方和最小的方式确定各模型权重，即对误差平方和小的模型赋予较大权重，同时对误差平方和大的模型赋予较小权重。[118] 计算公式如下：

$$W_j = e_j^{-1} / \sum_{j=1}^{m} e_j^{-1} \text{ 且 } \sum_{j=1}^{m} W_j = 1, j = 1, 2, \cdots, m \tag{5.11}$$

向量 $\mathbf{W} = (W_1, W_2, \cdots, W_m)^T$ 中每个元素分别表示各个预测方法在组合预测中的权值；e_j 表示第 j 种模型的误差平方和；$\hat{x}_{1j} x_{1j}, \hat{x}_{2j}, \cdots, \hat{x}_{mj}$ 表示第 j 种模型 $\hat{x}_j$ 的预测值，x_t 表示第 t 期的实际观测值，则 $e_j = \sum_{t=1}^{n}(x_t - \hat{x}_{tj})^2$，那么由组合模型所得到的预测结果表达式为：

5 不同类型高校教育财政投资配置结构及比例预测

$$X = \sum_{j=1}^{m} W_j \hat{x}_j = W_1 \hat{x}_1 + W_2 \hat{x}_2 + \cdots + W_m \hat{x}_m \qquad (5.12)$$

5.2.2 预测结果

(1) 模型估计结果

模型1中两自变量均采用当期数值进行回归,变量均通过了10%水平下的显著性检验,调整后的可决系数 $\overline{R}^2$ 为0.65。模型2则加入了自变量 Y_{t-1},且 Y_{t-1} 在1%的水平上显著,而 $GVEXPP_t$ 和 $GSTUR_t$ 在加入滞后一期 Y_{t-1} 后变为不再显著。模型3中根据经费影响可能存在时滞性,将 $GVEXPP_t$ 替换为滞后一期变量 $GVEXPP_{t-1}$,即第 t 期央属普通本科高校与地方普通高职高专院校生均公共财政预算经费支出之比受到第 $t-1$ 期生均公共财政预算经费支出比例的影响,各变量均通过了显著性检验。考虑到添加 Y_{t-1} 的模型2中 $GSTUR_t$ 和 $GVEXPP_t$ 均不显著,模型1和模型3更为合适。与模型1相比,模型3的拟合优度和调整后的 $\overline{R}^2$ 均优于模型1,且模型1的均方根误差RMSE比模型3高将近1倍。综合来看,模型3的统计性质更好,且其D.W统计量在2.5左右,表明模型不存在自相关,适合用来进行预测。

表5-1 普通本科高等教育财政投资比例预测模型结果

变量	模型1	模型2	模型3
Y_{t-1}	—	0.7043***	—
		(4.9128)	
$GSTUR_t$	−0.4731*	0.0028	−0.3693**
	(−2.3217)	(0.0227)	(−3.1099)
$GVEXPP_t$	0.0261*	0.0092	
$GVEXPP_{t-1}$			0.0236**
	(2.0900)	(1.5961)	(3.3044)
C	1.0384***	0.2146	0.9813***
	(7.5598)	(11975)	(12.4318)
R^2	0.7255	0.9417	0.8507

(续表)

变量	模型 1	模型 2	模型 3
$\bar{R}^2$	0.6471	0.9067	0.8010
F-Statistic	9.2509	26.9205	17.0981
DWstat	1.2920	1.9731	2.5079
RMSE	0.0121	0.0039	0.0068

注：1. 表格括号中的数据是该系数估计的标准误。

2. *、**、*** 分别表示参数估计在 10%、5% 和 1% 水平下的显著性。

3. 均方根误差 RMSE 是预测值与真值偏差的平方和与观测次数 n 比值的平方根，其计算公式为 $\mathrm{RMSE}_t = \sqrt{\dfrac{\sum_{t=1}^{n}(\hat{y}_t - y_t)^2}{n}}$。

综合比较以上各模型的结果，我们采用模型 3 来预测 2015—2020 年间我国高等教育投资在不同类型院校的配置比例，预测模型表达式为(5.13)：

$$Y_t = 0.9813 - 0.3693 \mathrm{GSTUR}_t + 0.0236 \mathrm{GVEXPP}_{t-1} \quad (5.13)$$

(2) 全国及分省区预测结果

通过前文中对 2005—2014 年间 GSTUR 和 GVEXPP 变化趋势的分析，GSTUR 呈现随时间变化逐年上升的态势，因而，选取趋势拟合模型、二次单指数平滑模型、Holter-Winter 非季节模型及组合预测模型对序列 GSTUR 进行预测；而 GVEXPP 在 2000—2014 年间没有明显的直线上升或直线下降的趋势，故采用 ARIMA 模型、二次单指数平滑模型和 Holter-Winter 非季节模型对序列 GVEXPP 进行预测。

1. 对序列 GSTUR 的预测

趋势时间序列分析是根据时间序列自身变化发展的趋势，进而选取适当的趋势模型进行分析和预测。根据图 5-1 可以看到，在校生规模比例总体上呈现增长态势。依据模型，首先构造趋势变量 t，然后对在校生规模比例年度数据进行各种趋势模型拟合，发现用三次多项式的拟合程度最高，调整后的可决系数 R^2 高达 0.9848，而且各项回归系数都通过了 1% 水平下的 t 检验。在校生规模(GSTUR)的趋势预测方程为：

5 不同类型高校教育财政投资配置结构及比例预测

$$GSTUR_t = 0.5634 - 0.0223T + 0.0057T^2 - 0.0003T^3 \quad (5.14)$$

运用 EVIEWS7.0 对 GSTUR 序列进行二次单指数平滑,得到最优参数 $\alpha = 0.9998$,模型的 RMSE 值为 0.0057,小于 1%,属于高精度预测。进一步运用 Holter-Winter 非季节模型对 GSTUR 序列进行预测,得到最优参数 $\alpha = 0.9997, \beta = 1$,该模型的 RMSE 值为 0.0058,说明用该模型进行预测具备合理性。由此得到各模型的预测值及相对误差如表 5-2 所示:

表 5-2 趋势模型、单指数平滑及 Holter-Winter 非季节模型预测与组合模型预测结果

年份	原序列	趋势预测值	相对误差%	单指数平滑预测值	相对误差%	Holter-Winter预测值	相对误差%	组合预测值	相对误差
2005	0.543495623	0.546532712	0.559	0.5417596	−0.319	0.5417596	−0.319	0.5417596	0.231
2006	0.542509533	0.531993	−0.610	0.5469447	0.818	0.5469441	0.817	0.549441	−0.078
2007	0.543426972	0.539628951	−0.699	0.5415249	−0.350	0.5415272	−0.350	0.5415272	−0.569
2008	0.546366697	0.546002346	−0.067	0.5443438	−0.370	0.5443416	−0.371	0.5443416	−0.160
2009	0.550135103	0.556500139	1.157	0.5493058	−0.151	0.5493057	−0.151	0.5493057	0.669
2010	0.567083621	0.569303101	0.391	0.5539032	−2.324	0.5539036	−2.324	0.5539036	−0.3622
2011	0.584645068	0.582591326	−0.351	0.5340279	−0.106	0.5840232	−0.106	0.5840232	−0.260
2012	0.596779806	0.594547025	−0.374	0.6022063	0.909	0.6022106	0.910	0.6022106	0.105
2013	0.605507026	0.603349382	−0.356	0.6089163	0.563	0.6089135	0.563	0.6089135	−0.013
2014	0.60488464	0.607179577	0.379	0.6142353	1.546	0.6142347	1.546	0.6142347	0.315

结果表明,由趋势模型、单指数平滑模型、Holter-Winter 非季节模型相结合的组合预测模型在预测精度上总体优于这三种单项预测模型,通过方差倒数法得到趋势模型、单指数平滑模型、Holter-Winter 非季节模型最优权重为 $W = (0.6269, 0.1866, 0.1865)^T$。因此,最终运用组合预测模型对 2015—2020 年[①]的在校生规模比例 GSTUR 进行预测,预测结果如表 5-3 所示。

---

① 由于我国当年教育经费、教育事业统计数据公布一般在次年三月份以后,而且正式以统计年鉴方式发布还会再推迟一年,因此,本研究中依据 2000—2014 年相关统计数据,对 2015 年的在校生规模、央属普通高等本科院校生均公共财政预算经费支出与地方高职高专院校生均公共财政预算经费支出比例也进行了预测。

表 5-3　2015—2020 年在校生规模比例 GSTUR 组合模型的预测结果

年份	2015	2016	2017	2018	2019	2020
组合预测	0.6042	0.5968	0.5827	0.5610	0.5305	0.4900

2. 对序列 GVEXPP 的预测

观察图 5-4 中 GVEXPP 的变化趋势发现，央属普通本科高校与地方普通高职高专院校生均公共财政预算经费支出比例在 2005—2014 年间存在波动，没有明显的趋势特征，所以对该变量序列的预测本研究不采用传统的趋势拟合法而采用 ARMA 模型。ARMA 模型要求数据必须是平稳的，对 GVEXPP 原始值序列进行 ADF 单位根检验，检验结果如表 5-4 所示，发现 ADF 统计量的值比临界值都要小，说明 GVEXPP 序列是平稳的时间序列，可以直接进行 ARMA 模型的构造。对平稳序列 GVEXPP 做自相关分析得到其自相关函数和偏自相关函数图（参见图 5-5），线间的区域是自相关和偏自相关正负两倍标准差所形成。观察图 5-5 发现，偏自相关函数从滞后第二期开始向小值波动衰减呈迅速收敛趋势，自相关函数在滞后 2 期后也突然减小并始终处在两倍标准误之内，具有截尾性。依据模型拟合原则，该序列可以用 AR(2) MA(2) 来建立模型。经过比较和运算，得到模型参数估计和统计检验的结果，在同等条件下，AR(2) 模型的 AIC 信息准则和 BIC 准则较小，同时 AR(2) 的特征根倒数都在单位圆内，说明该模型是稳定的。考虑到经济变量的实际情况，拟合度也可以接受，因此初步确定 AR(2) 为平稳的理想预测模型。

表 5-4　ADF 单位根检验结果

	T 统计量	P 值
ADF 统计检验	−4.6785	0.0089
1% 显著水平	−4.5826	
5% 显著水平	−3.3209	
10% 显著水平	−2.8013	

5 不同类型高校教育财政投资配置结构及比例预测

Autocorrelation	Partial Correlation		AC	PAC	Q-Stat	Prob
		1	0.232	0.232	0.7149	0.398
		2	-0.338	-0.414	2.4329	0.296
		3	-0.092	0.147	2.5773	0.461
		4	-0.021	-0.230	2.5865	0.629
		5	0.122	0.292	2.9446	0.709
		6	0.202	-0.032	4.1740	0.653
		7	-0.144	-0.120	5.0072	0.659
		8	-0.319	-0.179	11.096	0.196
		9	-0.142	-0.135	13.503	0.141

图 5-5 自相关与偏自相关函数图

对应的模型表达式是：

$$\text{GVEXPP}_t = 2.8572 - 0.3324(\text{GVEXPP}_{t-2} - 2.8572) + v_t \quad (5.15)$$

对该模型残差进行白噪声检验，发现残差序列的 Q 值均小于检验水平为 0.05 的卡方分布的临界值，所以该模型的随机误差项是一个白噪声序列，同时模型的平均绝对百分误差（MAPE）为 6.18，低于 10，可认为属于高精度预测模型，因此可以用 AR(2) 模型进行预测。

同样地，通过方差倒数法对序列 GVEXPP 进行组合预测，得到 ARMA 模型、二次单指数平滑模型、Holter-Winter 非季节模型的最优权重为 $\boldsymbol{W} = (0.7210, 0.1383, 0.1407)^T$，同理得到央属普通本科高校与地方普通高职高专院校生均公共财政预算经费支出比例 GVEXPP 组合预测结果如表 5-5 所示：

表 5-5 2015—2020 年央属普通本科高校与地方高职院校生均公共财政预算教育经费支出之比 GVEXPP 组合模型的预测结果

年份	2015	2016	2017	2018	2019	2020
组合预测	2.7154	2.6701	2.6280	2.5827	2.5363	2.4910

3. 对序列 Y_t 的预测

进一步根据公式 (5.13) 对 Y_t 进行预测，得到如表 5-6 所示的序列 Y_f。

表 5-6　2015—2020 年预测值 Y_f

年份	2015	2016	2017	2018	2019	2020
Y_f 值	0.8201	0.8252	0.8293	0.8363	0.8465	0.8604

根据以上预测,我们将 2016—2020 年全国普通本科高校教育财政投资规模占比(Y_f)、普通本科高校在校生规模占比(GSTUR)及央属本科与地方高职院校生均公共财政预算经费支出比例(GVEXPP)绘制在图 5-6 中,可以看到"十三五"期间我国普通本科高校的在校生规模占比和两类高校生均经费比例均有所下降,我国普通本科高校教育财政投资规模占比在 0.82 到 0.86 间浮动上升。

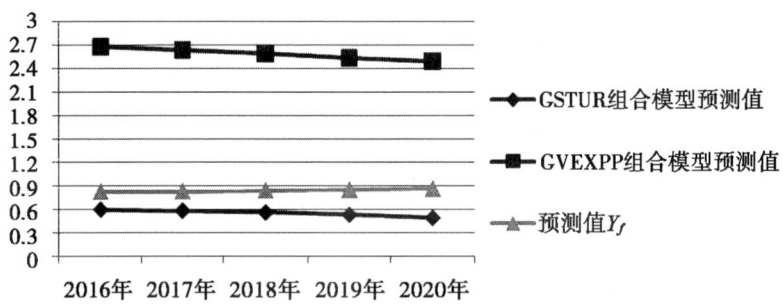

图 5-6　2016—2020 年我国普通本科高校财政投资规模的可行区间

4. 地方普通本科与高职院校财政经费规模比例预测

2016 年 6 月 15 日,国务院正式发布了《国务院办公厅关于加快中西部教育发展的指导意见》,其中一项重点内容是要在没有教育部直属高校的 13 个省份(河北、河南、内蒙古、山西、江西、广西、海南、贵州、云南、西藏、青海、宁夏、新疆),按"一省一校"原则,各重点支持建设一所高校,为"一带一路"建设培养高级工程技术人才和管理人才。

由于分省统计年鉴中关于在校生数量的统计并没有区分教育部直属高校和地方普通高校的分类统计,而该 13 省份中没有教育部直属高校,且 2005—2014 年间的数据完整性较好。基于此,为了保持数据的一致性,本研

5 不同类型高校教育财政投资配置结构及比例预测

究将这 13 个省区的地方普通高校本科高校和高职院校作为研究对象,运用分省面板数据,建立如下模型进行预测:

$$Y_{it}=b_i+b_1\text{GSTUR}_{it}+b_2\text{GVEXPPA}_{i,t-1} \tag{5.16}$$

其中,i 表示第 i 个省份,t 表示第 t 年,Y 是地方普通本科高等教育财政投资占地方普通高等教育财政总投资的比例,GSTUR 是地方普通本科院校在校生规模占地方普通高等院校在校生总规模的比例,GVEXPPA 是地方普通本科高校与地方高职院校生均公共财政预算教育经费支出之比。表 5-7 为各变量的统计描述结果。

表 5-7 变量的描述性统计(2005—2014 年)

变量	均值	中位数	最大值	最小值	标准差
Y	0.768	0.767	0.9879	0.5751	0.0694
GSTUR	0.548	0.555	0.6730	0.3808	0.0683
GVEXPPA	1.794	1.653	4.2027	0.8736	0.6474

首先对样本建立混合模型,混合模型的特点是无论对任何个体和截面,回归系数和截距项都相同。使用的混合模型估计结果如式(5.17):

$$Y_t=0.6248+0.2049\text{GSTUR}_t+0.00136\text{GVEXPPA}_{t-1} \tag{5.17}$$

再建立如下个体固定效应模型(5.18)发现,青海、云南、河北是函数截距最大的 3 个地区,运用 F 统计量检验结果显示,拒绝模型中不同个体截距相同的原假设,表明建立个体固定效应模型比混合模型更合理。

$$\begin{cases} \hat{Y}_{1t}=\hat{\gamma}_{河北}+\hat{b}_1\text{GSTUR}_{1t}+\hat{b}_2\text{GVEXPPA}_{1,t-1}= \\ (0.6045+0.0194)+0.2514\text{GSTUR}_{1t}+0.0107\text{GVEXPA}_{1,t-1} \\ \hat{Y}_{2t}=\hat{\gamma}_{河南}+\hat{b}_1\text{GSTUR}_{2t}+\hat{b}_2\text{GVEXPPA}_{2,t-1}= \\ (0.6045+0.0182)+0.2514\text{GSTUR}_{2t}+0.0107\text{GVEXPPA}_{2,t-1} \\ \vdots \\ \hat{Y}_{13t}=\hat{\gamma}_{新疆}+\hat{b}_1\text{GSTUR}_{13t}+\hat{b}_2\text{GVEXPPA}_{13,t-1}= \\ (0.6045+0.0163)+0.2514\text{GSTUR}_{13t}+0.0107\text{GVEXPA}_{13,t-1} \end{cases} \tag{5.18}$$

依据固定效应模型预测 2015—2020 年河北、河南、内蒙古、山西、江西、广西、海南、贵州、云南、西藏、青海、宁夏、新疆 13 个省份的普通高等本科院校教育财政经费占比如下：

表 5-8 2015—2020 年份省地方普通本科高等教育财政投资占比的预测结果（固定效应模型）

省份	年份					
	2015	2016	2017	2018	2019	2020
河北省	0.7967	0.8014	0.8079	0.8131	0.8191	0.8245
河南省	0.7946	0.7983	0.8020	0.8056	0.8093	0.8130
内蒙古	0.6959	0.6960	0.6962	0.6962	0.6961	0.6960
山西省	0.7498	0.7529	0.7564	0.7603	0.7640	0.7675
江西省	0.7815	0.7862	0.7908	0.7955	0.8001	0.8048
广西	0.7732	0.7684	0.7776	0.7738	0.7875	0.7798
海南省	0.7798	0.7811	0.7827	0.7844	0.7863	0.7883
贵州省	0.7855	0.7856	0.7858	0.7859	0.7859	0.7860
云南省	0.7975	0.7942	0.7912	0.7898	0.7885	0.7861
西藏	0.7721	0.7785	0.7845	0.7906	0.7965	0.8026
青海省	0.8387	0.8360	0.8332	0.8338	0.8345	0.8329
宁夏	0.7406	0.7422	0.7439	0.7455	0.7472	0.7488
新疆	0.7373	0.7356	0.7343	0.7327	0.7309	0.7293

根据预测结果，我们发现大部分省份（河北、河南、山西、江西、海南、贵州、西藏、宁夏）2015—2020 年的普通本科高校教育财政经费占比呈逐年上升趋势，普通高职院校经费占比呈下降态势，与全国变化趋势一致，云南和新疆普通本科高校教育财政经费占比呈逐年下降态势，高职院校经费占比相应上升，而内蒙古、广西和青海的普通本科高校经费占比则存在波动，其中广西和青海省波动较大。但从整体来看，广西普通本科高校经费占比呈

上升趋势,青海呈现下降态势,而内蒙古呈小幅波动,但整体保持在0.690左右。

5.3 主要结论与政策启示

5.3.1 主要结论

在"十三五"规划的新时期,如何合理配置高等教育财政在本科院校与高职院校间的投资比例,保障高等教育事业的全面发展,缩小欠发达省份教育发展水平与全国发展水平的差距,保证新时期高素质人力资本的供应,成为当前急需解决的重要问题。本研究基于我国2005—2014年间普通高等本科教育与高等职业教育规模之比、生均公共财政预算教育经费支出等数据的分析,运用趋势分析、ARIMA、二次指数平滑、Holter-Winter非季节模型等多种方法的组合模型来预测我国2015—2020年普通本科和高职院校财政投资配置比例;并利用分省面板数据研究地方普通本科与高职院校的财政投资配比。获得以下主要结论:

第一,从高等教育发展规模上看,2005—2014年间,我国普通本科高校和高职院校的在校大学生数量均逐年增长,但高职院校的年均增长率仅为普通本科高校的一半左右,普通本科与高职院校的规模差距进一步增大。从生均经费上看,虽然2005—2014年间央属普通本科高校与地方普通高职院校生均经费支出比例呈下降趋势,但截至2014年,央属普通本科高校生均经费支出仍是地方高职院校的2.5倍左右,表明不同类型普通高校财政经费投入存在生均配置的不均衡。

第二,基于全国时间序列数据的计量模型预测,在"十三五"期间(2016—2020年间),若我国普通本科院校规模比例在0.6—0.49间变动,央属普通本科高校与地方高职院校生均公共财政预算教育经费支出之比保持在2.67—2.49之间,则我国普通本科院校财政投资总规模占比的可行区间为0.83—0.86,呈现上升趋势;相应地,高职院校财政投资总规模占比的可行区间为0.17—0.14,呈现下降趋势。

第三,对没有教育部直属高校的13个省份建立个体固定效应面板模型并预测的结果显示:"十三五"期间,河北、河南、山西、江西、海南、贵州、西藏、宁夏8个省份的普通本科高校教育财政经费占比呈逐年上升趋势,普通高职院校占比则呈下降态势,与全国变化趋势一致;而云南和新疆的普通本科高校财政经费占比呈逐年下降态势,同时内蒙古、广西和青海的普通本科高校财政经费占比则存在波动。

5.3.2 政策启示

从预测结果整体来看,"十三五"期间我国普通本科高校财政投资规模占财政投资总规模比重将持续上升,普通高职院校占比则呈下降态势,而同时高职院校在校生规模占比在"十三五"期间持续增加,政府对高职教育的投入远远跟不上高职教育的发展速度,财政经费结构的不均衡配置将持续阻碍高职院校的发展,与发展新型高职创新创业教育目标相悖,为此提出以下对策建议:

第一,合理调整高等教育财政总投资在普通本科高校和高职院校间的配置比重,缩小高职与普通本科院校的财政经费投入差距。

2011年教育部发布的《关于推进中等和高等职业教育协调发展的指导意见》指出,高等职业院校应逐步实现生均预算内拨款标准达到本地区同等类型普通本科高校的生均预算内经费标准。2014年国务院发布的《关于加快发展现代职业教育的决定》指出,要提升职业教育发展保障水平,督促省级政府逐步提高高等职业院校生均经费标准或财政拨款标准。财政性教育经费在高等职业教育经费投入中占据主导地位,这也是高等职业教育发展的基石。[119]因此,在合理调整高等教育财政总投资在普通本科高校和高职院校间配置比重的同时,应更加注重生均经费的配置比例,以缩小高职与普通本科院校的财政经费投入差距为原则,按照不同地区的经济发展要求和职业教育发展需要进行高职教育经费投入,保证高职教育事业的稳定发展。

第二,引导企业和社会加大投入,完善高等职业教育经费投入机制。

学校和企业是职业教育中的两个主体,而企业作为职业教育的主要服务对象,应充分调动其积极性,为高等职业教育发展提供技术和资金支持,通过相关政策鼓励企业和社会资金投入到职业教育当中,扩大职业教育经费来源。2015年,教育部印发《职业院校管理水平提升行动计划(2015－2018年)》的通知中再次提出要落实生均拨款政策,建立多渠道筹资机制,提高经费保障水平。此外,各地政府和教育部门应当建立以绩效为导向的高等职业院校生均拨款制度,提高经费的使用效益。

第三,加强与"一带一路"周边国家的职业教育合作,优化高等职业院校专业结构,以满足我国产业转型对技能型人才的需求。

在"一带一路"和创新创业人才培养的背景下,产业转型发展的建设需求要求我们进一步加快高等职业院校专业结构的调整,支持高职院校创新人才的培养模式,着力提升学生的职业素养,以满足产业转型升级和经济社会发展对技术技能型人才的需求。"一带一路"的实施要求我们应该加强与"一带一路"周边国家的职业教育合作,建设国际先进水平的职业院校,同时应鼓励高职院校聘请境外的优秀教师或资助高职院校学生进行境外实习,培养具有国际视野、通晓国际规则的技术技能人才和中国企业海外生产经营所需要的人才。高职院校能否成功把握这一机遇,经费保障是关键。高等职业院校专业结构的优化可以通过建立按专业核定的生均经费标准拨款管理机制来促其实现,比如对区域发展规划和产业转型升级急需的专业可提高其生均定额系数,对不适应经济社会发展需求的专业则降低其生均定额系数。合理的专业经费投入机制的确立将为专业技能型人才的培养提供充足的经费保障。

6 高等教育教学拨款与生均财政拨款标准研究

人才培养是高等教育的首要职责和功能,如何为高校人才培养提供经费保障成为高等教育财政研究的重要议题。本章主要探讨高等教育教学拨款与生均经费标准的制定[①],分为六小节,内容安排如下:第一节先概述我国中央高校财政经费拨款模式的历史沿革,第二节对地方高校的生均财政经费拨款政策进行介绍,第三节阐述美国和英国公立高校的教学拨款模式,第四节介绍高等教育生均培养成本的基本计量方法,第五节从理论上探讨我国高等教育生均财政经费拨款标准的未来走向,第六节利用简明生均成本核算法计算教育部直属高校的生均培养成本,并利用计量模型估算生均财政拨款标准的调整系数。

6.1 我国中央高校财政性经费拨款模式的历史沿革

中央高校在我国高等教育中处于中心地位,是指由中央各部委主管的各类高校,也称央属高校。为了适应和加快中央高校的发展,中央财政对于央属高校的投入不断增多,在财政经费拨款模式上也经历了"基数加增长"(1955—1985年)、"综合定额加专项补助"(1986—2002年)、"基本支出预算加项目支出预算"(2002—2008年)、"生均综合定额"(2008年至今)四

[①] 本章第3、4、5节主要内容摘编自易慧霞:《普通高等学校生均培养成本的核算方法与应用研究——以教育部直属高校为例》,博士学位论文,北京师范大学,2019年11月。

个阶段[26]。

6.1.1 中央高校"基数加增长"(1955—1985年)拨款模式

从1955年起国家对于中央高校的财政拨款较为稳定,一直到1985年,中央高校开始实行基于定员定额的拨款方法,其间并没有发生太大变化。定员定额是"基数加增长"拨款模式的基础。根据1995年发布的《关于加强文教卫生事业定员定额的制定工作的联合通知》,"所谓定员定额,就是按事业机构规模的大小或事业的需要合理确定其各种人员编制、房屋和设备标准、行政和业务费用开支额度、器材的储备量"[120]。在此基础上,高校拨款的后续核定主要以"基数加增长"的方式实现。在这种拨款模式下,中央根据上一年度的拨款为基础,考虑当年事业发展的变化,确定当年的拨款额度。如果当年高校学生人数、教师人数以及其他各方面没有较大改变,那么高校将得到与前一年度大致相当的拨款。

这种拨款模式的操作较为简单,主要是根据历史拨款来决定现在拨款,具有一定的合理性,能够简化决策程序,也不需要高校上报很多信息。在我国高等教育事业起步期,由于高等学校数量较少,高校类型和学科结构也较为单一,所以"基数加增长"的拨款模式具有一定的适用性,对保障高校按常规稳步发展有一定积极意义。但是此种模式容易产生高校分层固化,而且这种拨款模式对于高校经费的支出限制较多,也不利于高校根据自身发展需要做中长远的发展战略规划,难以保障高校中长期发展对财政经费的需要。

6.1.2 中央高校"综合定额加专项补助"(1986—2002年)拨款模式

20世纪80年代中后期直到21世纪初,随着高等教育事业的快速发展,我国高校不管是从数量上还是从规模上都有了巨大改变,"基数加增长"的拨款模式越来越凸显其弊端。1986年10月,原财政部、国家教委进行联合调研之后,决定颁布《高等学校财务管理改革实施办法》。该办法中规定"高校年度教育事业费预算,由主管部门按照不同层次、不同科类学生的需要和学校所在地区的不同情况,结合国家财力,按综合定额加专项补助的办法进行核定"。因此从1986年开始,我国高校教育财政拨款实行了"综合定额加专项补助"的模式,并执行"包干使用,超支不补,节余留用,自求平衡"的原则。

综合定额加专项补助实际上是一种简单公式和估算相结合的拨款模式。在这种拨款模式下,高校财政拨款分成综合定额和专项补助两部分。其中,综合定额沿袭了此前的定员定额的管理方式,通过在校生数乘以生均拨款额得出,根据学生层次、学科和专业类型,区分不同的定额。专项补助是对综合定额的补充,实施过程中由教育主管部门和财政部门根据国家对高校的政策导向和一些高校的特殊需要单独核定拨付,比如新建学科和重点学科建设经费、实验室建设经费、特殊项目补助和离退休人员经费等。

在高校财政拨款"综合定额加专项补助"模式中,综合定额是主体部分,额度的计算过程一共分为三步:

第一步,确定生均定额。按照不同的专业将全国高校本科生培养成本进行分类,并选取不同地区的高校作为样本核算,核算所得到的数据除以学生人数即为近期内生均定额的计算标准。第二步,确定高校当量在校学生数。首先,将高校学生分为博士研究生、硕士研究生和普通本专科生三类。其次,确定每一类学生的不同折算系数标准。最后,根据高校各类学生实际人数及折算系数计算出当量在校生数。根据教育部颁布的《普通高等学校基本办学条件指标(试行)》,当量在校学生数＝博士研究生数×2＋硕士研究生数×1.5＋普通本专科生数×1。

在这种拨款模式下,许多高校通过扩招来获取更多办学经费,以保障高校有充足的维持运转的财政经费。加上1999年教育部开始正式推行扩招政策,国内绝大多数高校开始快速增加在校生规模,并在各地政府的支持下扩建新校区以解决本部教学用地严重不足问题。同时,由于新校区建设需要巨额基建经费,许多高校开始向银行贷款以补充建设经费,甚至造成了巨额债务问题。

6.1.3 中央高校"基本支出预算加项目支出预算"(2002—2008年)拨款模式

从2002年开始,国家部委开始进行财政预算体制改革,并规定实行"基本支出预算＋项目支出预算"模式。基本支出预算仍按照定员定额的管理原则,基本支出可以保障行政事业单位的正常运转和完成日常工作任务,人员经费和日常公用经费构成了基本支出预算;项目支出预算是为高校完成其特殊发展需要,在基本支出之外编制的年度项目支出计划,包含基本建设项目类,行政事业类项目和其他类项目。

为了适应国家财政预算体制改革,教育部门对高等学校的拨款也进行了拨款方式的调整。对于高校而言,保障正常运转、完成日常工作任务的年度基本支出都应该归于"基本支出预算＋项目支出预算"模式中的基本支出预算。与之前仅根据在校生数核定综合定额的模式不同,新模式基本支出中的人员经费包括教职工工资、离退休人员经费和学生资助(奖学金、助学金和助学贷款),但是仅用教职工人数、离退休人数来核定人员经费支出,而由学生人数来核定公用经费拨款额度[121]。这种拨款模式使得高校开始重视生师比,不再盲目扩招。但是,由于项目支出随各校有不同的需求,高校"跑部进京"现象开始出现。

6.1.4 中央高校"生均综合定额"(2008年至今)拨款模式

2008年起,财政部、教育部进一步建立了以"生均综合定额＋专项资金"为主体的中央高校预算拨款制度,主要政策措施是细化综合定额生均拨款标准、增设高校基本科研业务费、引入绩效拨款机制、增设社会服务补偿经费。

根据财政部、教育部《关于完善中央高校预算拨款制度的通知》的规定,按照"人员经费基本持平、公用经费体现差异"的原则,细化生均综合定额拨款标准,完善高校基本支出拨款办法。具体做法如下:一是合理确定公用经费与人员经费的构成比例和基础标准。根据目前财力状况,结合测算的人员经费与公用经费占生均支出的比例,核定公用经费和人员经费基础标准分别为3000元/生和4000元/生。二是按学科设置公用经费学科折算系数。即按照高等教育本科教学11大类学科设置设定不同档次的学科折算系数,对不同专业确定不同的公用经费定额标准,体现不同专业办学成本的差异。三是建立动态调整机制。根据中央高校发展需要,结合财力情况、物价变动水平、高校学生人数变化等因素,对公用经费和人员经费基础定额标准实行动态调整。

公用经费学科折算系数以3000元为基数,形成7种折算系数:1、1.25、1.33、1.5、2、2.5、3,在此基础上形成相应的7种人员经费与公用经费的结构比例(具体参见表6-1)。生均拨款标准细化为7个等级,分别对应不同学科或专业,具体是:文学、历史学、哲学每生每年7000元,法学、经济学、理学、管理学、教育学每生每年7750元,工学每生每年7990元,医学每生每年11500元,文艺类每生每年10000元,纯艺术类学校的文艺类每生每年13000元,体育学、民族学、考古学、地矿油类、海洋工程类、新闻传播类、农学每生每年8500元。

表6-1 2008年改革后的中央高校本专科生均综合定额标准

专业类别	生均综合定额拨款标准	人员经费定额标准	公用经费定额标准		
			公用经费定额标准	公共经费学科折算系数	公用经费基础标准
哲学	7000	4000	3000	1	3000
经济学	7750	4000	3750	1.25	3000
法学	7750	4000	3750	1.25	3000
教育学	7750	4000	3750	1.25	3000
其中:体育学	8500	4000	4500	1.5	3000
文学	7000	4000	3000	1	3000
其中:文艺类	10000	4000	6000	2	3000

(续表)

专业类别	生均综合定额拨款标准	人员经费定额标准	公用经费定额标准		
			公用经费定额标准	公共经费学科折算系数	公用经费基础标准
新闻传播类	8500	4000	4500	1.5	3000
历史学	7000	4000	3000	1	3000
其中:民族学、考古学	8500	4000	3000	1.5	3000
理学	7750	4000	3750	1.25	3000
工学	7990	4000	3990	1.33	3000
其中:地矿油类、海洋工程类	8500	4000	4500	1.5	3000
农学	8500	4000	4500	1.5	3000
医学	11500	4000	7500	2.5	3000
管理学	7750	4000	3750	1.25	3000

此后,中央直属高校本科教育生均综合定额仍然按照按学科设置公用经费学科折算系数,但标准有所提高。目前教育部实施的本专科生的生均综合定额拨款标准为:人员经费0.6万元/年/生,公用经费0.6万元/年/生[122]。另对部分特殊专业和小规模特殊学校进行拨款倾斜;研究生教育生均综合定额按硕士、博士分别设定统一的拨款标准(硕士为2.2万元/年/生,博士为2.8万元/年/生),但暂未考虑学科和学校差异。

2015年,为了进一步对中央高校拨款模式进行改革,同时对地方高校起到示范作用,财政部教育部发布《关于改革完善中央高校预算拨款制度的通知》,明确提出完善基本支出体系。在现行生均定额体系的基础上,逐步建立中央高校本科生均定额拨款总额相对稳定机制:以2—3年为一周期,保持周期内每所中央高校本科生均定额拨款总额的基本稳定;上一周期结束后,根据招生规模、办学成本等因素,重新核定下一周期各中央高校本科生均定额拨款总额,并根据中央财力状况等情况适时调整本科生均定额拨款标准,引导中央高校合理调整招生规模和学科专业结构。

6.2 地方高校的生均经费拨款现状

地方高校主要由各省市政府主办和主管,因此地方高校的办学经费拨款多来自地方政府。与中央高校相对统一的拨款政策和明确的拨款模式相比,很长一段时间内,地方高校的生均经费拨款处于各自为阵的状态,而且拨款水平相对较低,直到2010年财政部教育部发布《关于进一步提高地方普通本科高校生均拨款水平的意见》之后才有所改观。本节先概述地方高校预算拨款的一般做法,再介绍部分省份的生均经费拨款现状。

6.2.1 地方高校财政预算拨款概述

对于地方高校而言,预算编制在高校财政拨款经费的核定过程中起到关键性作用,预算中填报的相关数据是核定经费的主要依据。地方高校向政府教育部门和财政部门报送预算,采取"二上二下"流程[123]。"一上"阶段,高校将本校的学生人数、学科门类情况、教职工数、资产情况等基础信息数据归纳整理,并同下一年度专项经费申请一并报送政府教育部门和财政部门。"一下"阶段,政府会根据高校报送的基础信息数据,核定高校下一年度基本经费拨款安排额度;根据专项经费申请情况,进行研究论证,结合社会经济发展需要和高校事业发展需要初步确定高校下一年度专项经费安排额度。"二上"阶段,高校根据政府下达的基本经费和专项经费安排额度,编制下一年度学校预算,细化支出项目,并将预算报政府教育部门和财政部门审核。"二下"阶段,政府教育部门和财政部门在汇总审核高校报送的预算数据后,将预算提交同级人民代表大会审议,审议通过后批复高校预算并拨付下一年度经费。

在基本拨款的核算上,2008年以后地方高校开始按照教育部《关于完善中央高校预算拨款制度的通知》来核定本省市高校财政拨款基本经费。在具体的经费核定方式上,大致分为两种办法。第一种办法是"生均综合定额"加"离退休人员经费"的核定方法,这种方法将高校公用经费和除了离退休人员经费以外的人员经费全部纳入生均综合定额,依据高校不同学科的学生人数和学科折算系数进行核定。离退休人员经费、医疗费单独进行核定。第二种办法是公用经费按照生均定额、人员经费单独核定的核定方法,这种方法只将高校公用经费生均定额,依据高校不同学科的学生人数和学科折算系数进行核定。人员经费则按照在职人员经费、离休人员经费、退休人员经费三类,分别进行核定。

考虑到地方高校的生均经费水平一直低于中央高校[25],财政部、教育部于2010年11月发布了《关于进一步提高地方普通本科高校生均拨款水平的意见》,提出要进一步提高地方高校生均拨款水平。各地要根据高校合理需要,制定本地区地方高校生均拨款基本标准。在此基础上,结合财力情况、物价变动水平、高校在校生人数变化、工资标准调整等因素,建立地方高校生均拨款标准动态调整机制,逐步提高生均拨款水平。原则上,2012年各地地方高校生均拨款水平不低于1.2万元。

从2010年起,中央财政建立"以奖代补"机制。对于有些省份生均拨款水平已经达到1.2万元,在保持生均拨款水平的情况下,每年中央财政将给予一定额度的奖励。而对于另一些省份尚未达到1.2万元生均拨款水平的,中央财政将依据所需经费按一定比例进行奖补,具体的奖补比例根据东部地区25%、中西部地区35%的基本比例以及在校生规模、省本级财力增长情况等因素确定,以帮助其生均拨款水平达标。

6.2.2 部分省份的生均财政经费拨款政策

虽然有教育部文件作为依据,但是由于各省市财力状况相差较大,加之高等教育发展情况不一,因此各地方在生均经费拨款达标的进程上有所不同。本小节主要聚焦部分已经按照教育部文件要求进行生均经费改革的省份,介绍其最新的拨款政策和拨款标准。

2011年底,河南省财政厅和教育厅印发《关于进一步提高河南省普通本科高校生均拨款水平的实施意见》。该文件提出,全省高校生均拨款水平到2011年底不低于9000元;2012年底不低于12000元。资金分配主要依据上年度在校生人数(不含中外合作办学、软件职业学院等收费较高专业在校生)和已确定的学校类型(折算系数:综合类1.33;理工类1.29;农林类1.5;医药类2.5;师范类1.25;财经类1.25;政法类1.25;体育类1.5)测算核定,同时对博士生、硕士研究和专科生按规定比例折算,以体现办学成本差异。

2014年初,天津市财政局和教育委员会发布《关于完善市属普通本科高校生均拨款制度的通知》的文件,提出要完善生均拨款标准,最终实现2014年不低于12000元,2015年不低于13000元[124]。依照"人员经费按照生师结构,公用经费体现办学差异"的原则,完善高校基本支出预算核定办法,合理确定在职人员经费与公用经费生均拨款标准,离退休人员经费继续按照实有人数和有关标准据实核定。具体做法如下:一是确定基础标准。基于目前高校生均拨款水平,考虑办学规模、生师结构以及保持经费平稳增长等因素,确定在职人员经费和公用经费生均拨款基础标准。二是设置折算系数。根据目前在职人员经费实际水平,以及不同办学层次和学科门类的差异,按照学校类别设置在职人员经费折算系数①;按照办学层次和学科门类设置公用经费折算系数②。三是建立动态调整机制。根据高校发展需要,结合财力状况、物价变动、办学规模、工资标准等因素,对生均拨款标准实行动态调整。各高校应依据发展目标、办学条件、社会需要等,合理定位,科学规划,优化学科专业设置,突出办学优势,避免盲目扩张办学规模。对在校生超过合理办学规模的学校,采取降低生均拨款基础标准和折算系数等方式予以调整。本科生、硕士生、博士生都有相应的学科折算系数。

---

① 折算系数为:职业技术师范大学/中医药大学1.50、音乐学院/美术学院1.60、农学院1.80。

② 折算系数为:哲学/文学/历史学1.0、经济学/法学/教育学/管理学1.02、理学1.15、工学1.45、农学1.30、医学1.60、艺术学1.50;博士生和硕士生分别按照同一门类本科生的2倍和1.5倍。

6 高等教育教学拨款与生均财政拨款标准研究

2014年4月1日,福建省财政厅和教育厅发布《关于进一步提高省属公办本科高校生均拨款水平的通知》。通知指出,2012年底,该省省属高校的生均拨款水平已经达到12000元,但仍需继续提高。从2014年起,省属高校本科生生均综合定额的标准从4900元提高到5500元。进一步细分生均综合定额拨款系数,体现差异化支持导向。根据专业学科的差异对部分学科系数进一步细分,以充分发挥财政拨款的导向作用,促进高校按照定位特色发展。就学生层次来说,博士生的定额是18000—20000元/年/生(工科、医学类每生每年20000元,其他类每生每年18000元,均不含原博士生普通奖学金);硕士生的定额是12000—13000元/年/生(工科、医学类每生每年13000元,其他类每生每年12000元,均不含原硕士生普通奖学金);本科生的定额是5500元/年/生(各学科折算系数:文科0.9,理科1,工科1.5,农林/海洋1.6,体育1.3,公安1.4,艺术1.5,一般医学1.6,临床医学2.0)。

2015年5月26日,河北省财政厅和教育厅印发《河北省高校生均经费管理办法》的通知,确定省属本科高校生均经费标准为年生均12000元,到2016年底与教育部共建院校达到年生均16000元,并根据学生层次、学生专业类别折算系数及资金绩效评价结果等因素进行本科高校生均经费的分配。设置普通本科生、专科生、硕士研究生、博士研究生四个层次。参照国家统计口径,将普通本科学生(含预科生)折算系数确定为1,硕士研究生为1.5,博士研究生为2,专科学生为0.7。参照财政部、教育部《关于完善中央高校预算拨款制度的通知》中生均公用经费定额的方法,结合省属高校学科结构的实际情况,按学科设置经费折算系数,即按照高等教育本科教学11大类学科设置设定不同档次的学科折算系数,体现不同学科办学成本差异,具体折算系数为:哲学1,经济学1.25,法学1.25,教育学1.25(其中:体育学1.5),文学1(其中:文艺类2,新闻传播类1.5),历史学1,理学1.25,工学1.5,农学1.5,医学2.0,管理学1.25。

由以上介绍可以发现,各省对于生均综合定额的标准设定尽管有所差异,但都达到了《关于进一步提高地方普通本科高校生均拨款水平的意见》

要求,即地方高校生均拨款水平不低于12000元。经济较发达省份的标准略高于经济中等欠发达的省份。而且,各省份高校类型或学科类型制定了不同的折算系数,以体现办学成本差异。如河南省是根据学校类型设定折算系数,而福建、河北省是依据学科大类设定折算系数,天津则是按照办学层次和学科门类设定不同的折算系数。此外,对于不同层次的学生(本科生、硕士生、博士生),也均给予了不同的生均定额的标准,硕士生、博士生的生均综合定额是本科生的1.5—1.6倍、1.8—2.0倍,以体现不同水平的人才培养成本的差异性。

6.3 发达国家公立高校的教学拨款模式

前一节对我国高等教育财政拨款模式的变迁以及现行地方政府对省属高校的生均财政拨款政策做了简要分析。本节将阐述发达国家对公立高校的教学拨款模式,以便为我国高等教育财政拨款的改革提供些许参考。所谓拨款模式,是指政府对教育拨款所采用的标准、方法和形式[125]。纵观世界发达国家,拨款模式主要可以分为直接拨款和间接拨款两大类。所谓直接拨款,是指政府或者第三方机构(如拨款委员会)将经费直接下拨到高校,由学校在相应的财务管理规定之下,自行决定经费的分配和使用。间接拨款则是以学生资助的形式将经费拨给学生,然后由学生支付给学校。发达国家在高等教育拨款上的做法大相径庭,尤其以美国和英国最具特色。美国公立高校由各州负责管理,因此呈现出多种模式并存的状态;英国则由高等教育拨款委员会统一管理,其拨款模式相对统一。

6.3.1 美国公立高校的拨款模式

美国有着世界上最为发达的高等教育体系,公立高校由各州负责举办和管理,州政府是公立高校的财政投入主体。美国的高等教育通过市场调节机制来运行,州政府要保证本州公立大学一半以上的运行经费。由高等教育管理委员会对州教育财政拨款进行管理,高等教育经费拨款包含教育经费拨款、资本性拨款、专项拨款。在拨款方式上,主要有增量拨款、合同拨款、公式拨款和绩效拨款4种[120]。

增量拨款是历史最悠久的拨款方式,与我国早期的"基数加增长"模式非常相似。它依据上年的基数,根据政府财政能力和学校发展需求来确定拨款的额度。这种拨款的透明度相对较差,一个高校获得拨款的多少不仅取决于办学水平,更取决于政府背景和讨价还价能力,容易造成强者恒强的马太效应[125]。

合同拨款是一种招投标的方式,与项目预算相联系,经常用于科研拨款。它通过签订合同来进行拨款,这样可以更有效的分配有限的科研经费。在20世纪70年代美国财政经费紧缩以后,合同拨款不仅适用于科研经费拨款,也适用于教学、基建、教学设备等高校专项经费的分配。合同拨款模式对于技术层面的要求较高,涉及招标、投标和评估等一系列工作,需要的协调成本较大。

公式拨款,即拨款是基于公式来精确地衡量各项拨款数额的方式。各州根据本州高校的具体情况及财政状况制定了不同的公式。拨款公式减少了人为因素对拨款的影响,增加了拨款透明度,为高等教育财政资源配置起到基础性作用。公式拨款最早由得克萨斯州率先使用,后逐渐被其他各州效仿。得克萨斯州在制定拨款公式时,根据高校职能将高校的运行成本划分为16个成本项目(参见表6-2),每一个成本项目都有一个拨款公式,其中以F1教职工薪酬和F2运行费的公式最为复杂。最后的拨款总额是这16个部分的经费相加[125]。

表6-2 美国得克萨斯州高等教育拨款的成本项目

F1—教职工薪酬	F2—运行费	F3—科研费	F4—图书馆费
F5—教学管理	F6—学生服务	F7—学校管理	F8—校务开支
F9—校园治安	F10—设施支持	F11—建筑维修	F12—清洁卫生
F13—地面维持	F14—封存设施	F15—职工福利	F16—教育机会服务

对于 F1 教职工薪酬,其拨款考虑学科(j)和专业层次(k)两方面的因素,以学分学时数(x_{1jk})为基准,再乘以不同学科和专业层次的调整系数(a_{1jk}),最后得到该成本项目的拨款总额,即 $F1 = a_{1jk} x_{1jk}$。一般而言,学科(j)有 17 个分类,分别为:文科(1)、理科(2)、艺术(3)、师范(4)、师范实习(5)、农业(6)、工程(7)、家庭经济学(8)、法律(9)、社会服务(10)、图书馆科学(11)、培训(12)、体育(13)、健康服务(14)、药学(15)、验光配镜(16)、技术(17)。对于专业层次来说,F1 拨款主要考虑 5 个层次:四年制本科(1)、高层次院校本科(2)、硕士(3)、特殊职业(4)、博士(5)。

对于 F2 运行费的拨款,与 F1 教职工薪酬类似,也要考虑学科(j)和专业层次(k)两方面的因素,以学分学时数(x_{2jk})为基准,再乘以不同学科和专业层次的调整系数(a_{2jk}),最后得到该成本项目的拨款总额,即 $F2 = a_{2jk} x_{2jk}$。与 F1 教职工薪酬略有不同,学科(j)的 17 个分类分别为:文科(1)、理科(2)、艺术(3)、师范(4)、军事科学(5)、农业(6)、工程(7)、家庭经济学(8)、法律(9)、社会服务(10)、图书馆科学(11)、培训(12)、体育(13)、健康服务(14)、药学(15)、验光配镜(16)、技术(17)。对于专业层次来说,F2 拨款主要考虑 4 个层次:本科(1)、硕士(2)、特殊职业(3)、博士(4)。

绩效拨款是通过衡量高校在教学、科研等方面的绩效,决定拨款的方向与数量的拨款方式。大学的拨款直接与绩效挂钩,评估得分越高,其获得的拨款经费就越多,反之则越少。绩效拨款的优势在于一切都取决于绩效,任何大学公平竞争,这样可以合理有效地分配和利用政府的教育资源,使得大学降低成本、提高教学质量、科研质量,促进大学的发展。但是绩效拨款的考核标准难以制订,需要确定科学的绩效指标体系。从 1979 年田纳西州开始试行绩效拨款之后,绩效拨款在美国各州不断推广的同时,也受到诸多批评[126]。但在美国财政日益严峻的情况下,绩效拨款仍然是美国各州政府分配高等教育财政经费的主要方式。

最后值得指出的是,美国 50 多个州的拨款方式都不同,各有各自的拨款模式。不仅如此,大多州都是采用混合拨款模式,并没有一个通用的主流模式,而是多种拨款模式并用。

6.3.2 英国公立高校的教学经费拨款及成本核算

(1)英国公立高校教学经费拨款方式

英国教学经费采用的是成本相关的公式拨款方法。教学拨款主要用于分担高校的教学成本,如支付教师薪酬等。值得注意的是,如今英国的高等教育不像其学前和基础教育那样,每一位就读于公立学校的学生都一定能获得政府的拨款资助(至少有"基本拨款"),而是只有当高校学生所读专业的教学成本完全超出学生及其家长经济承受能力时,才能获得政府拨款。当前英国高校的教学经费越来越依赖于学费收入,而高等教育基金委员会提供的教学拨款在很大程度上只是对学费收入的一种"补充"。

教学拨款分配的基本流程与方法是:第一,测算不同学科的全国平均教学成本,并根据成本高低将所有学科划分为不同的价格组(Price Group),每组设定一个生均拨款标准,以此确定高成本学科拨款的生均拨款标准;第二,测算特殊学生的生均拨款标准,即定向拨款的生均拨款标准;第三,测算各校各价格组的各类在校学生人数;第四,将各校各类学生的生均拨款标准乘以相应的学生人数,得到各校总的高成本学科拨款数额、总的定向拨款数额以及二者之和——总教学拨款;第五,根据中央政府提供的总预算,对各校各项拨款进行成比例调整,进而得到各校实际获得的教学拨款总额。

(2)成本透明核算法

1997年,英国三个高等教育基金委员会联合组建了"成本核算与定价联合指导小组(The Joint Costing and Pricing Steering Group,JCPSG)[①]",委托其敦促和协助英国高校进行成本核算。[127]经过近十年的研究与实践,研发了一套当前英国所有高校都在使用的全经济成本(Full Economic Cost,FEC)[②]核算技术——"成本透明核算法(Transparent Approach to Costing,

---

[①] 由三个高等教育委员会和高校代表组成。
[②] 包括所有直接的、间接的成本以及对学校基础设施和未来生产力的适当投入。

TRAC)",包括"年度成本透明核算法(Annual TRAC)""科研项目全经济成本核算法(TRAC FEC)""教学成本透明核算法(T TRAC)"三部分。英国各高等教育基金委员会便是以各校的教学成本透明核算法反馈结果为依据确定学科教学成本。另一方面,高等教育基金委员会通过各校反馈的"高校学生早期调查统计(The Higher Education Students Early Statistics Survey,HESESS)"结果获得各价格组在校学生人数,从而计算各校所能获得的高成本学科总拨款量。

成本透明核算法在本质上是一种基于高校活动复杂性及文化特殊性得到调整后的"以作业量为基础的成本计算方法(简称作业成本法:Activity Based Costing,ABC)。"[128]

英国高校成本透明核算法采用的是微观宏观作业成本法模型,它认为英国高校主要从事四项宏观作业,包括以下三项核心作业和一项辅助性作业。

教学(T)——分为得到公共资助的教学(Publicly Funded Teaching,PFT)和得不到公共资助的教学(Non-publicly Funded Teaching,NPFT)。

科研(R)——根据经费来源分为研究委员会资助的科研、政府部门资助的科研、慈善组织资助的科研以及欧洲委员会机构资助的科研等。

其他(O)①——除教学、科研以外其他能形成收入的活动,如商业性活动、住宿、会议等。

辅助性作业(S)——如筹备工作、撰写提案和行政管理,它们单独形成成本,但却可以恰当地归集到教学、科研和其他三项核心作业。[129]

成本透明核算法基于高校内部组织机构职能划分了三类成本中心,即校级部门、学术部门和其他部门。其中,校级部门属于支持部门,学术部门

---

① "其他"类宏观作业中还包括了一个子宏观作业——临床服务(Clinical Services,CS),包括临床医学和牙科学学术机构基于"免责原则"(Knock-for-Knock Arrangements)向英国国民医疗服务系统(National Health Service,NHS)提供的服务,在成本归集过程中它将被再次归集到教学、科研、其他和辅助性活动中去。

和其他部门属于生产部门。各成本中心分别从事大量微观作业,且这些微观作业最终均可直接或通过成本动因法间接归集到四类宏观作业中去。

从具体操作来看,年度成本透明核算首先需要采集数据,这些数据包括财政投入数据、员工和学生全时当量及人数、员工工作量分配数据、技术员工作量分配数据、空间数据、其他成本动因、加权因子。然后,对合并财务报表所记成本进行两项公式化的可持续性调整,即"基础设施调整(Infrastructure Adjustment)"和"融资与投资回报调整(Return for Financing and Investment,RFI)",以使最终核算出来的成本能够覆盖高校的全部经济成本。最后,分别归集到直接成本和间接成本。

(3)学科成本的核算及价格组的划分

经过2012年高等教育财政改革后,英格兰高等教育基金委员会对教学拨款的方式进行了调整(参见表6-3)。根据各学科的平均教学成本,由高到低将高校学科划分为A、B、C1、C2、D五个价格组,并假定高校向本科生收取的平均学费为7500英镑/学年,从而做出相应的成本补偿,对于教学成本透明核算结果在7500英镑/学年以下的C2和D类学科则不给予此类资助,对于能与本科生享受同等国家助学贷款的修课型研究生项目(如研究生教育证书)的资助亦如是。对于大多数修课型研究生而言,他们目前没有资格申请本科生所享受的国家助学贷款,因而高校向他们收取的学费一般会低于本科生。基于此,高等教育教育基金会对于价格组中A—C组的这类修课型研究生每人额外增加1100英镑的经常性教学拨款。[130]然而与支持研究生计划类似,当英国将国家助学贷款体系延伸至整个研究生教育阶段后,这一额外拨款便会随之终止。[131]

表 6-3 英国高校高成本学科的生均教学拨款标准①

单位：英镑

价格组		学科类型	能够申请国家助学贷款的项目	不能申请国家助学贷款的项目
A		临床医学、临床牙科学和临床兽医学	10000	11100
B		以实验室为基础的学科：科学、工程、技术、农林学及非临床医学、牙科学	1500	2600
C	C1	平均成本高于7500英镑的学科：考古学、设计与创新艺术、信息技术与系统科学、软件工程、媒体研究	250	1350
	C2	需要一定的实验和实地考察但平均成本不高于7500英镑的学科	0	1100
D		以教室上课为主的学科	0	0

与高成本学科拨款以学科成本为拨款依据不同，定向拨款是以学生自身特点为拨款依据的教学拨款。定向拨款基本分为两类，一类是用以促进处境不利学生（如残障学生）入学并顺利完成学业；另一类是用以补贴某些特殊专业的额外办学和学生的学习成本，如对地处伦敦的高校以及每学年课程量超过45周的本科生和修课型研究生项目给予一定的额外经费。高等教育基金委员会通过各校反馈的"高等教育统计署学生个人记录（The Higher Education Statistics Agency Individualized Student Record）"数据，计算各校有资格获得各类定向拨款的学生人数，从而计算各校所能获得的各项定向拨款总量。具体参见表6-4。

---

① 数据来源：Guide to funding 2015－16：How HEFCE allocates its funds［EB/OL］. http://www.hefce.ac.uk/media/HEFCE,2014/Content/Pubs/2015/201504/2015_04.pdf. 2015-4-13.

表 6-4 英格兰高等教育基金委员会定向拨款生均拨款标准①

单位:英镑

价格组	地处伦敦的高校		每学年课程量超过45周的本科生和修课型研究生项目
	内伦敦	外伦敦	
A	1105	691	0
B	470	294	1439
C	360	225	1100
D	277	173	0

6.4 生均培养成本的基本计量方法

6.4.1 会计核算法

会计核算法是各级各类教育核算成本的基本方法。在1988年以前,我国高校会计核算一直遵循事业单位会计制度,并无独立的制度法规。1988年12月,我国高校会计史上第一部独立的《高等学校会计制度》正式出台,这部会计制度未对"教育成本核算"进行考虑,因而存在明显局限。1998年,财政部与教育部联合颁布了《高等学校会计制度(试行)》(以下简称"试行制度"),一直沿用到2013年。这部试行制度在会计科目、报表等方面都反映了教育成本核算要求,会计核算科目包括功能性分类,如工资福利支出、商品和服务支出、对个人和家庭的补助支出和资本性支出,还将支出分为"拨出经费""事业支出""上缴上级支出""对附属单位补助支出""经营支出"和"结转自筹基建"一级科目,其中事业支出又分为教学支出、科研支出、业务辅助支出、行政管理支出、后勤支出、学生事务支出、离退休人员支出和其他支

---

① 此表主要针对地处伦敦的高校以及每学年课程量超过45周的本科生和修课型研究生项目提供的定向拨款。数据来源:Guide to funding 2015－16: How HEFCE allocates its funds [EB/OL]. http://www.hefce.ac.uk/media/HEFCE,2014/Content/Pubs/2015/201504/2015_04.pdf. 2015-4-13.

出。这部高校会计试行制度在成本核算和预算管理中发挥了重要作用。

随着高等教育体制改革的深化,高校环境及内部组织结构发生巨大变化,高校后勤化、独立学院创办与运行、多渠道筹措办学经费、超大规模新校区建设、教育成本补偿机制的建立等新生事物的层出不穷,试行制度显得无能为力。为了适应财政预算改革和高校经济业务发展需要,进一步规范高校的会计核算,经过多次征询意见和反复修改,财政部于2013年12月30日修订印发了《高等学校会计制度》(以下简称"新制度"),自2014年1月1日起施行。在核算基础方面,新制度适当引入权责发生制,新制度根据权责发生制原则,增设了"累计折旧"一级科目,用于核算高校固定资产计提的累计折旧。将"基建支出"纳入整体核算报表范围,支出类科目设置了"教育事业支出""科研事业支出""行政管理支出""后勤保障支出""离退休支出""上缴上级支出""对附属单位补助支出""经营支出"和"其他支出"9个一级科目,支出科目按支出类别进行划分,为教育成本的分摊、核算做好了数据准备。

我国有不少学者利用会计核算法对高等教育成本进行过深入研究[132-134],并指出会计核算法的关键在于,如何按照构成要素和支出用途对成本进行分类。高校教育培养成本由人员支出、公用支出、对个人和家庭的补助支出和固定资产折旧构成。其中人员支出包括教职工基本工资、津贴、奖金、社会保障缴费、其他人员支出;公用支出包括办公费、印刷费、水电费、取暖费、邮电费、交通费、差旅费、会议费、培训费、福利费、劳务费、招待费、租赁费、物业管理费、维修费、专用材料费、其他公用支出;对个人和家庭的补助支出包括离退休费、抚恤和生活补助、医疗费、助学金、住房补贴和其他支出;固定资产折旧包括房屋建筑物折旧、设备折旧。

学生总人数,指一个自然年度内的全校平均学生总数。包括博士生、硕士生、本科生、第二学士学位生、专科生、高等职业技术教育生、预科生、成人脱产班学生、在职人员攻读博士硕士学位学生、来华留学生、函授、网络教育生等各类学生。不包括学校举办的面向社会的各种形式短期培训班(时间为半年以下)学生。其中:在校本科生攻读第二学士学位的,不作为第二学士学位生,以免重复计算。未在本条类别中列明的学生,均计入"其他学生",包括中等专业教育生等。学生总人数按年初学生总数与年末学生总数平均计算。计算公式为:(年初学生数×8+年末学生数×4)/12。

标准学生数。各类学生折算为标准学生的权数为:本科、专科、第二学士学位、在职人员攻读博士和硕士学位、高等职业技术教育学生、成人脱产班学生、预科生、进修生等均为1,全日制博士生为2,全日制硕士生为1.5,来华留学生为3,函授、网络教育生为0.1,夜大等其他学生均为0.3。

福利费、工会经费分别按工资总额的3%、2%计提,不符合规定的工资和福利费支出要相应核减,未达到标准的要核增。

一般性修缮费用按实际发生的费用核算,大修缮费用(超过该固定资产原值的20%)计入固定资产,按照固定资产预计可使用年限分摊计提折旧。

招待费核算,地方管理高校为当年公用支出总额(扣除招待费和维修费)的2%,中央(部门)管理的高校为当年公用支出总额(扣除招待费和维修费)的1%。超出的要进行核减,未突破的不核增。

其他公用支出。其他公用支出总额不能超过当年公用支出总额(扣除招待费和维修费)的15%。未超过15%的,按实际发生额核填;超过15%的,应按实际情况将有关费用分别计入相应的成本项目,不能明确计入相应成本项目的,作为不合理费用予以剔除。

离退休人员费用,只计算由学校负担的部分,不包括财政补助收入中的离退休人员拨款和离退休人员公费医疗经费拨款,差额为负数的(拨款额大于支出额的),本项目计为0。

科研费用。按科研费用的30%计入成本。如能分别计入具体成本项目,则在该项目中直接核减;否则,按科研费用占学校教育总支出比例的70%相应核减教育培养成本各项目支出。

短期培训支出。能够单独计算的短期培训收入与支出,应从学校教育总收支中剔除;短期培训支出无法计算的,按短期培训收入占全部收入的比例扣减总支出及各项目支出。

6.4.2 作业成本法

作业成本法（Activity Based Costing，ABC）最早于1988年由美国会计学家库伯和卡普兰提出，是对传统会计方法的重要改进[135]。作业成本法是一种通过对成本对象所涉及的所有作业活动进行动态追踪和反映，以计量作业和成本对象的成本，评价作业业绩和资源利用效率的成本计算和管理方法[135]。

资源、作业、成本动因和作业中心是理解作业成本法的关键概念。所谓资源，是指在作业过程中所使用和消耗的各种要素，也即某一组织为了完成某项或多项作业投入的所有人力、财力、物力的总和。所谓作业，是指某一组织内所从事的主要工作或主营的业务范畴。在作业成本法下，作业主要是指具有一定目的、以人为主体消耗了一定资源的特定范围内的工作，是某一组织提供产品或劳务所进行的各项工序和工作环节的总称。每一项作业都需要耗费一定的资源，从而产生一定的成本。所谓成本动因，是指引起成本增加或减少变动的原因。在进行作业活动中会消耗资源，资源的消耗最终导致成本的变化。在确定成本动因时，可以直接查找出成本变化的原因，找出作业—资源—成本三者之间的联系，有助于合理地控制成本和进行有效且高效的成本管理。成本动因分析是作业成本法核算的核心和难点。所谓作业中心，是指将许许多多有相同的性质和相同的类别的作业集中在一起。因为多项作业的性质相同，同类作业消耗的成本及消耗的资源也会相同，其成本变化的原因也相同，因此其作业动因也因具有相同性质而相同。

在高等教育的情境下，上述关键概念又可以进行新的解读。比如资源，是指高校在人才培养过程中耗费的各种要素，典型的资源包括工资、福利费、办公费、固定资产等。作业，则是指各层次人才的培养工作，为培养出合格的学生，需要进行专业化和精细化的生产工序。在作业成本法下，高校的人才培养过程可以细分为许多项作业，如招生、教学、学籍与成绩管理、图书借阅管理、食堂管理、宿舍管理等。成本动因，则可以被细分为资源动因和作业动因。资源动因是用来计算引起某一项作业所消耗资源的数量变化的原因。例如,课堂教学是高校的一项常规"作业",需要耗用专门的教学人力资源,使用专用的设备资源,并耗用一定的电力资源等,则资源动因之一就是水电仪表数。作业动因则是计算某一个成本对象所耗费的作业量变化的原因。例如,高校教务处的作业动因可以是学生的专业层次种类、教师每学期的课时数等。

对于作业成本法在高等教育成本核算中的运用,国内已有不少学者开展过相关研究[136-137]。不同学者在具体的作业划分和资源划分上有所不同,但是整体思路较为一致。大多经过如下几个步骤[138]:

第一步,确认高等学校消耗的资源项目;

第二步,确认高等学校的作业项目;

第三步,分析高等学校的资源动因,归集其作业消耗的资源费用;

第四步,建立高等学校的作业中心;

第五步,分析高等学校的作业动因,最终计算高等学校教育成本。

6.4.3　计量模型法

无论是会计核算法还是作业成本法,其本质都是基于会计学原理对高等教育的实际成本进行核算。除此之外,计量模型法也是一类重要的方法。该方法是通过设定高等教育成本函数的方程,对高等教育经费统计数据或者调查数据进行拟合,估算得到高等教育成本函数的具体形式,据此进一步计算高校生均培养成本。

运用计量模型法的关键在于成本函数的设定。所谓成本函数,是指在技术水平和要素价格不变的条件下,成本与产出之间的相互关系[48]。对于成本函数的设定,一般有线性成本函数、二次成本函数、CES成本函数等三种形式。

所谓线性成本函数,是指总成本(或者生均成本)与其影响因素呈线性关系,如下面公式所示:

$$C(y) = a + \sum_{i=1}^{n} b_i y_i + \varepsilon \qquad (6.1)$$

上式中，$C(y)$表示成本函数；y_i表示第i种产品的产出（如本科生）；a和b_i分别表示截距项和回归系数，ε是随机误差项。一般而言，在高等教育成本函数研究中，有关人才培养所需资源价格的信息较难获得，所以该类变量通常被省略[50]。

二次成本函数也是一种常用的成本函数，主要在线性成本函数的基础上添加二次项和交互项，其完整形式如下：

$$C(y) = \sum_{i=1}^{n} b_i y_i y_j + \varepsilon \qquad (6.2)$$

CES成本函数也被称为不变替代弹性成本函数（Constant Elasticity of Substitution），其一般形式可以设定为如下：

$$C(y) = (\sum_{i=1}^{n} a_i y_i^{b_i})^p + \varepsilon \qquad (6.3)$$

该函数的最大优点是需要估计的参数较少，适用于样本量较小的计量模型，但由于其非线性的形式，无法采用传统的OLS方法进行估计，因此也限制了其可以容纳的变量的个数。

6.4.4 生均培养成本计量方法的比较

以上介绍了三种生均培养成本的计量方法，即会计核算法、作业成本法和计量模型法。前两种方法分别都属于会计学领域的方法，差别主要在于成本归集的方式有所不同。相比之下，计量模型法则是一种统计学方法，它试图通过揭示产出和成本之间的数量关系来对成本进行计量，需要依赖对于成本函数形式的假设。而且，成本函数是对成本行为的数学抽象，必然会丢失一些成本信息，因而与实际发生的成本之间可能存在较大误差。表6-5对上述三种方法的基本概念、主要特点、存在问题等方面进行了汇总，从中可以洞察三种方法的优势与缺陷。

表 6-5 生均培养成本计量方法概览

	会计核算法	作业成本法	计量模型法
基本概念	基于高校会计制度,按照成本会计的基本原理,对教育成本进行计量与核算	通过对成本对象所涉及的所有作业活动进行动态追踪和反映,以计量作业和成本对象的成本	基于成本函数对高等教育的生均培养成本进行拟合
主要特点	1.基于高校会计制度,具有较高的规范性;2.能够全面反映高校各项教育成本;3.与高校实际发生成本相匹配	1.基于现代会计理论,将成本核算、成本追踪、成本监控等融为一体;2.适用于多投入、多产出的模式,能够动态反映高校成本趋势	1.基于成本函数理论,对高校成本行为进行数理化抽象;2.所需要的数据相对简单,而且可以采用多种函数形式和多种方法进行估算
存在问题	1.高校并非企业,成本核算存在制度障碍;2.高校三大功能(教学、科研、服务)相互交织,难以单独就教学进行成本核算	1.作业成本动因的数据获得困难,对于高校财务制度造成挑战;2.高校三大功能(教学、科研、服务)相互交织,难以单独就教学进行成本核算	1.成本函数无法完全概括高校成本行为;2.成本函数高度抽象,存在成本信息遗漏造成的估计偏误

6.5 我国高校生均财政经费拨款标准制定的原则

自 2015 年发布《关于改革完善中央高校预算拨款制度的通知》,我国正在酝酿新一轮的高校生均财政拨款改革。根据本研究对国内相关政策的梳理,以及英美等国在生均拨款方面的经验,在未来高校生均综合定额的改革中,建议遵循以下几项原则:

第一,高校生均综合定额拨款机制应该与现行高校财务和会计制度相匹配。近年来我国财政制度和预算制度正在不断完善,高校的财务和会计制度也在不断改进。2012 年,财政部发布的财教〔2012〕488 号文件修订了《高等学校财务制度》,并于 2013 年底修订印发了新版的《高等学校会计制度》,对高校预算、决算和经费使用等一系列程序进行了标准化的规范。新会计制度必然会影响到高校办学经费的使用,也会影响到高校生均培养成本的核算。因此,未来高校生均综合定额的标准和拨款机制的设定,应当与现行的财务制度和新会计制度相匹配。

第二,高校生均综合定额拨款的基数确定应该综合采用多种方法。传统上,高校生均综合定额拨款的基数确定多采用会计核算法,即按照会计科目对培养成本进行分解和核算,并最终确定生均培养成本。正如前面指出,会计核算法是最能够直接体现培养成本的方法,但是该方法也面临着诸多限制,例如,面对高校教学、科研和社会服务三大功能的重叠,特别是教学和科研在研究型大学往往难以剥离,因此单纯依靠会计核算法可能难以科学地确定生均综合定额的基数。在未来,可以尝试采用通过多种方法进行核算,然后按照一定比例进行加权,以最终确定生均综合定额的基数。

第三,高校生均综合定额的调整系数不应局限于学科和培养层次,还应兼顾地区、院校类型等因素。经过几次改革之后,高校生均综合定额的调整系数已经获得较大改进,但仍然主要局限于学科,特别是中央高校。部分地方高校(如河南、天津等)则兼顾到院校类型和办学层次。从英美等发达国家的经验来看,高校拨款不仅要考虑到学科在人才培养成本上的差异,还要考虑到学生类型、学校地理位置等多种因素。比如美国对公立高校根据公式进行财政拨款,而拨款公式中要综合考虑十多种因素。而在英国,不仅按学科进行分类,而且针对学生是否获得国家助学贷款都会有相应的拨款额度调整。在未来,高校生均综合定额的调整系数设定应当兼顾地区经济因素、办学水平、院校类型、学科因素等对于人才培养成本的影响。因而,建议对调整系数进行分层设计:第一层是地区层(经济因素),按照各地区所属经济发达水平分为三类调整系数,经济发达地区、中等发达地区、欠发达地区的调整系数有所区别;第二层是院校层(办学水平和院校类型),按照院校所属层次("双一流"建设高校、非"双一流"建设教育部直属高校、非"双一流"建设省属重点高校、其他地方高校),以及院校所属的类型(综合、理工、师范、财经、体育、语言、民族、艺术),分别设置调整系数;第三层是学科层,按照现行本科专业的13大学科,分别设置调整系数。此外,对于硕士生、博士生生均拨款也需要按照学科调整系数区分,并按照所属学科本专科生均拨款的一定倍数拨款。

6.6 基于培养成本影响因素的拨款标准调整系数估计

本节从经济发展水平、学校层次、办学规模、学校类型等四个方面,对生均培养成本的影响因素进行建模分析,进而计算生均财政拨款的调整系数。具体地,本节构建2015—2018年76所教育部直属高校(以下简称"部属高校")生均培养成本的面板数据,利用混合OLS、固定效应、随机效应等面板数据方法分析经济发展水平、学校层次、办学规模、学校类型等四方面因素对部属高校生均培养成本的边际效应,基于此计算不同经济发展水平、不同层次、不同规模、不同类型高校的生均财政拨款调整系数。

6.6.1 生均培养成本的影响因素分析

高校的培养成本问题一直是教育财政相关研究的热点,但现有研究大多从会计学的角度出发,考察如何核定培养成本[139-141],对于培养成本影响因素的研究相对较少。比如,张海兰和王绍磊将高校教育成本分为宏观和微观两大方面,并利用德尔菲法进行验证[142],其中,宏观因素包括经济、通胀、教育体制、硬件设施、知识发展;微观因素包括学校定位、师资队伍、学生规模、管理水平、教育质量、教育结构。类似地,王绍磊和刘斐利用德尔菲法,将高校教育成本的影响因素分为硬件、教育质量、师资队伍、物价、学校定位、学生规模、管理水平、学生结构、管理体制、市场经济和知识发展等12个方面[143]。上述研究仅仅是考察了可能的影响因素,并没有基于数据进行实证研究。考虑到实证研究中数据的可得性,本研究主要将学校层次、学生规模、学校类型、经济发展这4个方面因素纳入考量,考察其对高校培养成本的影响效应。

(1)学校层次

不同层次高校在培养成本表现出较大差异。自教育部直属高校公布相关数据以来,每年部属高校的预算数据都会引起不小的社会反响。即便在部属高校内部,是否进入"双一流"也对高校成本造成很大影响。2019年共有8所教育部直属高校的预算超过百亿,其中清华大学更是以280亿遥遥领先[144],而排名最末的中央音乐学院仅有7.18亿。不同层次高校之间的支出和成本差异为研究者们所关注[61],如唐一鹏基于2006—2010年间部属高校的样本数据,利用成本函数进行定量研究,结果表明,"985"高校比其他高校成本更高[145]。由此可以推知,在现行政策环境下,"双一流"建设高校的培养成本要高于非"双一流"建设高校,而在"双一流"建设高校内部,世界一流大学建设高校的培养成本要高于世界一流学科建设高校。

(2)学生规模

学生规模对学校成本具有直接影响。在国内外有关高校成本的实证研究中,都会纳入各级各类学生规模作为影响因素[16,50,146—147]。在扩招的大背景下,各大高校的在校生规模都在逐年增加,在某种程度上推高了高校办学成本,即学生规模越大,学校支出越高,从而培养成本越高。不过,也有研究表明,这种影响并非单纯的线性影响,而是呈现出非线性的趋势,本专科生规模、研究生规模对部属高校办学成本有倒U型影响,即办学成本伴随学生规模扩张呈现出先减后增的趋势[145]。总体来看,学生规模超过一定数量之后,往往会带来培养成本的明显上升。

(3)学校类型

对于学校类型有着多种划分,一般包括综合类、理工类、师范类、语言类、艺术类、农林类、财经类等。但大部分院校并不会因为类型不同而在成本上有太大差异,因为经过几次改革和转型之后,大部分部属行业类高校(如理工大学、师范大学)都已经成为学科门类齐全的综合性大学。尽管如此,一些特殊类型的高校仍然在成本上会有所差异,特别是医学类和艺术类。有研究指出,具有医学院的部属高校的办学成本与其他高校并无显著差异[145]。这主要是由于医学院往往有附属医院,而医学生大部分培养成本(如实习)都被附属医院所涵盖。但也值得注意的是,艺术类院校由于教学模式等原因,往往具有小规模、高成本的特点。所以,其培养成本需要运用虚拟变量等方式加以考量。

6 高等教育教学拨款与生均财政拨款标准研究

(4) 地方经济发展水平

地方经济发展水平是高校所处环境的一个宏观变量。高校是一个小的社区,因此其各项成本与地方经济发展水平有着密切关联。发达地区的高校往往物价、地价昂贵,人员成本较高,不发达地区则相对较低。有研究指出,我国高等教育财政资源配置存在着明显的地区不均衡现象,东部发达地区的投入要明显高于中西部不发达地区[148-149]。因此,地方经济发展水平也是本研究中需要考察的重要因素。

6.6.2 数据、变量与模型设定

本小节以教育部直属高校为对象开展研究,一共包括76所独立办学的高校(异地办学视为不同学校),其中不包含国际关系学院。入样高校的名单如表6-6所示。

表6-6 教育部直属高校样本名单

北京大学	合肥工业大学	山东大学	中国地质大学(北京)
北京化工大学	河海大学	陕西师范大学	中国地质大学(武汉)
北京交通大学	湖南大学	上海财经大学	中国海洋大学
北京科技大学	华北电力大学	上海交通大学	中国矿业大学(北京)
北京林业大学	华北电力大学(保定)	上海外国语大学	中国矿业大学(徐州)
北京师范大学	华东理工大学	四川大学	中国农业大学
北京外国语大学	华东师范大学	天津大学	中国人民大学
北京邮电大学	华南理工大学	同济大学	中国石油大学(北京)
北京语言大学	华中科技大学	武汉大学	中国石油大学(华东)
北京中医药大学	华中农业大学	武汉理工大学	中国药科大学
大连理工大学	华中师范大学	西安电子科技大学	中国政法大学
电子科技大学	吉林大学	西安交通大学	中南财经政法大学
东北大学	江南大学	西北农林科技大学	中南大学
东北林业大学	兰州大学	西南财经大学	中山大学

(续表)

东北师范大学	南京大学	西南大学	中央财经大学
东华大学	南京农业大学	西南交通大学	中央美术学院
东南大学	南开大学	长安大学	中央戏剧学院
对外经济贸易大学	清华大学	浙江大学	中央音乐学院
复旦大学	厦门大学	中国传媒大学	重庆大学

本研究中所涉及的变量主要包括生均培养成本（Cost）、学校层次（Class）、学生规模（Size）、学校类型（Art）和高校所在省市经济发展水平（Econ），具体参见表6-7。其中，生均培养成本变量（Cost）等于高校教育支出除以当量学生数（本硕博），这两组数据都取自部属高校财务报表，具体计算公式为：

生均培养成本＝需分摊的成本总额/年平均折合学生数　　　　(6.4)

在上式中，需分摊的成本总额是计算的难点，在各部属高校明细数据不可得的情况下，采用简明成本计算法，计算公式如下：

需分摊的成本总额＝教育事业支出总额－其中的基建支出－其中的资本性支出＋（科研事业支出总额－其中的基建支出－其中的资本性支出）×30%＋固定资产折旧＋（行政管理支出＋后勤保障支出）×教育支出占教育和科研总支出的比重　　　　(6.5)

在上式中，对固定资产折旧年限采用直线折旧法，按照政府会计制度高校补充规定里有相关规定八，具体公式设定如下：

固定资产折旧＝房屋建筑物资产年末额/30＋通用设备资产年末额/6＋专用设备资产年末额/10＋家具、用具、装具等年末额/15　　　　(6.6)

学校层次变量指学校是否是一流大学。按照2017年9月21日，教育部、财政部、国家发展改革委联合发布《关于公布世界一流大学和一流学科建设高校及建设学科名单的通知》中列出的42所一流大学，学生规模变量以中等规模（3万—5万人）为参照，分为小规模（3万人以下）和大规模（5万人以上）两个虚拟变量，分别用Size1、Size2表示。经济发展水平（Econ）的虚拟

6 高等教育教学拨款与生均财政拨款标准研究

变量是利用国家统计局 2015—2018 年的分省人均 GDP 统计数据,通过 CPI 调整到 2015 年的基期,然后计算 31 个省份的均值并进行排序,排在前 10 位的定义为经济发达地区,包括北京、上海、天津、江苏、浙江、福建、广东、山东、内蒙古、重庆等 10 省份。

表 6-7 影响因素模型中的变量定义

变量名	变量说明	备注
Cost	生均培养成本,单位万元,按照 CPI 调整到 2015 年基期	2015—2018 年部属高校财务报表
Class	虚拟变量,1=一流大学,0=其他	教研函〔2017〕2 号
Size1	虚拟变量,1=3 万人以下,0=其他	2015—2018 年部属高校财务报表中的高等教育学生平均折合人数
Size2	虚拟变量,1=5 万人以上,0=其他	2015—2018 年部属高校财务报表中的高等教育学生平均折合人数
Art	虚拟变量,1=艺术类高校,0=其他	部属高校中,仅有中央音乐学院、中央美术学院、中央戏剧学院三所艺术类院校
Econ	虚拟变量,1=发达地区,0=其他	根据 2015—2018 年高校所在省市实际人均 GDP 的均值进行排序,前 10 名为发达地区

基于 2015—2018 年的面板数据,以及上述所介绍的变量,本小节采用面板数据模型方法,构建如下的面板数据模型:

$$\text{Cost}_{it} = a + b_1 \text{Class}_{it} + b_2 \text{Size1}_{it} + b_3 \text{Size2}_{it} + b_4 \text{Art}_{it} + b_5 \text{Econ}_{it} + e_{it} \quad (6.7)$$

上式中,所有变量名与表 6-7 中一致,a 表示截距项或常数项,e 表示随机误差项。下标 i 表示第 i 年,下标 t 则表示第 t 所高校。由于上式中的自变量在观察期内大多保持稳定,比如学校层次(Class)和学校类型(Art),因此,本文拟运用混合OLS模型、固定效应模型和随机效应模型进行估计。在面板数据方法的运用上,首先需要比较混合OLS和固定效应模型的拟合效果,若F检验的结果在0.05水平上显著,则表明适用固定效应模型,可以进一步运用Hausman检验来比较固定效应模型和随机效应模型的拟合效果,从而确定最适模型来作为最终解释模型。

6.6.3 描述统计分析

本文所使用的样本是2015—2018年76所教育部直属高校的数据,因此观测值一共有304个。表6-8中呈现了主要变量的描述统计。生均培养成本的均值是4.8万元,标准差是2.29万元。最低成本的高校2015年的生均培养成本为2.29万元,最高成本的高校2018年的生均培养成本高达18.45万元。

从学校层次上来看,入样高校有42%属于世界一流大学建设高校,共计32所,另43所属于世界一流学科建设高校,仅有北京语言大学一所属于双非高校。因此,在后续的分析中,本文将包含北京语言大学的全样本作为主结果,将剔除北京语言大学的高校样本作为稳健性检验使用的样本。从学生规模上来看,样本高校的折合学生规模在3万人以下(小规模)的占24%,在3万—5万人之间(中等规模)的占37%,在5万人以上(大规模)的占39%。在小规模高校中,尤其以中央美术学院、中央音乐学院和中央戏剧学院三所艺术类院校最为特殊,学生规模仅为3000—5000人。为避免此类特殊高校对整体估计造成偏误,本文设置了艺术类高校(Art)这一虚拟变量来进行控制。最后是地区经济发展水平这一虚拟变量,该变量取值为1,表示高校所在省市的实际人均GDP排名位列全国前10。从描述统计的结果来看,由于部属高校在地区间的分布差异,有68%的高校都处于经济发达地区。

表 6-8 描述性统计

变量	N	均值	标准差	最小值	最大值
Cost	304	4.80	2.29	2.09	18.45
Class	304	0.42	0.49	0	1
Size1	304	0.24	0.43	0	1
Size2	304	0.39	0.49	0	1
Art	304	0.04	0.20	0	1
Econ	304	0.68	0.47	0	1

6.6.4 模型结果及其分析

基于2015—2018年部属高校的面板数据,以及公式(6.7)所示的模型,本文运用混合OLS和固定效应模型进行回归分析,结果呈现在表6-9中。从模型的拟合结果来看,混合OLS模型和固定效应模型的方差解释率都比较高,R^2达到0.4以上,即40%以上的培养成本差异都可以被自变量解释。但是,F检验的p值为0.066,没有达到固定效应模型对于显著性水平的一般要求(0.05),所以固定效应模型不适用,应该选择混合OLS模型的结果作为最优结果[①]。

从混合OLS模型的结果来看,学校层次虚拟变量的回归系数为0.573,且在0.01水平上显著,表明世界一流大学建设高校的培养成本比非世界一流建设大学平均高出0.573万。从学生规模变量上来看,小规模高校的回归系数不显著,而大规模高校的回归系数显著,这表明以中等规模高校为参照类,小规模高校的培养成本与中规模高校无显著性差异,但是大规模高校的培养成本要比中等规模高校高出1.393万元。从学校类型变量上来看,艺术高校的回归系数为6.075,且在0.01水平上显著,表明艺术类高校的培养成本比其他类高校高出6.075万元。从经济发展水平上来看,发达地区的培养

---

① 由于混合OLS估计优于固定效应模型,所以本研究不再进一步比较固定效应和随机效应模型。

成本普遍较高,回归系数为1.685,且在0.01水平上显著。

表6-9 生均培养成本的影响因素模型估计结果

变量	Cost (混合OLS模型)	Cost (固定效应模型)
Class	0.573***	0.573***
(一流大学=1)	(0.220)	(0.054)
Size1	−0.237	−0.254*
(3万人以下=1)	(0.181)	(0.087)
Size2	1.393***	1.332***
(5万人以上=1)	(0.278)	(0.136)
Art	6.075***	6.069***
(艺术类=1)	(0.509)	(0.282)
Econ	1.685***	1.674***
(发达地区=1)	(0.226)	(0.102)
常数	2.682***	2.718***
	(0.238)	(0.171)
N	304	304
R^2	0.411	0.410
F检验	$F(3,295)=2.43, Prob>F=0.066$	

注:1. *、**、*** 分别表示在0.1、0.05、0.01水平上显著。

2.括号内数据为稳健标准误。

基于上述模型的结果不难发现,学校层次、学生规模、学校类型、地区经济发展水平等因素都会对部属高校的生均培养成本造成显著影响。总体来看,世界一流大学建设高校的培养成本高于非世界一流大学建设高校,5万人以上大学的培养成本高于5万人以下大学,艺术类高校的培养成本高于非艺术类高校,发达地区高校的培养成本高于其他地区。这些结果基本与既有文献中的研究结果一致。

根据以上对于生均培养成本影响因素的分析,可以进一步推算出不同层次、不同规模、不同类型、不同地区高校的生均培养拨款的调整系数。结果如下:

(1)对于不同层次的高校而言,非世界一流大学建设高校的生均培养成本为4.667万,而世界一流大学建设高校的边际效应为0.573万,因此,世界一流大学建设高校的生均拨款调整系数可以设定为$(0.573+4.667)/4.667=1.12$,即世界一流大学建设高校的生均拨款是非世界一流大学建设高校的1.12倍。

(2)对于不同规模的高校而言,中等规模高校的生均培养成本为4.126万,而大规模高校的边际效应为1.393万,因此,大规模高校的生均拨款调整系数可以设定为$(1.393+4.126)/4.126=1.34$,即大规模高校的生均拨款是中等规模高校的1.34倍。

(3)对于不同类型的高校而言,非艺术类高校的生均培养成本为4.576万,而艺术类高校的边际效应为6.075万元,因此,艺术类高校的生均拨款调整系数可以设定为$(6.075+4.576)/4.576=2.33$,即艺术类高校的生均拨款是非艺术类的2.33倍。

(4)对于不同经济发展水平的高校而言,其他地区高校的生均培养成本为3.703万,而发达地区高校的边际效应为1.685万。因此,发达地区高校的生均拨款调整系数为$(1.685+3.703)/3.703=1.45$,即发达地区高校的生均拨款是其他地区的1.45倍。

表6-10 教育部直属高校的生均培养成本及不同特征高校的生均拨款的调整系数

参照类高校的生均培养成本(万元)	非参照类高校生均拨款的调整系数
非世界一流大学建设高校4.667	世界一流大学建设高校1.12
中等规模高校4.126	大规模高校1.34
非艺术类高校4.576	艺术类高校2.33
非经济发达地区高校3.703	经济发达地区高校1.45

6.6.5 模型稳健性检验

在76所部属高校中,仅有北京语言大学未能进入"双一流"建设高校(既非世界一流大学建设高校,也非世界一流学科建设高校),因此其生均培养成本可能与其他部属高校会有所差别,为了进一步提高样本同质性,本小节剔除北京语言大学的样本,利用其他75所部属高校的样本进行稳健性检验,结果呈现在表6-11中。

表6-11 稳健性检验结果

变量	Cost (混合OLS模型)	Cost (固定效应模型)
Class	0.554**	0.555***
(一流大学=1)	(0.220)	(0.052)
Size1	−0.169	−0.187
(3万人以下=1)	(0.182)	(0.093)
Size2	1.394***	1.332***
(5万人以上=1)	(0.278)	(0.136)
Art	5.996***	5.989***
(艺术类=1)	(0.510)	(0.274)
Econ	1.694***	1.683***
(发达地区=1)	(0.226)	(0.103)
常数	2.685***	2.721***
	(0.238)	(0.173)
N	300	300
整体 R^2	0.409	0.409
F检验	F(3,291)=2.42,Prob>F=0.066	

注:1. *、**、***分别表示在0.1,0.05,0.01水平上显著。

2.括号内数据为稳健标准误。

稳健性检验的结果与表6-9中的结果非常一致。首先,从模型拟合效果来看,R^2的变化非常小,而F检验的结果也支持使用混合OLS模型。然后,从混合OLS模型中各回归系数的结果来看,基本与表6-9中的混合OLS模型结果保持一致。最后,为了便于比较,本文将根据主模型(表6-9)与稳健性检验(表6-11)回归系数所得到的生均拨款的调整系数呈现在表6-12中。

表6-12 调整系数比较

分类	主模型	稳健性检验
学校层次	1.12	1.12
学生规模	1.34	1.34
学校类型	2.33	2.31
经济发展水平	1.45	1.46

6.7 本章小结

本章从历史和比较的视角出发,探讨了高校教学拨款的模式以及生均经费的制定。首先,本章从历史的视角出发,以中央高校为对象,回顾了我国高等教育财政拨款模式演变的四个阶段,即"基数加增长"(1955－1985年)、"综合定额加专项补助"(1986－2002年)、"基本支出预算加项目支出预算"拨款模式(2002－2008年)、"生均综合定额"(2008年至今)阶段。其次,本章以2010年教育部颁布《关于进一步提高地方普通本科高校生均拨款水平的意见》为政策转折点,介绍了河南、天津、福建、河北四个省份地方高校的现行拨款政策以及生均经费的标准。在本章第三节,从国际比较的视角出发,介绍了美国和英国的高等教育财政拨款模式以及生均经费标准。本章第四节介绍了高等教育生均培养成本的三种计量方法,即会计成本法、作业成本法和计量模型法,并对三种方法进行了比较。本章第五节基于对国内外高等教育财政拨款政策和生均拨款方法的归纳分析,从理论上探讨了我国高等教育生均财政经费拨款的未来走向。第六节采用简明生均成本核算法,计算了 2015—2018 年 76 所我国教育部直属高校的生均成本,并建立计量模型估算了不同经济发展水平、不同层次、不同规模、不同类型高校的生均财政拨款调整系数,为今后教育部门和财政部门改进生均财政拨款标准和修订综合定额的调整系数提供了可靠的实证依据。

7 高校教师师均科研经费标准设定研究

高等院校不仅是开展教学、培养人才的场所,还是从事科学研究的重要阵地,而且高等院校是国家基础研究的主力军。本章基于对我国部分高校教师科研经费现状的调查和对非竞争性科研经费需求的调查分析,旨在建立面向教师个体的非竞争性科研经费拨款机制,即设立师均科研经费拨款标准,以改善目前高校科研经费配置分布不均的状况,从而保障高校教师从事科研活动的基本需求。

7.1 研究背景

科研生产对国家发展具有重要的战略意义。2016 年李克强总理在国务院常务会议上指出,对科研领域进行"放、管、服"改革,有助于充分调动科研人员的积极性和创造性,这对培育创新动能,增强发展内生动力,迈向创新型国家和世界科技强国具有重要意义[150]。高等院校不仅是开展教学培养人才的场所,也是从事科学研究的重要阵地。对高校科研经费进行改革是推进"放、管、服"改革的重要内容之一,因此如何优化经费结构、提高经费使用效率无疑对促进高校科研生产效率具有重要的意义。

近年来,我国高校科研经费投入总量一直增加。据张金贵等人的研究,2009 年,全国有 11 所高校科研经费超过 10 亿元,到 2013 年,全国有 27 所高校科研经费超过 10 亿元[151]。

在高校科研投入总量不断增加的同时,高校科研经费的结构备受社会关注。教育部综合改革司处长赵应生在全国首届大学发展与筹、投资学术研讨会上指出,"尽管科研经费大幅度增加,但是并不意味着经费结构达到优化"。[152]国内学者徐咏的研究表明,科研经费逐步向经济发达地区的高校聚集,从而使得东、中、西部高校科研水平以及质量之间存在巨大差异[153]。在科研经费配置存在不合理的情况下,持续增长的科研投入并没有对中国的科学和研究起到应有的促进作用[154]。

高校科研经费的拨款方式被认为是引起科研经费配置不合理的重要原因。长期以来我国主要通过竞争方式配置稀缺的科研经费[155]。竞争方式配置科研经费一方面充分调动高校教师进行科研生产活动的积极性,另一方面由于过度竞争导致科研领域出现马太效应(Matthew Effect),不利于青年教师发挥在高校科研创新活动中生力军的作用[156]。

为了改变这一状况,财政部、教育部于2008年共同出台《中央高校基本科研业务费专项资金管理暂行办法》[157],设立基本科研业务费专项资金作为教育部直属高校获得的非竞争性科研经费。在很大程度上,基本科研业务经费缓解了教育部直属高校科研经费激烈竞争的局面,为这类高校教师开展科研工作提供了一定的经费保障。尽管中央高校基本科研业务费在高校层面属于非竞争性的,但在高校内部分配上,高校往往依据年度计划、项目指南、专家遴选等方式进行择优资助,变相"竞争"。而且,在我国的大学科研拨款中,非竞争性经费还是远低于竞争性经费,结构仍存在一定的不合理。

伴随着国家推进一流大学和一流学科建设,地方普通高校和非"985工程"与非"211工程"高校也希望通过改善科研条件、吸引与培养高水平师资队伍,力争早日进入"双一流"行列。然而,许多普通高校教师难以获得竞争性的科研项目经费,在开展科研活动和参与国内外学术交流等方面踟蹰不前,科研压力日渐加大。因此,面向有科研能力的高校教师给予非竞争性科研经费拨款,对助力普通高校教师开展科研活动、提升高校教师队伍整体科研水平具有重要的现实意义,也能够为"双一流"建设科研经费投入的长效机制的形成提供决策参考。

本研究的目的旨在建立面向教师个体的非竞争性科研经费拨款机制,即设立师均科研经费拨款标准,以改善目前高校科研经费配置分布不均的状况,从而保障高校教师从事科研活动的基本需求。主要的研究内容包括以下两方面[①]:

第一,高校教师科研经费现状分析。主要包括对高校教师科研经费类型的结构与分布、科研经费总量分布与集中度,以及高校教师科研经费的缺乏程度进行调查分析。

第二,非竞争性科研经费标准设计。主要包括高校教师对设立非竞争性科研经费的态度分析、设立非竞争性科研经费的利弊分析、高校教师对非竞争性科研经费的需求分析,以及借鉴国外高校教师科研经费拨款方法设计我国高校师均科研经费的拨款标准。

7.2 文献综述

7.2.1 概念界定

(1)科研经费

科研经费,又称科研资金、科技财力资源,是科技资源的硬资源[②]。主要指用于开展科技活动的经费,即用于科学研究与试验发展、科研成果应用推广及科研服务活动等,它是进行科研活动的基础[158]。

---

① 本章部分内容摘编自梁安安:《面向高校教师个体的非竞争性科研经费需求调查分析》,硕士学位论文,北京师范大学,2017年6月。
② 硬资源是相对于软资源来说的,软资源包括知识、组织、制度、信息、创新政策、中介服务和创新文化等。

中国高校科研经费的来源主要有如下四个方面：

①政府财政科技拨款，包括中央政府和各级地方政府通过科学事业费、科技专项费、科研基金等形式拨付资金支持科技发展；

②企业的科技经费，即企业为提高研发水平、创新产品而投入的研发资金；

③金融机构向科研机构提供的科研贷款；

④企业以外的各类机构的自有资金。

科研经费的属性较为复杂，竞争性科研经费类似于经济学中的私人物品，具有高度的竞争性和排他性，但是非竞争性的科研经费则类似于准公共物品（比如机构层面统筹的科研经费），在一定范围内具有非竞争性和非排他性。科研经费的本质是资源，因而具有一切资源所具有的稀缺性、需求性和选择性等特征。

（2）非竞争性科研经费

国内外关于非竞争性科研经费的研究相对较少，例如美国的学术专项经费（Academic Earmarks），主要是指高校不需要通过同行评议，而是通过游说（Lobbying）议员的方式从国会获得的学术专项拨款（Figueiredo and Silverman）[159]。此经费在资助的过程中无须向他人申请（unrequested）、无须他人授权（Unauthorized）、无须经过讨论（Undiscussed），属于典型的非竞争性科研经费[160]。

国内有关非竞争性科研经费，说法不一。田华等归纳非竞争性科研经费的特征，认为非竞争性科研经费一是无须进行同行评议（peer review）；二是不以项目指南为依据[161]。康小明将我国政府对大学科研的资助体系进行如下归纳[162]，如表7-1。

表 7-1 中国政府对高校的科研资助体系

经费性质/主体	校级层面	科技平台层面	个人层面
竞争性资助经费	科研基础设施建设计划等	国家工程中心启动费;国家工程技术研究中心启动费;其他部委和省重点实验室等科技平台的项目经费	国家自然科学基金;国家社会科学基金;国家主体性科技计划(973计划、863计划和科技支撑计划等);教育部人文社会科学项目等
非竞争性资助经费	中央基本科研业务费	国家重点实验室;省市重点实验室基本运行费	几乎没有
准竞争性科研经费	"211工程""985工程"等专项中用于科研的部分;以项目形式拨付的科研事业费等	以项目形式拨付给各类科技平台的科研事业费等	地方政府和国家部委委托高校个人从事课题研究的资助经费

康小明认为,经过改革开放近三十年来的改革与发展,中国政府对大学的科研资助已经形成了以中央财政拨款为主、地方财政拨款为辅,国家主体性科技计划和科学基金为主、委托合同为辅的投入体系。而且,他指出,这种科技投入体系存在"竞争性经费配置不合理,非竞争性经费严重不足"等突出问题。从表 7-1 中可以清楚地看到,基于个人层面的非竞争性科研经费几乎没有。

本研究旨在探讨设立面向高校教师个体的非竞争性科研经费问题,因此,将面向教师个体的非竞争性科研经费界定为高校教师个体申报科研项目无须通过竞争(如同行评审遴选机制),直接立项所获得的科研经费。

7.2.2 国内外高校科研经费投入体制

(1) 美国高校科研经费投入体制

美国在科研经费配置方面长期以来坚持"市场调节"和"国家干预",倡导奉行"谁受益、谁出资"的价值观。因此,政府投入和非政府投入成为美国高校科研经费的主要渠道,其中政府对美国高校的经费投入大约占美国高等教育科研经费总数的60%[163]。美国高校科研项目获助方式几乎全部通过"同行评议"的方式。有研究表明,联邦政府90%的科研项目利用"同行评议"的方式择优资助[164]。

在联邦政府层面,美国没有科技主管部门,科技管理的统筹协调由白宫科技政策办公室(OSTP)、国家科技委员会(NSTC)和总统科技顾问委员会(PCAST)负责。联邦政府中负责科学研究与试验发展经费管理的部门近30个,其中国家科学基金会、商务部、能源部、卫生部、国防部、国家航空航天局和农业部所管理的研究开发经费的数量占当年联邦政府研究开发经费的约96%。上述部门和机构分工合作,体现出美国联邦政府科研经费配置主体多元化特征。

国家科学基金会是美国行政机构中唯一的专职科技管理部门,通过对基础研究等计划的资助,改进科学教育,发展和应用科学知识,增进国际科学合作以促进美国科学事业的发展。其计划分为基础研究计划、科学教育计划、应用研究计划、有关科学政策的计划和国际合作计划5类[165],是美国高校获得基础研究经费的主要渠道。

(2)英国高校科研经费投入体制

英国的科技管理体制主要由行政管理和业务管理两个层次构成。行政管理层主要由政府的商业创新技能部、国防部和能源部等部门组成,它们从所管理的部门预算中安排科技经费,只负责为研究理事会制定宏观开发战略。业务管理层由研究理事会和高教基金委员会组成。研究理事会拥有独立的政策制定权、经费使用和管理权。各研究理事会用于资助科技项目的经费主要来自政府"科学预算",分别在其所管理的研究领域内,确定有关研究开发方向、计划和项目[165]。

英国政府对高校科研资助采用"双重支持体系(Dual Funding)"[166],即高等教育拨款委员会(HEFCE)和英国研究理事会(Research Council)共同负责对高校科研的资助工作。高等教育拨款委员会为科研基础设施建设提供经费支持,这部分经费总量占政府的研发总经费的28%左右。在教育部和商业创新技能部的支持下,基金委员会根据大学科研质量评估(Research Assessment Exercise,RAE)信息,以学科规模、学科成本、学科水平为评审指标,确定科研拨款标准,因此被称为质量相关拨款(Quality-Related Funding)[167]。英国研究理事会对科研项目或者科研计划进行资助,又称项目相关拨款(Project-Related Funding),这部分经费总量占政府的研发总经费的32%左右。该资助方式主要是由研究理事会指导下的七大研究委员会提供经费资助。

(3)德国高校科研经费投入体制

德国主要实行"双轨制(Dual Funding System)"的科研经费投入体制,高等学校的科研经费一方面通过联邦政府向高校提供基本资助(Basic Funding)获得,比例大约在75%;另一方面通过第三方渠道的合同资助(Third Party Contract Funding)获得,比例大约在25%[168]。

在联邦政府层面,主管教育和科学研究的联邦教研部(Bundesminster für Bildung und Forschung,BMBF)总体负责全国的年度科研预算草案的编制、协调与汇总工作。科研经费预算经内阁讨论通过,提交议会,议会按照严格程序对科研经费财政预算和财务决算进行审议,审议通过后方可实施。联邦政府的其他部门也有一定的科研经费,如联邦经济与能源部负责创新政策和产业相关研究,管理能源和航空领域的科学研究以及面向中小企业的科技计划,约占总经费的20%;联邦农业部、交通部、环境部等管理本部门职能相关的科技计划,约占总经费的8%[169]。

(4)日本高校科研经费投入体制

日本的科研经费主要由各部委负责管理。文部科学省作为日本科技、教育、文化等工作的主要政府管理部门,管理着国家科技预算约64%的经费,负责制定统一的科技政策和研究开发计划,确保学术和科学技术研究的协调性和综合性。

日本实行非竞争性科研经费与竞争性科研经费并重的二元结构资助体系[170]。非竞争性科研经费主要指为保障科研人员基本经费需求的一般性经费和研究所的基本运行经费。日本国立大学改革后,政府拨付大额的基础性经费资助教育和科研活动,为科研人员创造相对自由的学术环境。竞争性科研经费有多种渠道,但主要由跨部门研发管理系统(The Cross-ministerial R&D Management System)来协调和沟通各部门的管理。跨部门研发管理系统由文部省牵头,文部省下属的科研经费管理办公室(Office of Research Funding Administration)开展具体工作。科学与技术政策委员会统筹各部门提交的发展重点,制定国家科研的重点方向和领域,并报送内阁政府审核。

(5)我国高校科研经费投入体制

目前我国科研经费拨款采用四级管理体制,如图 7-1 所示。各个高校的科研经费主要以竞争性或保障性的方式获得。

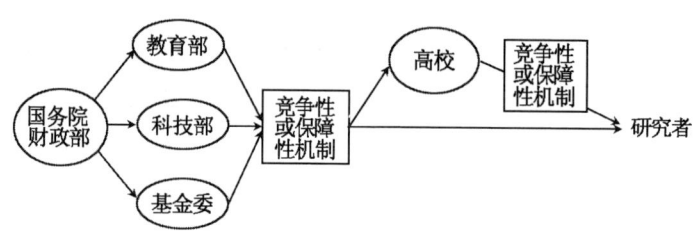

图 7-1　我国高校科研经费投入体制

财政部将科研经费划拨至教育部、科技部以及基金委(国家自然科学基金委、全国哲学社会科学规划办)后,各个单位分别以竞争性或者保障性方式将经费划拨给个人或者学校。例如,中央高校基本科研业务费就是教育部以保障性(非竞争)方式划拨给央属高校,而教育部软科学项目、科技创新工程重大项目等则是以竞争性方式划拨个人。科技部和基金委主要通过竞争性方式将科研经费划拨至个人或者高校。

我国高校科研经费以国家财政拨款为主,保障性科研经费总量占总经费的比例相对较低。据有关研究表明,2011 年全国高校非竞争性科研经费约占高校科研总经费的 20%[171],保障性经费和竞争性经费的比例失衡较为严重。

从高校科研工作的特点来看，基础研究特别是自由探索式的基础研究是大学最为重要的比较优势之一，然而作为高校科研人员从事基础研究活动所需的基本保障——非竞争性的科研事业费拨款却始终无法得到落实。在我国目前的部属高校中，能够获得经常性科研事业费拨款的仅有少数高校，而且相对于这些高校的科研编制总数而言，每人的年均科研事业费拨款尚不足1万元。[162] 由于缺乏稳定的科研经费投入，使得我国高校教师过于依赖竞争性的科研经费，这必将导致如下两方面问题：一方面，高校教师如要获得科研经费，就必须投入大量的时间和精力，参与各种项目和基金的竞争，科研工作本身时间和精力被迫压缩；另一方面导致恶性竞争和科研工作的趋同，难以形成自己的特色（比如需要按照基金项目指南选题），难以在自己的兴趣点和优势基础上开展自主研究。更值得关注的是，由于基金项目的高度竞争性，使得"打招呼"甚至贿赂评审人等不良风气开始盛行。2010年9月3日Science上发表了施一公和饶毅合作的文章，他们在文章中将中国科研经费分配中存在的弊端"曝光"给了国际学术界，抨击了科研经费分配体制中"自上而下"的方式，认为大型科研项目指南和专家评审程序没有发挥应有的作用，反而成为权势、关系和人情滋生的土壤。[172]

随着近年来我国科研投入的逐步加大，为进一步贯彻中央深化科技体制改革的精神，现在可能是考虑重新调整竞争性经费和保障性经费比例，建立保障性经费与竞争性经费并重机制的良机。[173]

7.2.3 国内外非竞争性经费拨款标准

（1）国外依据绩效的非竞争性科研经费拨款标准

纵观世界各国，依据绩效来确定非竞争性科研经费拨款的做法虽然成为一种趋势，但并不普遍。刘莉[174] 较早的一项研究对各国高等教育绩效与政府拨款之间的关系模式进行归纳，将其分为四种类型，即高度相关（英国）、较高相关（波兰）、较低相关（芬兰）、最小相关（法国）。下面逐一进行介绍。

高度相关国家——英国。英国对高校科研的评估主要依赖第三方评估机构,英格兰高等教育基金管理委员会(Higher Education Funding Council for England,HEFCE)在其中担任重要的角色。每 4—5 年进行一次科研评估,HEFCE 一直以来奉行较为成熟的科研评估框架(The Research Assessment Exercise,RAE),并不断改进。2014 年 HEFCE 提出新的科研拨款评估框架——科研卓越评估框架(The Research Excellence Framework,REF)。其主要亮点在于对高校科研拨款的评估分为三个方面,即科研成果(Outputs Sub-Profile)、科研影响(Impact Sub-Profile)以及科研环境(Environment Sub-Profile)评估,其中科研成果的比重占 65%、科研影响的比重占 20%、科研环境的比重占 15%。对每个方面进行评估的方式主要通过专家评审。这种以绩效评估为依据的科研经费公式化拨款模式具有三个重要特点,即兼顾学科差别、兼顾校际差别,以及注重绩效。通过 REF 评估框架,英国政府能够将科研经费逐步分配到每所高校每个学科,具有较高的透明性和公平性。

较高相关国家——波兰。波兰于 1991 年建立了科学研究委员会(Committee on Science Research,CSR),该委员会负责制定和实施包括通过几个竞争性的渠道分配经费的政策。委员会主席由议会任命,其 1/3 成员是部长,2/3 是科学团体选举的科研人员。科学研究委员会的科研经费是大学重要的经费来源。该委员会通过法定拨款为大学提供非竞争性科研经费。大学每年都会向委员会提交申请,内容包括上一年成绩的记录和来年的科研计划。由科学家组成的专家小组对所有申请进行评价,专家小组给每一所机构从 A(最好)到 C(最差)的评价。最后科学研究委员会中的基础和应用研究委员会决定经费分配。

低相关国家——芬兰。芬兰教育部为大学提供一般机构经费,其中包括科研经费,该经费由大学与教育部之间被称为绩效管理的合同所规定。大学科研运行经费包括基础经费(占 90%)、项目经费(占 7%)、与绩效有关的经费(占 3%)。以绩效为基础的经费分配强调科研与教学的质量和影响指标,这些指标包括研究和教育卓越中心、科学院经费、国际经费与合作、毕业生就业率、大学对是否达到既定目标以及大学战略规划的特定评价。所有这些资料包括在一个数据库中,这个数据库以每年大学提交的报告为基础。除此以外,不需要特定的评价体系来决定经费分配。

最小相关国家——法国。法国科学、文化和职业公共高等学校国家评价委员会（Comité national d'évaluation des établissements publiques àcaratère Scientifique, culturel et professionnel, CNE）专门对法国高等教育机构进行综合性评价。该委员会对大学的教学、科研、管理以及环境进行评价,还对大学与教育部间的合同执行情况进行检查。评价结果虽然与政策制定有密切的关系,但不直接决定经费分配,而是给大学管理者一份公开报告。

(2) 我国高校生均财政拨款标准

国内没有针对高校教师个体的非竞争性科研经费拨款标准的相关文献,但国内在高校教学拨款方面采取生均拨款的方式属于典型的政府以非竞争性方式配置经费的做法。

生均拨款的方式主要依据高校各类在校生数,现行教育部生均综合定额拨款的公式如下：

$$\text{Total Fund} = \text{People Fund} + b \times \text{Public Fund} \tag{7.1}$$

Total Fund 指的是拨款额度,People Fund 指的是人员经费（本科和专科 0.6 万/人/年；硕士研究生 2.2 万/人/年；博士生 2.8 万/人/年）,Public Fund 指的是公用经费（0.6 万/人/年）,b 为公用经费学科折算系数。

此种拨款方式作为一种制度设计,在学术界引起激烈的讨论。一方面,由政府保障提供基本公共产品,有力促进社会公平,体现公共财政的内涵价值[175]；另一方面,学者认为这种拨款的方式具有较大的不合理性,未能够充分考虑学校差异、学科差异[176]。

由此,国内学者做了不少关于生均培养成本的测定研究。但是已有的研究有一个共同的思路,即借助高校总培养成本以及高校学生数得到平均生均培养成本。

计算高校总培养成本一般借助成本分担原则和高校权责发生制度,明确与学生培养相关的高校各项经费支出,然后进行加总而得[177]。而对于学生数的计算,一种做法是按照硕士、博士、本科进行分别计算;另一种做法是赋予硕士、博士和本科人数不同的权重后进行加总处理[178]。

综上所述,英国、波兰等高校非竞争性科研经费拨款充分考虑学科差异、学校差异。而国内尚无单独的针对高校教师个体的非竞争性科研经费拨款标准和制度。现行的依据各类学生数的高等教育财政拨款属于典型的非竞争性拨款模式,却未能够充分考虑在人才培养方面的学科差异和学校提供的高等教育质量的差异,与实际培养成本存在较大的差距。

7.2.4 国内外竞争性和非竞争性科研经费配置现状

无论是国内还是国外,关于非竞争性科研经费研究并不多。非竞争是相对于竞争而言的,因此在探究国内外非竞争性科研经费研究进展的同时,也需要对国内外竞争性科研经费研究现状进行梳理。

(1) 美国竞争性和非竞争性科研经费配置现状

美国属于科技强国,一直以来美国的"创新体系(System of Innovation)"被认为是世界上最有生产力的科技体系。Mower认为联邦政府的财政支持是导致美国科研生产力持续不断提升的重要原因[179]。美国高校获得经费的主要方式有两种,一是通过竞争的方式获得政府资金的支持,二是通过政府分配的学术专项(Academic Earmarking)来开展研究。

竞争性科研经费占高校科研经费总量的90%,而竞争最为重要的环节就是通过"同行评议(Peer-Review)"来决定科研经费的分配。研究者依据政府设立的科研项目,递交申请,由相关领域的专家进行评估。这种通过"同行评议"的方式获得竞争性科研经费的方式被认为是科研机构配置稀缺科研资源最有效的方法(Nelson and Rosenberg)[180]。但是随着科研竞争强度的增大,"同行评议"的方式带来较大的弊端。Gary在其文章中指出,由于部分精英大学的教师充当评议组成员,"同行评议"沦为精英大学方便争夺竞争性科研经费的工具,使得项目竞争有失公正性。"同行评议"所通过的大部分项目往往是具备传统信仰的安全项目,大量挤占一些突破性研究(Breakthrough Research)的科研经费,科研经费存在结构性失衡。科研竞争也致使科研经费高度集中,少数精英学校集中大部分政府经费,产生科研经费"垄断"现象。据统计,2001年美国大学排名位于前20%的高校所拥有经费的总和占高校经费总量的33%,前50%的高校所拥有的经费总和占高校经费总量的六成①。

竞争导致的科研经费出现结构失衡、经费过度集中的现象,促使对非竞争性科研经费需求日益高涨,"学术专项(Academic Earmarking)"愈来愈受到政府和高校的重视。根据2003年美国年度财政报告,预算中包含1964个学术专项,资助总量达到20亿美元,占所有高校科研经费总量的10%[181]。国外学界关于学术专项的共同观点是,学术专项有效缓和了因竞争导致科研经费结构失衡的现象。Figueiredo在其文章中指出,"学术专项"的设立有助于政府对高校的科研经费分配进行重新"洗牌(Redistribution)",从而有效地保障了大学科研基础设施服务[159]。一些在竞争性项目中处于劣势的高校由此也得以改善科研活动的基本设施,一定程度上保障其开展正常科研的进程[182]。在美国财政对高校科研整体资助下滑的时候,"学术专项"较大程度上弥补了普通高校科研经费短缺的现象。

(2) 英国竞争性科研经费配置现状

英国的竞争性经费主要来自英国研究理事会(BRC)下设的七个研究委员会来进行资助,包括人文科学研究委员会(Arts and Humanities Research Council,AHRC)、英国生物技术和生物科学研究委员会(Biotechnology and Biological Sciences Research Council,BBSRC)、英国工程和自然科学研究委员会(Engineering and Physical Sciences Research Council,EPSRC)、英国经济和社会科学研究委员会(Economic and Social Research Council,ESRC)、英国医学科学研究委员会(Medical Research Council,MRC)、英国自然环境科学研究委员会(Natural Environment Research Council,NERC)、英国科学与技术设施委员会(Science and Technology Facilities Council,STFC)。七个研究委员会几乎所有的资金均来源于政府科技预算,资金的

---

① 转引自王筱蕾:《二战后美国联邦政府对大学科研资助研究》,硕士学位论文,吉林大学高等教育研究所,2007年。

大部分均分配至高校的科研项目,其余流向研究委员会的科研机构及大型的国际科研合作和独立的研究组织。

七大研究委员会对高校进行公平、严格的审核,以此来确定项目是否能够申报与实施。在对申请资助的研究者进行独立的、专家同行评审后,该支持系统将会选择研究潜力较大的科研项目进行资助。七大研究委员会根据各自学科领域的研究特点,各自设立不同的标准进行评审,这种方法更客观,更贴近实际,因此能够很好地评价科研项目。

(3)德国竞争性和非竞争性科研经费配置现状

联邦政府、州政府、经济界和欧盟是德国科研经费的四大主要来源。2015年的科研经费支出约为624亿欧元,其中大约65%来自企业,大约32%来自联邦政府和州政府。德国高校的科研经费大部分来自联邦和州政府,主要分为机构性经费和项目费两大类,前者主要是政府预算拨款,主要用于人员工资、大型仪器和公共服务设备的购置和运行、基础设施建设等机构少量的间接成本(主要为管理费),属于非竞争性经费;后者主要用于支付科研项目的直接成本(流动人员的工资和小型专用仪器设备购置等),属于竞争性经费。

联邦教育研究部是德国的政府科研主管部门,管理着70%左右的科研经费,向高校和其他国家公立科研机构提供事业费后,剩下的资金作为竞争性科研项目经费。德国科研项目主要分为三大类:直接项目资助、间接项目资助以及合作项目资助。直接项目资助是政府对一些重大研究领域的直接资助,目的在于跻身国际先进水准。间接资助项目一般针对设施和设备,目的在于保障科研平台条件。合作资助项目是政府为了解决某一个课题进行的联合攻关,可以使高校、研究机构、企业等组成科研团体进行研究[167]。

(4)日本竞争性科研经费配置现状

2017年,日本政府提供的竞争性科研经费预算达4279亿日元,支持从自然科学到人文社会科学的所有学科,对基础研究的资助力度较大。研究经费具体包括五大类:科学研究费辅助金(科研费)、战略研究项目、研究成果拓展项目、国际科技合作研究推广项目、国家课题对应型研究推进项目。

这其中,科学研究费辅助金(科研费)是日本政府拨款金额最大、涵盖范围最广的竞争性科研经费,占所有竞争性科研经费预算的50%以上,由文部科学省拨款、学术振兴会管理。科学研究辅助金主要由青年学者研究资助、基础研究和特别推进研究,以及新学术领域研究和挑战性研究三大类构成[183]。

(5)国内竞争性科研经费配置现状

我国科研经费的分配方式也分为竞争性和非竞争性两种。肖广岭认为以竞争手段配置科研经费的方式促使高校形成全方位多层次的竞争局面,这对提高科研生产效率起到关键作用。相对于科研机构,高校以不到科研机构经费一半的水平,产出高于科研机构几倍的成果[184]。但是这种高效率并没有带来科研产出的高质量。据统计,相对高效率的高校科研,科研机构的科研质量要整体高于高校科研的质量[185]。温珂等对公立科研机构的科研经费和科研产出之间的关系进行探究,发现竞争机制未能够对专利和论文产出起到显著正向影响[186]。竞争性的配置方式反而致使科研生产出现如下弊端。

第一,竞争性经费分配方式致使科研经费配置过度集中。依据学术贡献和业绩进行有限的竞争性科研资源的分配是一种自发性原则[187]。基于这种自发性原则下,经费无疑向科研能力强以及学术影响力强的个体倾斜。例如在一些学科交叉性较强的课题申报以及重大项目申报的时候,只有通过"名人效应"组建研究团队才能成功获批[156]。而这种"名人效应"使得高校青年教师在申请这类课题时处于劣势。有关研究表明,目前我国科研经费分配集中度较高,90%的科研经费集中在20%的科研人员手中[188]。依据边际效益递减的原则,过度集中将导致科研经费的低效率[189]。

第二,竞争性经费分配方式致使科研工作者急功近利。强调竞争能够充分地提高科研生产效率,但是过分强调竞争将导致高校教师"急功近利"的科研心态。国内学者周程认为,竞争机制使得科研人员难以集中注意力专心做科研,反而分散科研人员的精力,带有强烈的功利心去从事科研活动[69]。这种功利心、竞争心使得高校教师产生对"科研"的符号象征意义的过度追求,不利于产出高质量高水平的科研成果[190]。

(6)国内非竞争性科研经费配置现状

2008年教育部和财政部出台《中央高校基本科研业务费专项资金管理暂行办法》(以下简称"基本科研业务专项"),设立中央高校基本科研业务费专项资金作为中央高校间非竞争性的科研经费。并于2016年出台《中央高校基本科研业务费管理办法》,进一步加强对中央高校自主开展科学研究的稳定支持。"基本科研业务专项"作为非竞争性科研投入其本意是缓解由于过度竞争带来的诸多科研生产的问题。

从2008年试点14所高校,到2014年已经有将近92所中央高校享有该项资金,资金投入也从1亿元持续提高到2014年的30亿元[191]。大部分高校教师认为"基本科研业务专项"有利于高校科研生产。例如,张斌等对高校基本科研专项资金的管理模式与资助成效进行分析后认为,基本科研业务费专项资金有效结合本校特色,不仅为青年教师和科研人员提供良好的科研环境,而且有利于高校自主创新能力的提升[192]。崔卫芳等对西北农林科技大学基本科研业务费专项资金执行情况进行统计后发现,自主科研立项率高,收获成果巨大[193]。曹学对华东理工大学基本科研业务费专项资金实施情况进行统计后发现,无论在理工类还是文科类,资助效果显著,青年教师科研创新能力水平大幅度提高,基金所支持的科研成果在评估中成绩优异[194]。

通过对部分高校基本科研业务费管理办法进行梳理,获得下表7-2。各高校基本科研业务经费的管理方法参见附录7-2。

表7-2 部分高校基本科研业务费管理办法

学校名称	经费资助项目	经费管理机构/方式	经费获得方式
北京大学	用于北京大学自主选题科学研究,包括:机构自主科研经费、科研人员启动经费、学生科研创新能力提升经费、优秀科研团队建设经费、基础与前沿交叉研究培育经费等	学科建设办公室	—

(续表)

学校名称	经费资助项目	经费管理机构/方式	经费获得方式
浙江大学	项目类型包括青年科研创新专项(面向个人)、科研发展专项(支持团队中个人)、校长专项(各部门推荐个人);资助对象要求:理工科40岁及以下,人文社科领域放宽至45岁,归国青年教师45岁以下;项目实施1—3年	自主科研计划领导小组/青年科研创新专项由学部管理,其余由学校科研管理部门管理	依据年度计划组织申报遴选
南京大学	重点项目(面向团队,限15项,每项限额50万)、引进国外专家学者专项(面向引进专家,限20项,每项限额30万)、一般项目(面向个人,限80项,每项限额10万)、小额项目(面向合作,每项限额5万)、教育部重点实验室(面向在建实验室,依据评估,资助50万—100万)、重点科技专项建设、人文与社会科学专项建设;项目实施2—3年	"基本科研业务费"管理领导小组/科学技术处和社科处分别具体管理	年度评估、依据年度计划组织申报遴选
中国科技大学	青年创新基金(面向在职个人)、创新团队培育基金(面向团队)、重要方向项目培育基金(面向个人)、国际交流合作基金(面向个人);其中青年创新基金不能重复支持,国际交流合作基金一年一次,当年申请承担项目不能超过两项;青年创新基金2年,创新团队和重要方向一般3年	"基本科研业务费"管理领导小组/青年创新由学院安排,创新团队和重要方向由科技处安排	依据年度指南组织申报、评审遴选

(续表)

学校名称	经费资助项目	经费管理机构/方式	经费获得方式
西南大学	直通车项目(面向新进博士)、一般项目、学生项目、重点项目、重大项目、创新团队项目、培育项目;具备严格的验收制度	成立专项资金领导小组/科研管理部门审核安排	直通车项目直接立项;自由申报,学术委员会评审遴选
西北农林科技大学	青年科学基金项目、重大项目培育专项、农业科技创新专项重点项目;项目实施一般3年	科研处、计财处负责管理	依据年度指南组织申报、评审遴选
华南理工大学	自然科学类青年教师项目(前沿科技项目、交叉学科项目、自由探索项目和校市合作专项)、社科类青年教师项目、引进人才项目(面向国外本校教师)和学生科技创新项目;项目实施一般2年	"基本科研业务费"管理领导小组	专家评审遴选
暨南大学	青年基金、杰出人才培育项目、团队项目、前瞻性与技术创新项目、国家项目培育专项、软课题	成立专项资金领导小组/科研管理部门审核安排	国家项目培育专项项目属于非竞争项目,其余依据年度指南组织申报、评审遴选

对比不同高校使用基本科研业务费专项资金的管理办法可知,高校在实施基本科研业务费专项资金进行高校内部经费配置上还是以竞争方式为主,择优资助。

7　高校教师师均科研经费标准设定研究

(7) 小结

通过对国内外文献的梳理可知,整体上国内外非竞争性科研经费所占高校科研经费总量的份额较低。以竞争方式配置科研经费的做法最为普遍。从我国设立自然科学基金以来,科研人员通过立项计划自由选题,以同行评议的方式选择资助项目,从而获得较为自主使用的科研经费。这种做法在于引入竞争机制,择优资助,使得经费分配给最有能力的科研人员,从而提高经费使用效率。这种以效率优先的竞争分配方式一方面充分调动科研人员的积极性,但另一方面,竞争性经费过多,保障性经费过少使得科研人员陷入科研的窘境[195]。由于过度竞争导致科研领域的"马太效应"愈演愈烈,使得科研经费过度集中,造成科研资源严重浪费的现象。在职称评定、行政干预等内外部因素的驱动下,使得青年教师群体、部分有学术能力的教师不能够公平地参与科研项目的竞争,造成科研领域竞争不公平现象加剧[196]。

公平优先的原则意味着强调公平优先,设立非竞争性经费保障教师基本科研的需求,使每个教师都能够拥有从事科研活动正常的基本权利,一定程度上有利于实现科研公平。无论是美国的"学术专项"还是中国的"中央高校基本科研业务费",均对高校基本科研运行起到保障性作用,为高校教师提供良好的科研条件。

但是国外学术专项较大地依赖高校说客(Lobbyist)才能够获取,绕开同行评审,尽管躲避了残酷的科研经费之争,使得一些以往在竞争中拿不到资助的学校有了一定的科研保障,但是这种做法也促使更多的科研强校进入游说议员的行列,造成另一种"竞争"局面。国内中央高校基本科研业务费专项资金尽管面向高校层面是非竞争的经费配置,但是在各个高校内部进行经费分配时受制于传统的竞争思维,仍是依据评审遴选,这使得"基本科研业务专项"这一来自中央财政的非竞争性科研经费在高校内部具体分配过程中背离"原意"。

因此,设立非竞争性科研经费强调公平优先原则,一定程度上能够缓和因竞争带来的科研资源垄断局面,这对保障高校教师尤其是青年教师的基本科研需求具有重大意义。因而,本研究通过对国内部分高校教师的基本科研经费需求调查,以期为设立覆盖国内普通高校的教师基本科研业务经费投入政策提供决策参考。

7.3 高校教师非竞争性科研经费需求调查设计与实施

为了解当前高校教师科研经费现状,期待从高校教师的问卷回复中更加全面地了解高校教师对非竞争性科研经费设置的需求,本研究设计了《高校教师非竞争性科研经费需求调查问卷》,并在我国东部、中部、西部地区100多所高校开展了较大规模的问卷调查。

7.3.1 问卷设计与调查实施

通过文献整理和了解高校教师基本的科研需求,初步设计问卷框架和初稿,并与高等教育学者、高校科研管理负责人进行反复研讨,拟定预调查问卷。2016年9月,发放调查问卷60份进行预调查。根据高校教师的反馈意见,对问卷进行修正,形成正式版的《高校教师非竞争性科研经费需求调查问卷》(参见附录7-1)。

正式调查问卷共分为三个部分,包含19个题项:

第一部分,关于高校教师基本信息的调查。该部分共包含9个题项。其中前1—6个题项主要对高校教师的学校类型、自身年龄以及职称进行调查;第7—8个题项对高校教师的收入及满意度进行调查;第9个题项是对高校教师发表的国内外科研成果进行调查。

第二部分,关于高校教师科研经费的现状调查。该部分共包含5个题项。其中第10—11个题项主要对高校教师对科研经费的绩效分配是否合理以及是否得到合理回报进行调查;第12题、14题是对高校教师的科研经费以及缺乏情况进行调查;第13题是对高校是否建立相关非竞争性科研项目进行调查。

第三部分,关于非竞争科研经费设置需求的调查。该部分共有5个题项。其中第15—18个题项主要对高校教师科研经费的设置态度及需求进行调查。第15个题项与第16个题项成为逻辑判断,如果第15个题项回答为

"赞同",则要对第16个题项进行回答,第16个题项主要调查高校教师对非竞争经费各项支出额度的需求。第19个题目为开放型问题,主要调查高校教师对设置非竞争科研经费的具体建议。

2016年10月,通过在各大高校网站人工检索教师邮箱,进行了第一轮网络版问卷的发放。2016年底至2017年初,在东部、中部和西部地区各选择一个省进行实地调研。2016年10月,调研人员前往湖南大学、湖南师范大学进行调研,发放纸质问卷300余份,并对高校科研管理负责人和教师代表进行座谈。2016年12月,调研人员前往厦门大学进行调研,发放纸质问卷200余份,并与科研管理人员进行座谈。2017年初,调研人员前往新疆塔里木大学进行调研,发放纸质问卷200余份。最终,本研究通过实地调研和网络调查的形式,共计获得教师问卷847份。

7.3.2 样本分布及代表性

本研究获得的高校教师样本涉及154所高校,收集有效教师问卷共847份。考虑到本研究主要聚焦高校教师科研经费的相关调研,因此需要剔除高职高专样本(20份)和非专任教师样本(18份),最后进入分析的实际样本为809份。利用调查问卷数据对高校教师的年龄分布、研究领域分布、高校类型、职称分布等特征进行描述统计,参见表7-3。

表7-3 样本分布情况

学科分布	人文社科			理工农医	
比例(%)	50.9			49.1	
高校类型	"985工程"高校		"211工程"高校	非"211工程"本科院校	
比例(%)	37.9		17.2	44.9	
年龄结构	35岁及以下	36—40岁	41—45岁	46—50岁	51岁及以上
比例(%)	28.4	27.2	16.1	11.4	16.9
职称分布	正高级职称		副高级职称	中级职称	
比例(%)	35.0		36.1	28.9	

根据表 7-3,从学科分布上来看,样本中人文社科类占样本比例为50.9%,理工农医科类占样本比例49.1%,两者比例接近。由此可见,样本在学科大类上分布均匀。从高校类型上来看,非"211 工程"本科院校和"985 工程"高校占样本比例最高,分别为 44.9%和 37.9%,"211 工程"高校的比例为 17.4%。

从高校教师的年龄分布上来看,30—40 岁左右的青年教师居多,两者合计占样本总量的 55.6%。通过与教育部发展规划司 2016 年的教育统计结果[197]进行比较发现(见图 7-2),整体上,样本的年龄结构分布与来自教育部的统计数据较为一致,仅是在 35 岁及以下和 36—40 岁两个年龄段上两者比例有一定出入,教育部统计的高校教师 35 岁及以下比例(33.3%)比本研究调查的样本高校教师比例(28.4%)高出约 5 个百分点,而样本高校教师 36—40 岁年龄段的比例(27.2%)则比教育部统计的高校教师比例(21.6%)高出约 6 个百分点。因此,从年龄分布来看,本次调查的教师样本具有一定代表性。

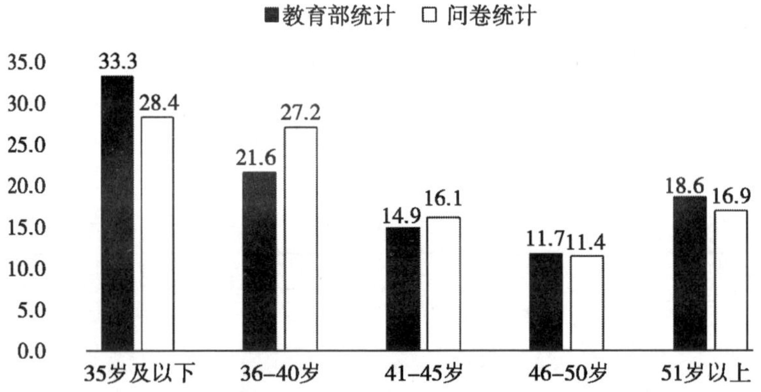

图 7-2 样本高校教师与教育部统计的高校教师的年龄结构对比

从教师职称的分布来看,具有正高级职称的比例为 35.0%,具有副高级职称的比例为 36.1%,具备中级职称的比例为 28.9%。通过与教育部发展规划司 2016 年的教育统计结果[197]进行比较发现(见图 7-3),整体上,样本教师的职称分布在中级职称和正高级职称上有一些差异,在副高级职称上基本一致。教育部统计的高校教师中级职称比例(48.6%)比本研究调查的样本高校教师比例(28.9%)高出19.7%,而样本高校教师高级职称比例(35.0%)则比教育部统计的高校教师比例(15.2%)高出19.8%。因此,从职称分布来看,本次调查的教师样本代表性较低。

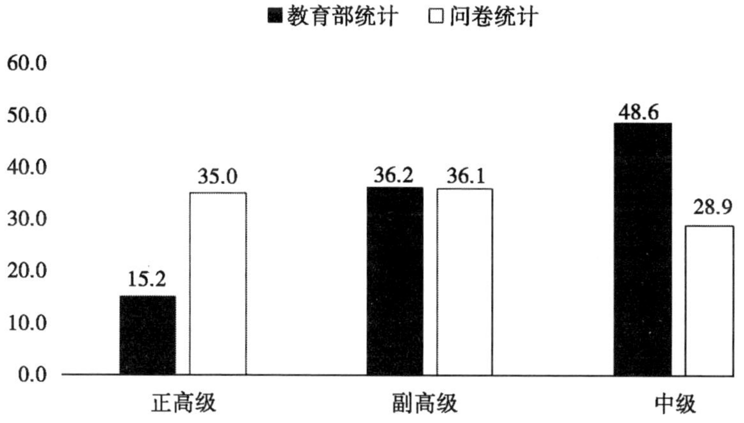

■教育部统计　□问卷统计

	正高级	副高级	中级
教育部统计	15.2	36.2	48.6
问卷统计	35.0	36.1	28.9

图 7-3　样本高校教师与教育部统计的高校教师的职称结构对比

通过进一步对职称和年龄进行交叉分析(表 7-4),中级职称教师以青年教师为主(62.0%)、副高级职称中 36—40 岁的教师比例最高(42.1%)、正高级职称中 51 岁以上教师的比例最高(41.3%)。

表 7-4　不同职称教师的年龄分布

职称	35 岁以下	36—40 岁	41—50 岁	51 岁以上	总计
正高级职称	6.4%	13.1%	39.2%	41.3%	100%
副高级职称	22.9%	42.1%	29.8%	5.2%	100%
中级职称	62.0%	25.6%	10.3%	2.1%	100%

在国内,也有学者通过调研和网络问卷的方式搜集高校教师数据开展实证研究,例如沈红团队有关大学教师发展状况调查的研究,就通过人工检索 88 所高校教师的邮件地址,借助问卷星的平台发放问卷,共计获得 5186

份有效样本。表7-5对比了本研究的数据与沈红团队的数据在样本分布上的基本特征。从表7-5可知,本研究的分析样本在高校类型、职称类型、年龄结构上的分布,基本与沈红团队的样本分布一致,尽管本研究调查样本在数量上不及前者,但本研究所使用的样本仍然具有一定的代表性。

表 7-5 两组样本的分布特征比较

		本调查样本中的教师比例	沈红团队的调查样本中的教师比例
总样本量		809	5186
高校类型	"985工程"高校	38%	38%
	"211工程"高校	17%	25%
	普通本科院校	45%	37%
职称类型	正高级	35%	38%
	副高级	36%	42%
	中级	29%	20%
年龄结构	≤35岁	28%	26%
	36—40岁	27%	25%
	41—50岁	28%	32%
	51—60岁	15%	15%
	≥60岁	2%	2%

7.4 高校教师科研项目分布现状

科研项目是高校教师开展科研活动的重要支撑和载体,本节主要分析高校教师获得科研项目的情况。由图7-4可知,在样本教师群体中,各类项目的分布情况有着较大差别。有46.9%的高校教师有国家级科研项目,44.4%的高校教师有省部级科研项目。由此,国家级和省部级项目是高校教师从事科研活动的主要项目支撑。此外,校级课题也是高校教师的重要项目来源,有 38.5% 的高校教师有校级科研项目。值得注意的是,地市级课题、区县级课题和其他课题(国际合作、NGO)所占比例并不高,但仍有不少高校教师有横向课题(19.6%)。因此,从全样本情况看,国家级课题、省部级课题、校级课题和横向课题是高校教师主要的科研项目类型,也是本节后续分析中重点关注的四种项目类型。

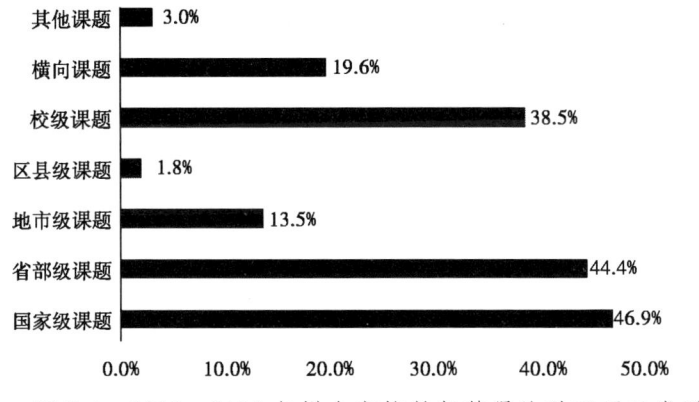

图 7-4 2013—2015 年样本高校教师获得的科研项目类型分布

7.4.1 不同学科高校教师的科研项目分布

将样本分为人文社科类和理工农医类,按照不同学科对高校教师科研项目类型分布进行统计,如图 7-5 所示。

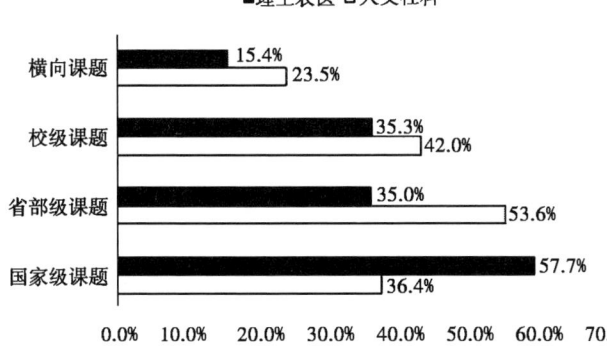

图 7-5 2013—2015 年不同学科样本高校教师获得的科研项目类型分布

由图 7-5 所示,对人文社科类教师来说,主持省部级课题的比例最高,为 53.6%,其次是校级课题,比例为 42.0%,再次是国家级课题,比例为 36.4%,横向课题的比例最低,仅为 23.5%。对理工农医类教师来说,57.7%的教师都有国家级课题,省部级课题和校级课题的比例大致相当,均在 35%左右,横向课题的比例最低,仅为 15.4%。

国家级课题作为纵向课题中最为重要的一类课题,对于高校教师的晋升和职业发展都有非常关键的作用。因此,本研究进一步对人文社科类和理工农医类教师在国家级课题上的比例进行分年龄段的统计分析,结果呈现在表 7-6 所示。

表 7-6 国家级课题在不同学科、不同年龄段高校教师中的分布

学科	35 岁以下	36—40 岁	41—50 岁	51 岁以上
人文社科	18.7%	30.0%	30.0%	21.3%
理工农医	27.1%	28.8%	27.1%	17.0%

通过表 7-6 可知,整体上,人文社科类教师且有国家级课题的教师相对理工农医类教师,整体年龄偏大。对人文社科类且拥有国家级课题的教师来说,教师年龄主要集中在 36—50 岁(占 60%)。对理工农医类教师来说,国家级课题在年龄上的分布更为均匀,在 35 岁以下、36—40 岁、41—50 岁这三个年龄段的教师中相差不大。但是对于 51 岁以上的教师,拥有国家级课题的比例明显偏少。

7.4.2 不同层次高校教师的科研项目分布

在我国,不同层次高校教师在科研项目的获得上有很大的差异。本研究将样本教师所在高校的层次划分为"985 工程"高校、"211 工程"高校和非"211 工程"本科院校,对三类高校教师在各类科研项目上的分布情况进行分析。从图 7-6 中可以看出,不同层次高校教师在科研项目的获得上存在较大差异。对"985 工程"高校的教师来说,有国家级课题的比例达到 65.3%;在

"211工程"高校教师中,有国家级课题的比例为53.2%;在非"211工程"本科院校的教师中,有国家级课题的比例仅为28.3%。相比之下,三类高校的教师有省部级课题的比例都非常接近,分别为45.2%("985工程"高校)、48.2%("211工程"高校)和42.3%(非"211工程"本科院校)。由此可以说明,高水平大学的教师在国家级课题的立项上具有较大优势,而普通院校的教师获得国家级课题的难度更大。不过,普通高校教师与高水平大学教师在省部级课题上的立项率相差不大。

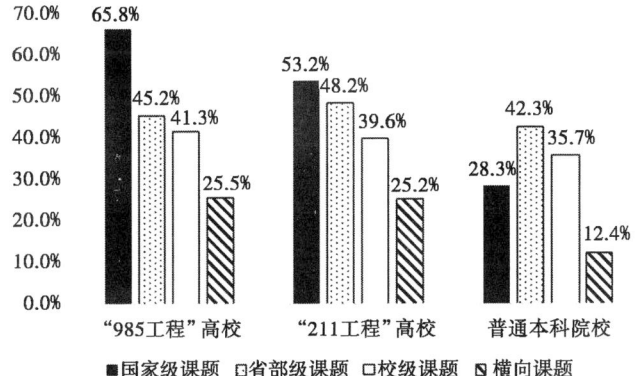

图7-6 2013—2015年不同层次高校教师获得的科研项目类型分布

三类高校的教师在校级课题的比例上并无明显差距,但仍显示出"985工程"高校大于"211工程"高校,而"211工程"高校大于非"211工程"高校的趋势。结合前文中有关我国高校科研资助体制的内容可知,"985工程"高校和大部分"211工程"高校都属于教育部直属高校,能够得到教育部下拨的"中央基本科研业务费"的支持,供本校教师开展自主科研项目。因此,这两类高校的教师在校级课题上的优势要略高于非"211工程"的普通本科院校。

由于理工农医学科和人文社会学科在科研类型上存在差异,可能对分析产生影响,为能够更好地展示不同层次高校不同学科类型教师的科研项目的类型分布,按照人文社科、理工农医来进行划分,对高校不同学科类型教师的科研项目分布进行对比分析,如表7-7所示。

表 7-7 不同层次高校、不同学科教师的科研项目类型分布

课题类型	"985 工程"高校		"211 工程"高校		普通本科院校	
	人文社科	理工农医	人文社科	理工农医	人文社科	理工农医
国家级课题	51.6%	80.3%	40.0%	68.8%	22.0%	34.8%
省部级课题	54.8%	35.5%	52.0%	43.8%	53.3%	31.5%
校级课题	46.5%	36.8%	46.7%	31.3%	36.3%	35.4%
横向课题	29.0%	21.7%	28.0%	21.9%	17.0%	7.7%

由表 7-7 可知,从同一层次高校内部不同学科教师获得的科研项目分布比较来看,无论是"985 工程"高校、"211 工程"高校,还是普通本科院校,理工农医学科的教师拥有国家级课题的比例普遍高于人文社科的教师,人文社科教师拥有省部级课题的比例最高。从不同层次高校的教师获得的科研项目分布比较来看,无论是人文社科还是理工农医学科,在国家级课题的比例上,"985 工程"高校要大于"211 工程"高校,而"211 工程"高校要大于非"211 工程"普通本科院校。在省部级课题的比例上,三个层级高校的人文社科教师获得的比例基本相同,而理工农医学科教师获得的比例相差较大,"211 工程"高校教师获得的比例明显高于"985 工程"高校和普通本科高校。

7.4.3 不同职称高校教师的科研项目分布

对于高校教师来说,职称是决定其科研项目获得的又一重要因素,所以本节按照职称作为划分维度,对不同职称教师获得的国家级课题、省部级课题、校级课题和横向课题的情况进行统计,结果呈现在图 7-7 中。

据图 7-7 可知,对正高级职称教师来说,拥有课题的人数比例呈现出依课题级别升高而递增的趋势,在国家级、省部级、校级课题和横向课题上的人数比例分别为 66.5%、54.6%、32.0%和 23.6%。对于具有副高级职称的教师来说,科研项目的分布在纵向课题上大致相当,分别为 45.5%(国家级)、45.5%(省部级)和 42.8%(校级),但是横向课题的比例明显偏低,仅为 21.6%。对于具有中级职称的教师来说,与正高级职称的教师刚好相反,拥

有课题的人数比例呈现出依课题级别升高而递减的趋势,在国家级、省部级和校级课题上的人数比例分别为24.9%、30.8%、40.9%,横向课题的比例约为12.2%,明显低于纵向课题比例。整体上看,职称越高的教师拥有高级别课题比例越高,职称越高的教师拥有横向课题的比例也越高。各个级别职称教师获得横向课题的比例相对较低,尤其是中级职称的教师获得横向课题的比例不到15%,很可能是由于中级职称教师的科研年限较短,社会影响力相对较低,因而在横向课题的竞争中处于劣势。

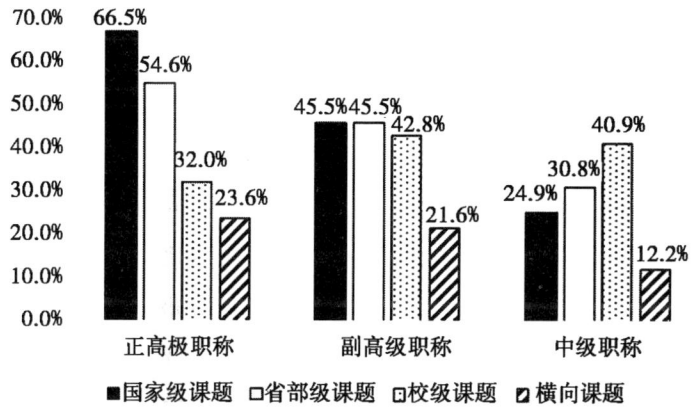

图7-7 2013—2015年不同职称的高校教师获得的科研项目类型分布

进一步对不同职称教师的科研项目分布按照人文社科和理工农医进行统计,如表7-8所示。在人文社科教师群体中,高级职称在获得国家级课题和省部级课题方面具有优势,正高级职称教师获得国家级和省部级课题的比例分别为55.7%和63.4%;副高级职称获得国家级和省部级课题的比例分别为33.1%和58.4%,高级职称教师获得国家级和省部级课题的比例远远高于中级职称教师。在校级课题上,则呈现相反的趋势。对于理工农医的教师来说,此种现象也十分明显。正高级职称教师获得国家级和省部级课题的比例分别为75.7%和47.4%;副高级职称教师获得国家级和省部级课题的比例分别为59.4%和31.2%,均明显高于中级职称教师获得国家级和省部级课题的比例。

表 7-8　不同学科、不同职称教师获得的科研项目类型分布

课题类型	人文社科			理工农医		
	正高级职称	副高级职称	中级职称	正高级职称	副高级职称	中级职称
国家级课题	55.7%	33.1%	20.5%	75.7%	59.4%	29.9%
省部级课题	63.4%	58.4%	37.8%	47.4%	31.2%	22.4%
校级课题	37.4%	42.9%	45.7%	27.6%	42.8%	36.4%
横向课题	29.0%	26.0%	15.0%	18.4%	16.7%	9.3%

由上可知,高级职称教师在国家级、省部级项目申请立项方面具有突出优势,这与高级职称教师通常科研年限相对较长,从事科研项目申请的经验更为丰富有关。不过,也有一些学者研究发现,这与竞争性科研项目分配中存在"马太效应"现象有关。所谓"马太效应"是指学者的成就与其在学术系统中所处的地位相关,处于优势地位的学者往往利用较高的平台获取更多的高竞争项目,而处于不利地位的学者则往往容易被埋没,在学术系统中处于底层位置。[196,198] 比如,高校的领军人才、"杰青"、"长江学者"等往往拥有多个竞争性项目经费,而且经费额度巨大,而没有学术头衔的普通教师获得的竞争性经费则很少。

7.5　高校教师科研经费分布现状

科研项目是高校教师开展科研活动的重要支撑和载体,科研经费是否充足则直接关系到项目的开展和顺利进行。本节主要考察样本高校教师科研经费的分布情况,通过加总 2013—2015 年间高校教师所获得的各级各类项目经费总数进行分析。表 7-9 中呈现了高校教师科研经费的整体情况。由该表可知,样本高校教师的平均科研经费为 59.8 万,其中理工农医学科均值为 91.1 万,是人文社科均值的 3 倍左右。从学校类型来看,不同层次高校

之间的差距非常明显。"985工程"高校教师的平均科研经费最高,达到111.4万,"211工程"高校次之,达到46.0万,而非"211工程"的本科院校最少,仅为21.4万。从教师职称来看,差距也非常明显。正高级职称教师的科研经费均值高达124.0万,副高级职称教师的科研经费均值为33.9万,仅是正高级职称教师平均科研经费的27%左右,而中级职称教师的科研经费只是副高级职称经费的一半左右(约为14.5万)。

表7-9 样本高校教师科研经费整体情况

单位:万元

学科	人文社科		理工农医
	29.6		91.1
高校类型	"985工程"高校	"211工程"高校	非"211工程"本科院校
	111.4	46.0	21.4
职称	正高级职称	副高级职称	中级职称
	124.0	33.9	14.5
整体	59.8		

考察图7-8可以发现,在样本教师群体中,科研经费的分布基本上呈现阶梯形,即占比越多的教师群体,拥有越少的研究经费,而大量的研究经费掌握在小部分教师手中。由图7-8可知,有29.6%的教师拥有的科研经费不足5万,成为样本中最大的一个群体。科研经费在5万—10万的教师比例略少,大约占总人数的10%。95%的高校教师的科研经费都在200万以下,科研经费超过200万的教师仅占不到5%,而科研经费超过500万的教师更是凤毛麟角。下面将从不同学科、不同类型高校等几个角度来考察高校教师的科研经费分布情况。

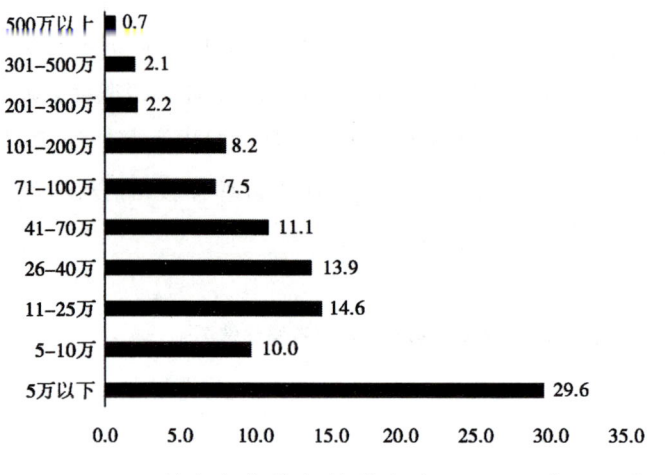

图 7-8 样本高校教师获得的科研项目经费的分布(%)

7.5.1 不同学科高校教师的科研经费分布

学科性质在很大程度上决定了科研经费数额的高低,比如工程、医学等学科,由于需要实验设备,往往科研经费资助的额度更高,相比之下,人文社科的科研成本较低,因此科研经费的资助额度也较低。本部分内容按照人文社科和理工农医两大类进行分类,对不同学科的高校教师科研经费分布情况进行分析,结果呈现在表 7-10 中。

表 7-10 不同学科教师的科研经费分布(%)

科研经费	人文社科	理工农医
5 万以下	31.3	27.7
5 万—10 万	13.3	6.5
11 万—25 万	20.9	8.1
26 万—40 万	14.6	13.4
41 万—70 万	9.5	12.8
71 万—100 万	4.4	10.8
101 万—200 万	4.6	12.1
201 万—300 万	1.0	3.3
301 万—500 万	0.5	3.8
500 万以上	0	1.5

从表 7-10 可知,对人文社科的教师来说,科研经费在 5 万元以下的教师占据最高比例(比例为 31.3%),经费在 11 万—20 万之间的占 20.9%,两类教师合计占总人数的 50% 以上。经费在 26 万—40 万之间的教师占 14.6%,其次是经费在 5 万—10 万之间的教师,占总体的 13.3%。由此可见,经费在 40 万以内的教师占到了人文社科教师样本的 80% 左右,成为绝对主体。相比之下,经费在 40 万以上的教师人数较少,更没有教师的科研经费能够达到 500 万以上的水平。

对理工农医学科的教师来说,科研经费在 5 万以下的教师比例也是最高,为 27.7%;其次是科研经费在 26 万—40 万之间的教师,占比为 13.4%;科研经费在 40 万—70 万和 101 万—200 万之间的教师比例大致相当,分别为 12.8% 和 12.1%;科研经费在 71 万—100 万以上的教师比例在超过了 10%。相比之下,科研经费在 5 万—10 万和 11 万—25 万的教师比例较低,分别为 6.5% 和 8.1%。总体来看,理工农医学科教师的经费额度普遍高于人文社科教师。不仅如此,还有部分理工农医学科教师的经费数高达 500 万以上,占总人数的 1.5%。

通过上述分析可以发现,无论是人文社科还是理工农医,科研经费在 5 万元以下的教师都占据很大比例,因此本研究进一步聚焦这部分教师,考察这些科研经费较为有限的教师的基本特征,统计结果呈现在表 7-11 中。

表 7-11 科研经费在 5 万元以下的教师在年龄结构、职称结构的分布(%)

	分类	人文社科	理工农医
年龄结构	35 岁及以下	38	39.1
	36—40 岁	21.7	29.1
	41—45 岁	14.0	17.3
	46—50 岁	10.1	7.3
	51 岁及以上	16.2	7.3
职称结构	正高级	14.7	14.5
	副高级	28.7	35.5
	中级	56.6	50.0

从表 7-11 可知,科研经费在 5 万元以下的教师具备一些共同特征:

第一,以青年教师为主。在经费在 5 万元以下的教师中,人文社科以 35 岁及以下、36—40 岁教师为主体,占比分别为 38%、21.7%;理工农医以 35 岁及以下、36—40 岁为主体,占比分别为 39.0%、29.1%。这一结果令人震惊,因为 40 岁以下正值教师年富力强、精力充沛期,理应在科研方面争取更多科研项目资源,开展高水平的科研工作。而这一年龄段的教师居然是经费在 5 万元及以下的档中占比最高的群体。这需要引起科研项目管理机构的重视,如何给予这一年龄段的教师科研经费保障,让他们可以持续开展高水平科研工作,是需要教育部、科技部、自然科学基金委、国家社会科学基金委等相关部门政策制定者思考的问题。

第二,以具有中级职称的教师为主。这跟职称具有一定的关系,科研经费在 5 万元以下的教师往往因为职称较低,在申请高额经费的课题上面临较大难度。例如,国家级课题的占比在中级职称教师群体中的比例为 20.5%(人文社科)和 29.9%(理工农医)。而对于科研经费在 5 万元以下的中级职称教师,其主持国家级课题的比例则更低(人文社科 1.4%,理工农医 1.8%)。

值得指出的是,科研经费在 5 万元以下的教师未必是因为科研能力不足而无法获得项目支持,而目前国内不断长高的"职称墙"使得青年教师从中级职称提升到副高级职称面临"僧多粥少"的竞争局面,不少有科研能力的青年教师也因为残酷的竞争现实未能够跻身高级职称行列。

科研经费作为稀缺资源,科研项目评审依据职称高低作为衡量"学术能力"的标准,进行择优资助,一方面保障科研经费的使用效率,但同时对部分有良好科研能力却因"职称墙"等因素未能成功晋级副高、正高级的教师而言是不利的。因此,设立非竞争性科研经费对保障这部分教师开展基本科研活动具有重要意义。

7.5.2 不同类型高校教师的科研经费分布

本部分内容将样本教师所在高校分为"985 工程"高校、"211 工程"高校、普通本科院校三类,对三类高校教师的科研经费分布情况进行分析。统计结果如表 7-12 所示。

表 7-12　不同高校类型教师的科研经费分布(％)

经费分类	人文社科			理工农医		
	"985 工程"高校	"211 工程"高校	普通本科院校	"985 工程"高校	"211 工程"高校	普通本科院校
5 万以下	13.5	29.3	47.3	6.6	12.5	50.8
5 万－10 万	10.3	6.7	18.7	4.6	7.8	7.7
11 万－25 万	22.6	21.3	19.2	6.6	9.4	8.8
26 万－40 万	21.9	24.0	4.4	9.2	23.4	13.3
41 万－70 万	13.5	12.0	4.9	15.8	17.2	8.8
71 万－100 万	7.7	4.0	1.6	19.7	10.9	3.3
101 万－200 万	7.1	2.7	3.3	19.7	10.9	6.1
201 万－300 万	1.9	0	0.5	5.9	3.1	1.1
301 万－500 万	1.3	0	0	7.9	4.7	0
500 万以上	0	0	0	3.9	0	0
总计	100	100	100	100	100	100

从表 7-12 可知,对人文社科类来说,"985 工程"高校教师的科研经费在 11 万－25 万和 26 万－40 万之间的居多,占比分别为 22.6％和 21.9％。也有部分"985 工程"高校教师的科研经费在 300 万－500 万之间,约占 1.3％,但是没有教师的科研经费超过 500 万。在"211 工程"高校中,科研经费则主要集中在 5 万以下,占比为 29.3％,而且没有教师的科研经费超过 200 万。在普通本科院校,科研经费在 5 万以下的教师比例更高,达到 47.3％,说明普通本科院校将近一半的教师科研经费不足 5 万。

对于理工农医来说,科研经费更上一个台阶,但是不同层次高校之间的差距更加明显。在"985 工程"高校,科研经费在 71 万－100 万和 101 万－200 万的教师居多,占比均为 19.7％,两者合计约占 40％。在"211 工程"高校,经费在 26 万—40 万和 41 万—70 万的教师居多,占比分别为 23.4% 和 17.2%,两者合计约占 40%。在普通本科院校,高达 50.8% 的教师科研经费在 5 万元以下。

总之,不同层次高校教师的科研经费存在巨大差距,人文社科类教师在 10 万以上的各个经费段分布上,明显存在随高校层级递增,占比越高的现象;理工农医类教师则在 70 万以上的各个经费段分布上,存在同样的趋势。这很可能与层次越高的人文社科类、理工农医类高校教师获得国家级项目、重大项目的机会更多有关。

7.5.3 高校教师科研经费集中度

通过前文中的分析已经发现,不同层级、不同职称高校教师之间的科研经费差异十分明显,为此,本小节着重考察高校教师科研经费的集中度问题。本研究按照个体教师的科研经费总量对样本教师进行从低到高的排序,计算处于不同分位点(5%、10%、20%、80%、90% 和 95%)上的教师群体的科研经费占总经费的份额,以此来衡量科研经费的集中程度。

通过计算可知,在人文社科教师样本中,科研经费在不同分位点上数值分别为 0 万(5%)、0 万(10%)、2 万(20%)、40.2 万(80%)、78.5 万(90%)和 120 万(95%);在理工农医教师样本中,科研经费在不同分位点上数值分别为 0 万(5%)、0 万(10%)、0.96 万(20%)、104.4 万(80%)、200 万(90%)和 337.2 万(95%)。据此,可以进一步计算人文社科和理工农医教师的科研经费集中度,参见表 7-13。

表 7-13 不同学科高校教师科研经费的集中度(%)

经费集中度	人文社科	理工农医
最高的 5%	48.27	59.52
最高的 10%	64.70	67.97
最高的 20%	83.29	84.13
最低的 20%	0.10	0.01
最低的 10%	0.00	0.00
最低的 5%	0.00	0.00
Gini 系数	0.65	0.72

7 高校教师师均科研经费标准设定研究

表 7-13 的结果显示,人文社科教师中,科研经费最低的 20% 的群体的科研经费之和只占科研经费总额的 0.1%;而科研经费最高的 20% 的群体,占据科研经费总额的 83.29%。在理工农医教师中,情况非常类似,科研经费最低的 20% 的群体的科研经费之和只占科研经费总额的 0.01%;而科研经费最高的 20% 的群体,占据科研经费总额的 84.13%。由此可知,无论是人文社科还是理工农医,20% 的教师掌握了 80% 多的经费,而顶尖学者(95%)则掌握了将近一半的科研经费。通过进一步计算可知,人文社科教师的科研经费基尼系数为 0.65,理工农医教师的科研经费基尼系数为 0.72,说明高校教师科研经费分布的不均衡程度很高,而且理工农医学科教师科研经费的不均衡程度要高于人文社科。

那么,这些科研经费较少的教师群体到底具有何种特征?表 7-14 中对相应教师群体的在年龄、职称、高校类型上的特征进行了统计。

表 7-14 经费处于最低 20% 的教师特征分布(%)

年龄段	35 岁以下	36—40 岁	41—50 岁	51 岁以上
人文社科	40.74	19.75	20.99	18.52
理工农医	43.00	22.78	27.85	6.30
职称类型	正高职称	副高职称	中级职称	
人文社科	12.35	27.16	60.49	
理工农医	16.46	31.65	51.90	
高校类型	"985 工程"高校	"211 工程"高校	普通本科院校	
人文社科	16.05	16.05	67.90	
理工农医	8.86	6.33	84.81	

通过对表 7-14 的分析可知,对于人文社科来说,科研经费较少的教师群体中,有 40.74% 属于 35 岁以下,有 60.49% 属于中级职称,有 67.90% 来自普通本科院校。对于理工农医来说,情况也非常类似,科研经费较少的教师群体中,有 43.00% 属于 35 岁以下,有 51.90% 属于中级职称,有 84.81% 来

自普通本科院校。由此可知,科研经费较少的群体主要集中在普通本科高校、年龄在35岁以下、中级职称教师群体中。

7.6 高校教师对非竞争性科研经费的态度分析

7.6.1 高校教师对非竞争性科研经费设立的态度分布

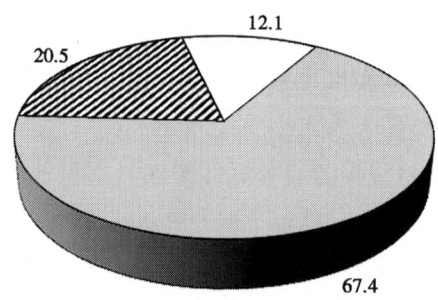

图7-9 高校教师对非竞争性科研经费设立的态度分布(%)

通过图7-9可知,从全样本情况看,高校教师超过六成(67.4%)表示赞同非竞争科研经费,20.5%的教师表示不赞同,而另有12.1%的教师持中立态度。那么,不同学科、不同类型高校、不同职称的教师对非竞争性科研经费设立的态度究竟如何?表7-15中呈现了具体的数据统计结果。

表7-15 不同特征教师对非竞争性科研经费设立持赞同态度的比例(%)

学科类型	人文社科		理工农医	
比例	69.17		65.57	
高校类型	"985工程"高校	"211工程"高校	普通高校	
比例	64.84	64.03	70.99	
职称类型	中级职称	副高级职称	正高级职称	
比例	69.20	72.51	60.78	
年龄分布	35岁以下	36—40岁	41—50岁	51岁以上
比例	66.80	66.97	72.85	60.60

通过表 7-15 可知,从学科差异上看,人文社科中,有 69.17% 的教师支持建立非竞争性科研经费拨款制度,略高于理工农医学科的 65.57%。从高校类型上看,"985 工程"高校和"211 工程"高校教师赞同设立非竞争性科研经费的比例大致相当,分别为 64.84% 和 64.03%,普通本科院校教师对非竞争性科研经费的态度更为积极,有 70.99% 的教师赞同。从职称上看,副高级职称教师对于设立非竞争性科研经费的态度最为积极,有 72.51% 的教师表示赞同;其次是中级职称的教师,有 69.20% 的赞同;在具有正高级职称的教师中,赞同设立非竞争性科研经费的比例相对较低(60.78%),但也在六成以上。最后,从年龄结构上看,41—50 岁教师对于设立非竞争性科研经费的态度最为积极,高达 72.85% 的教师表示赞同;35 岁以下和 36—40 岁的青年教师态度也较为积极,赞同的比例分别为 66.8% 和 66.97%;51 岁以上教师赞同的比例相对较低,为 60.60%。由此可见,无论是"985 工程"高校、"211 工程"高校还是普通高校教师,无论是高级职称还是中级职称教师,也无论是哪个年龄段教师,大多数教师(超过六成)都赞成设立非竞争性科研经费拨款制度。

7.6.2　非竞争性科研经费设立态度的影响因素

从上文可知,不同职称、学校层次、不同年龄段普遍赞同设立非竞争性科研经费,但是仍存在一定差异。为了进一步考察哪些因素影响高校教师赞同非竞争性科研经费拨款制度的设立,构建了如下的 Logistic 模型进行实证分析。

$$\ln \frac{p}{1-p} = b_0 + b_1 \text{age} + b_2 \text{ZG} + b_3 \text{FG} + b_4 \text{paper} + b_5 \text{grant} + b_6 \text{XK} + b_7 \text{U985} + b_8 \text{U211} + e \tag{7.2}$$

其中,p 代表赞同设立非竞争性科研经费拨款制度的高校教师比例;age 代表高校教师的年龄虚拟变量(50 岁以上为参照组);ZG 和 FG 分别代表是否高校正高职称和副高职称教师;paper 表示论文发表数;grant 表示科研经费数;XK 表示是否人文社科(人文社科=1);U985 表示是否为"985 工程"高校("985 工程"高校=1);U211 表示是否为"211 工程"高校("211 工程"高校＝1），e 为随机误差项。

考虑到模型建构的需要，本研究对样本进行了处理，删除在设立非竞争性科研经费中回答为"不清楚"的问卷，仅保留"赞同"和"不赞同"的教师问卷，共计713份。对于变量的说明和描述统计参见表7-16。

表7-16　主要变量说明及描述统计分析

变量名	变量释义	变量赋值	均值	标准差	最小值	最大值
age1	是否35岁及以下	0＝否；1＝是	0.28	0.45	0	1
age2	是否36—40岁	0＝否；1＝是	0.27	0.45	0	1
age3	是否41—45岁	0＝否；1＝是	0.16	0.37	0	1
age4	是否46—50岁	0＝否；1＝是	0.11	0.32	0	1
ZG	是否正高职称	0＝否；1＝是	0.35	0.48	0	1
FG	是否副高职称	0＝否；1＝是	0.36	0.48	0	1
paper	学术论文（篇数）	连续变量	3.55	2.09	0	12
grant	科研经费（万元）	连续变量	59.77	244.85	0	6500
XK	学科类型	0＝理工农医；1＝人文社科	0.51	0.50	0	1
U985	是否"985工程"高校	0＝否；1＝是	0.38	0.49	0	1
U211	是否"211工程"高校	0＝否；1＝是	0.17	0.38	0	1

由表7-16可知，解释变量主要分为三类，一类是教师个体特征，一类是教师科研特征，还有一类是学校特征。教师个体特征变量包括年龄和职称。年龄变量以51岁以上为参照类，设置了4个虚拟变量，分别为age1(35岁及以下)、age2(36—40岁)、age3(41—45岁)、age4(46—50岁)。具有正高职称的教师占总体的35%，具有副高职称的教师占总体的36%。教师人均发表的学术论文为3.55篇，最小值为0篇，最大值为12篇。教师科研经费的

均值为 59.77 万,最小值为 0 万,最大值为 6500 万。学科类型的均值为 0.51,表明 51% 的教师属于人文社科。此外,在分析样本中,有 38% 的教师来自"985 工程"高校,17% 的教师来自"211 工程"高校。

表 7-17 呈现了 Logistic 模型的基本结果,从 Logistic 模型的回归结果可以看出,在教师个体特征变量中,不同年龄段的教师在非竞争性科研经费设立的态度上出现分化。以 51 岁以上的教师为参照组,41—45 岁和 46—50 岁这两个年龄段的教师赞同设立非竞争性科研经费的概率高于参照组,而 35 岁以下、36—40 岁这两个年龄段赞同设立非竞争性科研经费的概率低于参照组。这可能是由于 41 岁以上的教师大多已经是成熟的研究者,有自己的研究方向和研究团队,更加需要稳定的经费支持;而青年教师由于职称晋升要求,更加需要获得省部级、国家级的竞争性科研项目,因此赞同设立非竞争经费的概率低于 50 岁以上参照组。正高职称的教师赞同设立非竞争性科研经费的概率显著低于参照组(中级职称教师)。

研究表明,不同年龄段教师的职业发展动力存在差异[199-200]。青年教师通常面临较大的职业晋升和考评压力,甚至部分高校出台了非升即走的政策,而这些政策中大多有关于获得国家级、省部级课题的要求,因此青年教师会更加倾向于关注竞争性科研经费。对于中年教师而言,虽然已经获得了职称,但也面临着一定的聘期考核压力,因此也会倾向于支持竞争性科研经费。但是对于老教师而言,已经在科研上获得一定成就,面临的考核压力也相对较小,因此更加倾向于通过非竞争性科研经费的方式来支持自己的科研工作。不同职称教师在非竞争性科研经费上的不同态度,则反映了不同职称教师在科研项目竞争力上的差别,因为教师职称越高,其科研生产力也越高[201]。具有高级职称的教师在竞争性科研项目上更加具有优势,在一些国家级课题(如国家社科基金)的申报条件中甚至规定,申报一般项目必须具有高级职称。因此,具有正高职称的教师更加倾向于支持竞争性科研经费,而非"撒芝麻粒"方式的非竞争性科研经费。

在教师科研特征变量中,人文社科类教师赞同设立非竞争性科研经费的概率高于理工农医类教师,而论文高产的教师赞同设立非竞争性科研经费的概率低于非高产教师,且此种影响在0.1水平上显著。在现有的国家科研资助体系中,相比于理工农医学科,人文社科类研究能够获得科研经费资助的渠道十分有限,这也使得人文社科类教师更倾向于设立非竞争性科研经费,为自身开展科研工作提供必要的经费支持。对于论文高产的教师而言,其科研生产力要明显高于其他教师,在各类竞争性项目评审中也具有相对优势,获得竞争性科研项目资助的概率要远高于其他教师,因而不会处于产生科研经费短缺的困境,自然也不倾向支持非竞争性科研经费的设立。

在学校特征变量中,"985工程"高校教师赞同设立非竞争性科研经费的概率低于普通高校教师,而且,"211工程"高校的教师赞同的概率相对更低,但两者在统计上均不显著。这一结果反映了不同层次的高校对于教师科研绩效考评标准的不同侧重[202]。对于"985工程"高校而言,教师科研能力较强、水平较高,对于教师科研绩效的考核侧重于对于解决国家重大需求、解决社会经济发展现实问题的贡献,而非单一的竞争性科研项目或者成果。而且"985工程"高校本身科研平台较高,教师获得竞争性经费的机会非常多,对于竞争性科研经费的重视程度相对较高,因而,对支持自由探索的非竞争性科研经费设立的意愿相对较低。对于"211工程"高校而言,科研考核更加注重在竞争性项目、高水平文章上的绩效,非竞争性科研经费在考核中所占的比重较低,因此,此类高校的教师往往不倾向于支持设立非竞争性科研经费。

表 7-17 Logistic 模型结果

变量	机会比	标准误	z	P>z	95%置信区间	
age1	0.773	0.281	−0.710	0.478	0.379	1.575
age2	0.758	0.248	−0.850	0.396	0.399	1.438
age3	1.292	0.446	0.740	0.459	0.656	2.542
age4	1.418	0.504	0.980	0.325	0.707	2.844
ZG	0.491**	0.163	−2.140	0.032	0.256	0.941

(续表)

变量	机会比	标准误	z	P>z	95%置信区间	
FG	0.954	0.262	−0.170	0.863	0.557	1.632
paper	0.912*	0.046	−1.850	0.064	0.827	1.006
grant	1.001	0.001	0.740	0.462	0.999	1.002
XK	1.211	0.243	0.950	0.340	0.817	1.796
U985	0.997	0.225	−0.010	0.989	0.640	1.552
U211	0.785	0.205	−0.930	0.353	0.471	1.309
常数	6.011	2.590	4.160	0.000	2.584	13.985

7.7 师均科研经费拨款标准

通过前文中的分析可以看出,高校教师对于非竞争性科研经费的需求是十分普遍的。在竞争性科研经费资助方面,我国已经形成了完整的资助体系,但是尚无有关非竞争性科研经费的拨款机制和标准。为此,本节首先以英国为案例,介绍其非竞争性科研拨款方法,然后基于问卷调查的数据,以及我国高等教育发展的实际情况,合理设计不同学科的师均科研经费拨款标准。

7.7.1 基于科研卓越评估框架的英国高校科研经费拨款方法

英格兰高等教育基金管理委员会(Higher Education Funding Council England,HEFCE)是英国提供高等教育资助的主要职能机构。总体来看,英国高校的经费支出主要包括四方面,人员支出、其他运营支出、折旧、利息及其他金融支出。其中,人员支出所占比重最大,约占到高校总支出的55%;其次是其他运营支出,约占到高校总支出的37%;资产折旧大致占到高校总支出的6%。从支出部门来看,学术部门(院、系、所)支出所占比重最大,如2013—2014年度英国高校用于学术部门支出的经费达到114亿英镑,约占当年总支出的39%。

在英国,政府对高等教育的所有拨款都必须基于第三方评估的结果,

"科研卓越评估框架(Research Excellence Framework,REF)"①正是确定高校获科研资助资格以及资助额度的重要评估项目。HEFCE提供的科研拨款并非百分之百覆盖所有高校,而是只面向高校中科研质量突出的研究机构,因而称为质量相关基金(Quality Related funding,QR funding)。质量相关基金除了用以分担高校科研机构经常性科研支出的主流质量相关基金以外,还包括质量相关研究型学位项目指导基金、质量相关慈善支持基金、质量相关商业研究基金、质量相关全国研究型图书馆基金等其他款项。上述各项科研拨款的资助说明详见表7-18。

表7-18 HEFCE科研拨款的项目类型与资助说明②

拨款项目	资助说明
主流质量相关基金	主要依据是科研评估结果,并且根据评估的等级结果按照特定的公式化方法进行分配
质量相关研究型学位项目指导基金	这部分基金是分配给获得主流质量相关基金的所有院系,计算基础是各院系的研究生全时当量人数
质量相关慈善支持基金	许多慈善团体支持高校研究,特别是医学学科,但是他们并不能完全满足研究的经济成本。因此,HEFCE提供配套基金,这部分资金的配置按照高校获得慈善资助的比例确定,而且这部分资金的分配没有最低质量门槛要求

---

① 自1986年起,"科研评估(Research Assessment Exercise,RAE)"定期通过同行评议的方式对各高校的科研质量进行评级,只有达到一定级别以上的机构才有资格获取质量相关拨款。2015年起,"科研卓越评估框架"取而代之。
② 表格转引自刘兴凯、左小娟:《基于卓越框架(REF)的英国大学科研质量拨款模式及其启示》,《大连理工大学学报(社会科学版)》2016年第3期。

(续表)

拨款项目	资助说明
质量相关商业研究基金	这部分资金支持高等教育机构承担商业或工业研究,按照机构从商业、工业或公共部门获得的收入按比例分配,这部资金的分配没有最低质量门槛要求
质量相关全国研究型图书馆基金	这部分资金专门用于扶持英国的5个研究型图书馆

在高等教育基金委员会提供的各项科研拨款中,无论是主流质量相关基金,还是其他几项质量相关基金,其获得科研拨款的多寡均取决于其科研绩效。在实际操作过程中,高等教育教育基金委员会根据每所研究机构各项REF级别百分比及相应的权重计算出质量得分,并以此衡量该研究机构的科研绩效,进而进行经费分配。在各项拨款中,主流质量相关基金是份额最大的拨款,以2015—2016学年度为例,在HEFCE负责分配的15亿多英镑的科研资金中,主流质量相关基金有10亿多英镑,占全部科研质量拨款的60%以上。下面,本研究以主流质量相关基金为例,来介绍英国非竞争性科研拨款的具体实施过程。

(1)REF评估与主流质量相关基金

科研卓越框架(REF)是HEFCE对英国高校开展的第七次大规模科研评估,REF评估体系共有三大要素:科研成果(65%)、科研影响(20%)和科研环境(15%)。整个评估由A、B、C、D共计4个专家小组和36个评估单元构成。A组是医学和生命学科类,包括临床医学、公共健康和卫生服务、生命科学等6个学科;B组是物理科学类,包括地球系统与环境、物理、化学、计算机工程等9个学科;C组是社科类,包括建筑学、地理和环境考古学、经济学、法学、社会学等11个学科;D组是人文科学类,包括区域研究、现代语言和语言学、英语语言和文学、历史、古典文学等10个学科。REF将科研质量分为五个等级:4*为世界领先水平、3*为国际卓越水平、2*为国际认可水平、1*为国家认可水平、0是低于国家水平。主流质量相关基金的拨款正是在REF评估结果的基础上,根据高校在各学科的研究规模和成本权重确定36个评估单元各自所占拨款份额,然后把每个评估单元获得的拨款额度根据研究规模和质量权重在各高校之间分配。

(2)主流质量相关基金分配方法[130]

第一步:三大评估指标之间的分配。主流质量相关基金的总额首先按照科研成果(65%)、科研影响(20%)和科研环境(15%)三个指标的比例权重分成三部分,然后对每一部分按照权重进行分配。

第二步:四类主评估单元之间的分配。这个比例是评估结果中每类评估单元获得3*及4*等级的研究量在所有研究量中的比重。其中,研究量按以下方式确定:参评的全时科研人员数(FTE)乘以评估质量概况中获得3*和4*等级的比例。以科研成果为例,三所高校在X_1评估单元的质量概况和相应研究量如表7-19所示。

表7-19 REF在X_1评估单元的质量与研究量

大学	FTE	4*	3*	2*	1*	0	3*以上研究量
A大学	164.15	17.0	55.7	24.6	1.1	1.6	119.34
B大学	84.45	13.5	56.7	28.2	1.3	0.3	59.28
C大学	192.05	39.4	45.0	13.7	0.6	1.3	162.09

第三步:确定每个评估单元的分配份额。每类评估单元由若干个次级评估单元构成,因此,接下来的工作是确定上个阶段每类评估单元中的每个次级评估单元可以获得的拨款,单个次级评估单元的拨款额度按照一定比例在该类中分配,这个比例是每个评估单元3*以上研究量×学科成本权重占该类评估单元总量的比重。其中,学科成本权重的确定原则是:高成本实验室和临床医学类为1.6,中等成本学科类权重为1.3,其他学科类权重为1。表7-20给出了A、B、C三所大学在X_1(高成本学科)、X_2(中等成本学科)、X_3(其他学科)三个评估单元中的研究量。依据上述研究量所获得的拨

款份额呈现在表 7-21 中。

表 7-20 三所高校在 X_1、X_2、X_3 评估单元的研究量

大学	X_1 评估单元	X_2 评估单元	X_3 评估单元
A 大学	119.34	15.92	10.63
B 大学	59.28	15.07	10.93
C 大学	162.09	25.35	12.41
合计	340.71	56.34	33.97

表 7-21 各评估单元的拨款份额

	X_1 评估单元	X_2 评估单元	X_3 评估单元	合计
3* 以上研究量总和	340.71	56.34	33.97	431.02
成本权重	1.6	1.3	1	3.9
成本加权研究量	545.14	73.24	33.97	653.02
学科拨款份额	88.57%	11.23%	5.2%	100%

第四步：确定每个高校获得的拨款额度。确定每个评估单元（学科）的总拨款额后，最后一个阶段就是将每个评估单元的拨款额按比例在高校之间分配。这个比例是每所高校质量加权研究量占该学科质量加权研究总量的比重，不同等级质量权重确定原则是：4* 权重为 4，3* 权重为 1，其他等级权重为 0。表 7-22 呈现了 A、B、C 三所高校的最终拨款额度。

表 7-22 主流质量相关基金拨款结果

大学	X_1 评估单元			X_2 评估单元			X_3 评估单元			合计
	3*以上质量加权研究量	占比	拨款份额	3*以上质量加权研究量	占比	拨款份额	3*以上质量加权研究量	占比	拨款份额	
A大学	203.05	29.62	24.75	21.44	18.11	2.03	26.17	35.96	1.87	28.65
B大学	93.49	13.64	11.40	27.45	23.19	2.61	20.11	27.63	1.44	15.45
C大学	389.09	56.74	47.42	69.50	58.70	6.59	26.50	36.41	1.89	55.90
合计	685.63	100	83.57	118.39	100	11.23	72.78	100	5.20	100

7.7.2 我国高校师均科研经费拨款标准

(1) 师均科研经费拨款的基本思路

与现有的竞争性科研资助项目不同,师均科研经费拨款属于非竞争性科研经费,其设立目的在于缓解因过度竞争带来的负面影响,同时保障教师基本科研经费需求、激发高校教师科研内在动力。本研究通过问卷调查和国际比较的研究表明,非竞争性的师均科研经费应该形成固定拨款流程,以"培养"和"保障"为基本目的,成为对竞争性科研项目的有效补充。建议师均科研经费的拨款纳入国家财政预算,由教育部牵头负责实施,其拨款和分配的基本思路如下:

第一,确立以中央财政为主、地方财政为辅的全国普通高校师均科研经费拨款制度。师均科研经费拨款可以参照农村义务教育经费保障新机制的办法,由中央和地方财政按比例进行分担(如西部8:2、中部6:4、东部2:8)。中央高校的师均科研经费拨款由教育部负责实施,地方高校的师均科研经费拨款由各省教育厅负责实施。

第二,坚持质量导向,以学科评估结果为基础确定拨款份额。师均科研经费需坚持以质量为导向,以最近一轮学科评估的结果为依据,按照各高校A类、B类、C类学科所占比重进行分配。高校为教师建立师均科研经费账户,每年分学科统计教师人数(明确退、转岗的教师人数),然后依据师均定额标准计算高校拨款总额纳入预算,上报归口管理部门审核批准,由财政统一拨付,再由归口管理部门拨付。每年对账户余额进行审查,多出余额滚入下一年续用。

第三,建立"申请—年度考查"机制,确保师均科研经费的使用效率。非竞争性科研经费的设置目的在于"培养"和"保障"。一方面,师均科研经费能够为高校普通教师尤其是青年教师提供基本科研条件,有助于提高开展基于自己兴趣的科研工作以及参加国内外学术活动,扩宽学术视野。另一方面,非竞争性科研经费拨款能够对广大普通教师提供持续开展科研活动的基本保障,避免因"处于科研项目断档期""职称考评"而无法持续开展科研工作的现象。与竞争性科研经费具有较大的不同在于,非竞争科研经费无须复杂的审核程序。采用年度学术报告制度,获得资助的教师在年终提交科研进展报告,由各院系高校学术委员会负责考查和评估教师科研进展情况。这种"申请—年度考查"机制有利于激发高校教师基于自主研究的积极性,并且让师均科研经费发挥最大效益。

(2)师均科研经费拨款的标准测算

科研是十分复杂的知识生产活动,而且不同学科的知识生产和创新活动存在着巨大差异,难以直接对其成本进行估算,因此本研究通过对普通高校教师的问卷调查获取不同学科各项科研支出的金额,以计算不同学科高校教师对科研各项目支出的基本需求。

具体测算步骤操作如下:

第一步,对问卷数据按照人文社科和理工农医两大学科进行分类,依据"是否赞同设立非竞争性的'师均科研经费拨款制(用于给所有专任教师按照年度拨款提供基本科研活动经费)'?"这一道题答案为"赞同"的样本进行计算。参与计算的样本共522个,其中人文社科288个,理工农医234个,分别计算两大类学科教师对于非竞争性科研经费的需求数额,以此作为基本拨款标准的参考数据。

第二步,选择人文社科/理工农医的教师科研经费数据,计算高校教师科研经费基本需求值。

$$X_i = \sum_{i=1}^{n}(a_{1i} + a_{2i} + \cdots + a_{ki}) \tag{7.3}$$

其中，X_i 代表第 i 位教师对于非竞争性科研经费的总需求，$a_{1i}, a_{2i}, \cdots, a_{ki}$ 代表第 i 位教师对于 k 种科研支出项目的需求数额，例如测试加工费等，但是不包括劳务费。

第三步，为防止奇异值对计算结果的影响，通过将每个教师的非竞争性科研经费总需求值 X_i 进行从低到高排序，计算在 5%、10% 上的分位数值，删除高于 5%、10% 分位数的个案。

第四步，对剩余个案进行均值计算，得到非竞争性科研经费拨款标准参考值。

通过上述四个步骤，可以计算得到人文社科和理工农医学科的师均科研经费标准参考的三种备选方案，如表 7-23 所示。

表 7-23　师均科研经费拨款标准

单位：万元/年

处理	人文社科			理工农医		
	不删除	删除 5%	删除 10%	不删除	删除 5%	删除 10%
均值	6.40	5.33	4.87	12.68	9.91	8.45

为了使师均科研经费标准与国家现行资助政策相匹配，进一步借鉴国家自然科学基金青年科学基金项目的数据来进行计算。青年项目中管理科学部可视为人文社科类，其平均资助额度（2010—2016 年）为 19.11 万；其他学部可视为理工农医类，平均资助额度在 22.47 万左右。由此可以计算得出，按照国家级青年项目的现行资助标准，人文社科类教师和理工农医类教师的平均师均科研经费值分别为 6.37 万/年和 7.49 万/年[①]。结合表 7-23

---

① 国家自然科学基金青年项目资助期限为三年，因而管理学部、其他学部的青年项目年均资助额度分别为 19.11/3＝6.37 万，22.47/3＝7.49 万。

的计算结果,人文社科类的非竞争性科研经费资助额度大约在 5 万－6 万,理工农医类的非竞争性科研经费资助额度大约在 8 万－9 万。

7.8 结论与建议

7.8.1 主要结论

基于对部分高校教师科研经费现状的调查和对非竞争性科研经费需求的调查分析,得出如下主要研究结论:

1.高校科研经费配置存在不公平现象。高校教师科研项目申请可能存在竞争不公平现象,一方面单位层次对高校教师申请国家级课题具有显著影响,"985 工程"高校和"211 工程"高校相对普通本科院校而言,受资助的比例相对较高,普通高校教师在申请国家级课题处于劣势,比例相对较小;另一方面,职称作为学术能力衡量的标准,在经费配置方面起到关键作用,而目前我国高校对职称评定名额进行严格把控,日益筑高的"职称墙"使有一定科研能力的高校教师未能够成功晋级,从而在科研经费申请方面处于劣势,难以获得充足的科研经费。

2.高校竞争性科研经费配置"马太效应"现象严重。由于高校层次和职称对经费分配起着明显作用,因此导致高校竞争性科研经费马太效应现象较为严重。这体现在一方面高校科研经费集中程度较高,10%的高校科研人员的科研经费总量占科研总经费的 60%以上,基尼系数达到 0.65,分布存在严重失衡。相对"985 工程"高校和"211 工程"高校,普通高校构成全国最低 20%科研经费的主体,普通高校的科研经费占据全国最低 20%科研经费七成比例;另一方面,低职称、低年龄教师科研经费整体水平较低。数据统计表明,5 万元以下的经费获得主体是年龄在 36－40 岁以下、具备中级职称的教师群体。

3.超过半数的高校教师认为科研经费缺乏。高校教师整体感知科研经费缺乏。数据表明,52.2%的普通高校教师认为非常缺乏或较为缺乏科研经费;57.9%具备中级职称的教师认为非常缺乏或较为缺乏科研经费,53.7%的 35 岁以下青年教师认为非常缺乏或较为缺乏科研经费。由此,多数高校教师认为缺乏科研经费。

4. 高校教师普遍赞同设立非竞争性科研经费,不同年龄段教师的态度出现分化,低职称和科研能力弱的教师更加倾向于设立非竞争性科研经费。不同年龄段对非竞争性科研经费设立的态度出现分化,以 51 岁以上的教师为参照组,41－45 岁和 46－50 岁这两个年龄段的教师赞同设立非竞争性科研经费拨款制度的概率相对更大,而 35 岁以下、36－40 岁这两个年龄段赞同设立非竞争性科研经费的概率相对较小。与中级职称教师相比,具有高级职称的教师赞同设立非竞争性科研经费制度的概率更小,因为高级职称教师在竞争性科研项目上更加具有优势。科研能力越强的教师,赞同设立非竞争性科研经费制度的概率越小,因为科研能力越强意味着独立承担课题的能力和意愿也越强,在竞争性科研经费中处于优势地位。

5. 人文社科类教师的非竞争性科研经费资助的适宜额度大约在 5 万－6 万/年,理工农医类教师的非竞争性科研经费资助的适宜额度大约在 8 万－9 万/年。从需求分析看,高校教师普遍认为要依据学科进行差别资助,根据高校教师实际需求设置资助额度。通过实际需求数据汇总计算后,人文社科类合理的资助额度大约在 5 万－6 万/年,理工科类非竞争性科研经费合理的资助额度大约在 8 万－9 万/年。

7.8.2　政策建议

1. 加大对非竞争性科研投入,充分认识师均科研经费拨款的重要意义和作用。师均拨款作为非竞争科研经费,不仅缓解因竞争带来的负外部性,在完善科研经费投入机制的同时,又有力地保障青年教师基本科研经费需求,激发高校教师科研内生动力。但目前高校科研主要以竞争项目为主,例如,上海交通大学 2008－2013 年科研经费总量中,其中非竞争性科研经费不足 3%[203]。管理有限、经费体量过小使非竞争性科研经费在"优胜劣汰、择优资助"的竞争背景下难以受到重视。因此,应加大非竞争性科研经费投入,合理配置竞争经费与非竞争经费的比例,充分认识师均科研经费拨款的意义和作用。

2. 以"培养"和"保障"为基本目的,形成师均科研经费拨款的固定拨款流程。考虑差异、依据实需原则。科研经费由中央和地方财政按比例承担，教育部负责制定拨款方案和实施细则等文件。中央高校的师均科研经费拨款由教育部负责落实，地方高校的师均科研经费拨款由各省教育厅负责落实。师均科研经费需坚持以质量为导向，以最近一轮学科评估的结果为依据，按照各高校 A 类、B 类、C 类学科所占比重进行分配。各高校每年依照学科进行教师人数统计，明确退、转岗的教师人数，然后依据师均定额标准计算高校拨款总额纳入预算，上报教育部审核批准，由国家财政拨付，再由教育部财务部门打入高校科研经费专门账户。各高校建立教师个人非竞争性科研经费账户，年初拨款。每年年底对教师经费使用进行合规审查，余额滚入下一年续用。

3. 建立完善的师均科研经费"申请—年度考查"机制。非竞争性科研经费的设置目的在于"培养"和"保障"。对青年教师而言，非竞争性科研经费能够为其起步科研提供基本条件，以"培养"为目的进行自主科研工作。因此，我们建议在这类经费申请上，坚持课题申请制度，将有助于提高其学术规范；坚持学术报告制度，有助于其扩宽学术视野，以便其能够为后续申请竞争性科研项目做准备。对有科研能力的教师而言，非竞争性科研经费主要起到保障作用，避免因"处于科研项目断档期"、职称低而无法获得充足经费的现象。科学合理的科研经费年度考查机制不仅能够调动高校教师利用非竞争性科研经费开展科研工作的积极性，也能够最大限度地发挥这类科研经费的使用效益。与竞争性科研经费最大不同在于，非竞争科研经费无需复杂的申请和审核程序。采用课题申请和学术报告制度，由高校各院系负责经费的管理和使用，通过成立专家审核小组，每年对获得资助的教师科研课题设计提出修改意见，并在年终学术报告会上对其科研工作进展和成果进行考评。

附录 7-1

高校教师非竞争性科研经费需求调查问卷

尊敬的老师：

您好！为了更好地了解高等院校教师科研经费现状，明确高等院校教师对科研经费的实际需要，特别展开这次调查。完成该问卷大约需要您抽出 5 分钟时间，您的建议将会对设立高等院校非竞争性科研经费提供重要参考。我们承诺对您所填写的信息保密，请您认真填写。问卷中的选择题均为单选题，请您根据您的实际情况勾选相应的选项。非常感谢您的合作！

北京师范大学教育学部
"后 4％时代"中国高等教育财政投资规模与配置结构研究课题
2016 年 10 月 10 日

第一部分　基本信息调查

1. 请问您的研究领域主要属于哪个学科？_____

   (1) 哲学　　　　(2) 经济学　　　(3) 法学　　　　(4) 教育学
   (5) 文学　　　　(6) 历史学　　　(7) 理学　　　　(8) 工学
   (9) 农学　　　　(10) 医学　　　　(11) 军事学　　　(12) 管理学
   (13) 艺术学

2. 请问您目前所在高校的名称是_____。

3.请问您的学校类型属于_____。

(1)综合类　　(2)理工类　　(3)财经类　　(4)师范类

(5)医药类　　(6)政法类　　(7)语言类　　(8)农林类

(9)民族类　　(10)艺术类　　(11)体育类

4.请问您目前所在单位的层次是_____。

(1)"985工程"高校　　　　(2)"211工程"高校

(3)非"211工程"普通公办本科院校

(4)其他,如专科、成人院校等

5.请问您目前的职称是_____。

(1)正高级职称(教授/研究员)

(2)副高级职称(副教授/副研究员)

(3)中级职称(讲师/助理教授/助理研究员)

(4)其他(教辅/行政/实验人员)

6.您的年龄是_____。

(1)30岁及以下　(2)31—35岁　(3)36—40岁

(4)41—45岁　(5)46—50岁　(6)51岁及以上

7.您在本单位的税前年收入为(包括基本工资、岗位津贴、超课时课酬、科研奖励、公积金、福利津补贴等)_____。

(1)5万元及以下　　(2)6万—10万元　　(3)11万—15万元

(4)16万—20万元　　(5)21万—25万元　　(6)26万—30万元

(7)31万—40万元　　(8)41万—50万元　　(9)51万元及以上

8.您对您的年收入是否感到满意?_____

(1)非常满意　　(2)比较满意　　(3)不太满意　　(4)非常不满意

9.2013—2015年您总计发表论文的情况:

1)国内期刊发表_____。

(1)3篇以上　　(2)2—3篇　　(3)1篇　　(4)0篇

2)国外期刊发表_____。

(1)3篇以上　　(2)2—3篇　　(3)1篇　　(4)0篇

其中SCI:_____。

(1)3篇以上　(2)2—3篇　(3)1篇　(4)0篇

其中EI:_____。

(1)3篇以上　(2)2—3篇　(3)1篇　(4)0篇

其中SSCI:_____。

(1)3篇以上　(2)2—3篇　(3)1篇　(4)0篇

第二部分　竞争性科研经费现状调查

10. 您认为贵校科研绩效奖金分配合理吗?_____

(1)非常合理　(2)比较合理　(3)不太合理　(4)非常不合理

11. 您认为您的科研劳动付出得到了合理回报?_____

(1)获得合理回报　　(2)未获得合理回报

12. 2013—2015年,您作为项目主持人获得立项的课题经费共计____万元,其中(如果无此项,请填0):

(1)国家级课题经费_____万元;

(2)省部级课题经费_____万元;

(3)地市级课题经费_____万元;

(4)区县级课题经费_____万元;

(5)校内课题经费_____万元;

(6)企业或行政事业单位委托或合作课题经费_____万元;

(7)国际组织、NGO和公益组织(如世行、福特基金会等)课题经费_____万元。

13. 贵校是否设立非竞争性科研经费项目(无论提交课题申请书与否,都100%立项,比如新入职教师享有的科研启动基金项目)?_____

(1)有,青年教师科研启动基金项目或者40岁以下教师科研基金项目等部分教师群体可以享有的科研基金项目

(2)有,学校给所有老师都拨付一定额度的科研经费

(3)没有

(4)不清楚

14.目前您的各项经费情况是(请在□里打钩):

(1)科研总经费

□非常缺乏　□较为缺乏　□基本充足　□非常充足　□无此需求

(2)设备购置经费

□非常缺乏　□较为缺乏　□基本充足　□非常充足　□无此需求

(3)材料费

□非常缺乏　□较为缺乏　□基本充足　□非常充足　□无此需求

(4)测试化验加工费

□非常缺乏　□较为缺乏　□基本充足　□非常充足　□无此需求

(5)燃料动力费

□非常缺乏　□较为缺乏　□基本充足　□非常充足　□无此需求

(6)差旅费

□非常缺乏　□较为缺乏　□基本充足　□非常充足　□无此需求

(7)会议费

□非常缺乏　□较为缺乏　□基本充足　□非常充足　□无此需求

(8)国际合作与交流费

□非常缺乏　□较为缺乏　□基本充足　□非常充足　□无此需求

(9)出版/文献/信息传播/知识产权事务费

□非常缺乏　□较为缺乏　□基本充足　□非常充足　□无此需求

(10)劳务费

□非常缺乏　□较为缺乏　□基本充足　□非常充足　□无此需求

(11)专家咨询费

□非常缺乏　□较为缺乏　□基本充足　□非常充足　□无此需求

(12)间接费用(管理费用、绩效费用等)

□非常缺乏　□较为缺乏　□基本充足　□非常充足　□无此需求

第三部分　非竞争科研经费设置需求调查

15.您是否赞同设立非竞争性的"师均科研经费拨款制度"（用于给所有老师按照年度拨款提供基本科研活动经费）？＿＿＿＿＿＿＿

　　（1）赞同　　　　（2）不赞同　　　　（3）不清楚

16.如果赞同设立非竞争性的"师均科研经费拨款制度"，您认为您所在的学科的老师每人应该拨付这项经费＿＿＿＿＿＿＿万元/年，各项经费支出应该分别是（如果无此项，请填0）：

　　（1）小型设备购置经费＿＿＿＿＿＿＿万元/年；

　　（2）材料费＿＿＿＿＿＿＿万元/年；

　　（3）测试化验加工费＿＿＿＿＿＿＿万元/年；

　　（4）燃料动力费＿＿＿＿＿＿＿万元/年；

　　（5）国内差旅费＿＿＿＿＿＿＿万元/年；

　　（6）会议费＿＿＿＿＿＿＿万元/年；

　　（7）国际合作与交流费（包括国际差旅费）＿＿＿＿＿＿＿万元/年；

　　（8）出版/文献/信息传播/知识产权事务费＿＿＿＿＿＿＿万元/年；

　　（9）劳务费＿＿＿＿＿＿＿万元/年；

　　（10）专家咨询费＿＿＿＿＿＿＿万元/年。

17.如果为每位教师设立非竞争性的师均科研基本经费账户（按年度拨款），您是否赞成将年终的剩余经费不用交回上级主管部门，供来年继续使用？＿＿＿＿＿＿＿

　　（1）赞同　　　　（2）不赞同　　　　（3）不清楚

18.如果您认为有必要建立长效增长机制，应当采用何种方式更合理？＿＿＿＿＿＿＿

　　（1）与GDP增速挂钩

　　（2）与通胀指数（如CPI）挂钩

　　（3）与财政性教育经费增速挂钩

19.关于非竞争性科研经费设立，请问您还有哪些建议？

附录 7-2

部分高校基本科研业务经费的管理方法

高校名称	网址
北京大学	http://xkb.pku.edu.cn/docs/20161223143513597582.pdf
浙江大学	http://www.zju.edu.cn/c1421921/content_2024166.html
南京大学	http://scit.nju.edu.cn/Item/133.aspx
中国科技大学	https://wenku.baidu.com/view/c1d38af64693daef5ef73d7b.html
西南大学	http://kjc.swu.edu.cn/s/kjc/xxzc/20131203/784362.html
西北农林科技大学	http://jcc.nwsuaf.edu.cn/gzzd/jyjfgl/115284.htm
华南理工大学	http://www2.scut.edu.cn/socialsci/2013/0929/c929a17570/page.htm

参考文献

[1]鲍成中.后4％时代:我国教育经费的保障和使用[J].中国教育学刊,2012(9):9-12.

[2]曾晓东,龙怡.后4％时代,路该怎么走[N].光明日报,2013-3-19(15).

[3]张学敏,兰正彦."后4％时代"我国的公共教育财政制度研究[J].国家教育行政学院学报,2014(4):19-26.

[4]胡咏梅,唐一鹏."后4％时代"的教育经费应该投向何处?——基于跨国数据的实证研究[J],北京师范大学学报(社会科学版),2014(5):13-24.

[5]汪洋."双一流"观察|高校的预算与产出[EB/OL].[2018-10-26]. http://gjs.njust.edu.cn.

[6]徐志强.我国普通高校财政支出差异及对策研究[D].中国财政科学研究院,2018:35.

[7]袁连生.我国高等学校生均成本变动分析[J].教育研究,2004(6):23-27.

[8]樊司.四川省地方高校教育经费统筹的案例研究[D].电子科技大学,2015:66.

[9]李未.地方高校教育经费筹措的困境与对策研究——以湖南省H高校为例[D].湖南农业大学,2016:51.

[10]2009年世界高等教育大会公报:高等教育与研究在促进社会变革

和发展中的新动力[J].熊建辉,译.世界教育信息,2009(9):23-27.

[11]金芳颖,楼世洲.教育政策社会学视域下我国公办高校学费定价标准及行为研究——基于浙江省普通高校的数据分析[J].教育发展研究,2019,39(19):25-33,67.

[12]罗建平,马陆亭.我国普通高校经费配置的有效性分析[J].教育探索,2013(9):22-24.

[13]李平沙.全国首届大学发展与筹、投资学术研讨会在北师大举办[N].光明日报,2014-11-26(5).

[14]"改革完善中央高校经费投入机制研究"课题组.中央直属高校财政拨款模式的历史变迁与改革思路[J].华中师范大学学报(人文社会科学版),2014(6):149-156.

[15]中国青年网.新工科建设从轰轰烈烈走向扎扎实实[EB\OL][2021-2-7].http://news.youth.cn/gn/201912/t20191229_12156209.htm.

[16]Johnstone, D B. The economics and politics of cost sharing in higher education: comparative perspectives[J]. Economics of Education Review, 2004, 23(4): 403-410.

[17]何国伟.政府公共财政须对非营利性民办高校提供资助——基于高等教育成本分担理论视角[J].扬州大学学报(高教研究版),2016(5):12-14,24.

[18]吴永立,张天义,李彦立.我国高等学校教育成本分担机制研究[J].产业与科技论坛,2018,17(19):106-109.

[19]上海市教育科学研究院.高等教育投资多元化与体制改革研究报告[EB/OL].(2010-02-09)[2015-1-22]. http://www.cnsaes.org/homepage/Upfile/2010612/2010061209219908.pdf.

[20]赵黎娜.高等教育财政政策的国际比较[J].华中师范大学学报(人文社会科学版),2009,48(5):135-140.

[21]朱昌发.高等教育财政拨款体制的国际比较[J].经济研究参考,

2004(60):8-20.

[22]王善迈,周为.我国普通高等教育经费拨款体制[J].教育与经济,1991(4):51-55.

[23]陶春梅,孙志军.高等学校基本支出拨款方式的改革与创新——2004年以来北京市的改革经验[J].财贸经济,2007(10):76-78.

[24]张红峰,谢安邦.高等教育投资模式的分类、比较与思考[J].中国高教研究,2008(5):24-27.

[25]孙志军.扩招十年来中国普通高校经费收入的变化及解释[J].清华大学教育研究,2009(4):72-80.

[26]王善迈.公共财政框架下公共教育财政制度研究[M].北京:经济科学出版社,2012:248-249.

[27]邓娅.市场经济的发展与高等教育财政体制改革[J].高等教育研究,2002(4):50-54.

[28]厉以宁.教育经济学研究[M].上海:上海人民出版社,1988:161-204.

[29]郎益夫.中国高等教育投资模式研究[D/OL].哈尔滨:哈尔滨工程大学,2002:56.

[30]YANG L, MCCALL B. World education finance policies and higher education access: A statistical analysis of World Development Indicators for 86 countries[J]. International Journal of Educational Development, 2014, 35:25-36.

[31]CARNOY M, FROUMIN I, LOYALKA P K, TILAK J B G. The concept of public goods, the state, and higher education finance: a view from the BRICs[J]. High Education, 2014, 68:359-378.

[32]TANDBERG D A. Politics, interest groups and state funding of public higher education[J]. Research in High Education, 2010, 51:416-450.

[33]刘泽云,袁连生.公共教育投资比例国际比较研究[J].比较教育研究. 2007(2):32-36.

[34]曹淑江,张晶.教育投资内部分配比例影响因素研究[J].中国高教研究,2009(9):26-28.

[35]岳昌君.高等教育经费供给与需求的国际比较研究[J].北京大学教育评论,2011,9(3):92-104.

[36] BECKER G. Human Capital:A Theoretical and Empirical Analysis, with Special Reference to Education (Second Edition)[N]. New York:NBER,1975:22-30.

[37]BALDWIN N, BORRELLI S A. Education and economic growth in the United States:cross-national applications for an intra-national path Analysis.[J]. Policy Science,2008,41:183-204.

[38]孙志军,金平.国际比较及启示:绩效拨款在高等教育中的实践[J].高等教育研究,2003(6):88-92.

[39]王建慧,沈红.美国高等教育公式拨款的演进与改革[J].外国教育研究,2014,41(10):109-118.

[40]CHOWDRY H,DEARDEN L,GOODMAN A,JIN W. The distributional impact of the 2012-13 higher education funding reforms in England[J]. Fiscal studies,2012,33(2):211-236.

[41]丁小浩.高等教育财政危机与成本补偿[J].高等教育研究,1996,(2):37-45.

[42]范先佐.我国学生资助制度的回顾与反思[J].华中师范大学学报(人文社会科学版),2010,49(6):123-132.

[43]沈红,赵永辉.美国高校学生资助政策变革及其效应[J].高等工程教育研究,2014(4):135-140.

[44] CARPENTIER V. Public-private substitution in higher education:has cost-sharing gone too far? [J]. Higher Education

Quarterly,2012,66(4):363-390.

[45]CHAPMAN B, SINNING M. Student loan reforms for German higher education: financing tuition fees[J]. Education Economics,2014,22(6):569-588.

[46]HAN C, ZHU K. The study of returns to private investment in higher education from the point of employment[J]. Canadian Social Science,2009,5(1):119-125.

[47]HANUSHEK E A, WOESSMANN L, ZHANG L. General Education, Vocational Education, and Labor-Market Outcomes over the Life-Cycle[R]. NBER Working Paper 17504,2011.

[48]COHN E, RHINE S L W, SANTOS M C. Institutions of higher education as multi-product firms: economies of scale and scope[J]. Review of Economics and Statistics,1989,71:284-290.

[49]丁小浩.中国高等院校规模效益的实证研究[M].北京:教育科学出版社,2000:25-35.

[50]成刚,孙志军.我国高校效率研究[J].经济学(季刊),2008(3):1079-1103.

[51]HOU L, LI F, MIN W. Multi-product total cost functions for higher education: The case of Chinese research universities[J]. Economics of Education Review,2009,28(4):505-511.

[52]陈晓宇,董子静.大众化阶段高等教育的规模经济与范围经济[J].教育研究,2011(9):14-21.

[53]LI F, CHEN, X. Economies of scope in distance education: the case of Chinese research universities[J]. The International Review of Research in Open and Distance Learning,2013,13(3):117-131.

[54]DE MEULEMEESTER J L, ROCHAT D. A causality analysis of the link between tertiary education and economic development[J].

Economics of Education Review,1995,14(4):Economics of Education Review,351-361.

[55]Nicholas W. Hillman et al. Market-Based Higher Education: Does Colorado's Voucher Model Improve Higher Education Access and Efficiency? [J]. Research in High Education,2014,55:601-625.

[56]栗玉香.教育财政效率的内涵、测度指标及影响因素[J].教育研究,2010(3):15-22.

[57]JAMES M K,COHEN P. A new compact for higher education: funding and autonomy for reform and accountability[J]. Innovation High Education,2010,35:37-49.

[58]MARIA T D,BLEOTU V. Modern Trends in Higher Education Funding[J]. Procedia-Social and Behavioral Sciences,2014,116:2226-2230.

[59]NAGY S G,KOVáTS G,NéMETHC A O. Governance and funding of higher education - international trends and best practices[J]. Procedia - Social and Behavioral Sciences,2014,116:180-184.

[60]毕雪阳.高等学校内部教育财政投入配置结构特征的实证分析[J].中国高教研究,2008(7):40-42.

[61]胡耀宗.不同类属高校财政差异分析[J].中国高教研究,2011(11):17-20.

[62]靳希斌.关于确定教育投资比例的几个问题[J].北京师范大学学报,1990(4):5-12.

[63]岳昌君,丁小浩.教育投资比例的国际比较[J]. 教育研究,2003(5): 58-63.

[64]姚继军,马林琳."后4%时代"财政性教育投入总量与结构分析[J].教育发展研究,2016,36(5):17-21.

[65]财教〔2014〕352号. 关于建立完善以改革和绩效为导向的生均拨款制度,加快发展现代高等职业教育的意见[EB/OL].[2015-2-10]. http://

www.gov.cn/gongbao/content/2015/content_2827229.htm.

[66]李文利.从稀缺走向充足——高等教育的需求与供给研究[M].北京:教育科学出版社,2008:61-80.

[67]胡姝,丁小浩.替代还是互补:基于弹性视角的我国高校经费支出结构研究[J].教育学术月刊,2014(8):45-52.

[68]袁连生,廖枝枝,李振宇,何婷婷.我国高校人员支出比例为何严重偏低?[J].北京师范大学学报(社会科学版),2016(3):26-37.

[69]周程.政府需要进一步加大高校科研经费投入[J].科学学研究,2013(10):1450-1452.

[70]胡瑞文,王红.2020年我国教育经费投入强度需求预测及实施方案构想[J].教育发展研究,2010,30(1):1-7.

[71]罗良清.我国基础教育经费的系统诊断——结构分析及缺口预测[J].统计研究,2004(12):13-17.

[72]王善迈,刘泽云,孙志军.2008年北京市教育经费需求与供给预测[J].教育科学研究,2003(Z1):5-9.

[73]岳昌君.我国公共教育经费的供给与需求预测[J].北京大学教育评论,2008(2):152-166.

[74]汪寿阳.宏观经济预测方法应用与预测系统[M].北京:科学出版社,2018:68.

[75]冯文权.经济预测与决策技术[M].5版.武汉:武汉大学出版社,2008:68.

[76]唐一鹏,胡咏梅.经济新常态下我国"十三五"期间高等教育财政投资规模预测[J].重庆高教研究,2015,3(06):3-15.

[77]赵冉,胡咏梅."十三五"期间我国不同类型高校教育财政投资配置结构比例预测——基于普通本科与高职院校数据的分析[J].中国高教研究,2017(9):24-29.

[78]靳云汇,金赛男.高级计量经济学[M].北京:北京大学出版社,

2011:148-150.

[79]卡特·希尔,威廉·E·格里菲斯,瓜伊·C·.利姆. 计量经济学原理[M]. 大连:东北财经大学出版社,2013:47.

[80]GREENE, W. Econometric Analysis (Seventh edition)[M]. New Jersey: Prentice Hall, 2011: 135-136.

[81]伍德里奇. 横截面与面板数据方法[M]. 北京:中国人民大学出版社,2012:59.

[82] GREENE W. Reconsidering heterogeneity in panel data estimators of the stochastic frontier model[J]. Journal of Econometrics, 2005, 126(2): 269-303.

[83]PESARAN M H. Estimation and inference in large heterogeneous panels with a multifactor error structure[J]. Econometrica, 2006, 74: 967-1012.

[84]PESARAN M H, SMITH R P. Estimating long-run relationships from dynamic heterogeneous panels[J]. Journal of Econometrics,1995,68: 79-113.

[85] EBERHARDT M, TEAL F. Productivity analysis in global manufacturing production [R]. Discussion Paper 515, Department of Economics, University of Oxford, 2010.

[86]斯托克·沃克森. 计量经济学导论[M]. 上海:三联书店,2013:60.

[87]GARDNER JR E S. Exponential smoothing: The state of the art [J]. Journal of Forecasting, 1985, 4: 1-28.

[88] CHATFIELD C. Time-Series Forecasting [M]. London: Chapman & Hall/CRC, 2001:51.

[89]尹希果. 计量经济学:原理与操作[M]. 重庆:重庆大学出版社,2009:380.

[90]米红,郭书君.未来十年我国高等教育经费投入状况的理论分析与实证研究[J].教育与经济,2005(1):30-34.

[91]张宏文.未来十年我国教育经费投入的预测研究[J].成都师范学院学报,2015,31(11):19-24.

[92]刘彦伟,胡晓阳.20世纪90年代中后期我国普通高等教育经费来源结构的变动[J].高等教育研究,2005(6):34-39.

[93]方芳,刘泽云.2005—2015年我国高等教育经费投入的变化与启示[J].中国高教研究,2018(4):78-85.

[94]胡耀宗.省域高等教育财政差异实证分析[J].教育发展研究,2012,32(1):36-40.

[95]叶杰.发展趋势与因素分解:中国省域间高等教育经费支出中的公平性问题——基于基尼系数及其结构分解与变动分解技术的分析[J].中国高教研究,2015(10):36-43.

[96] TANDBERG D A, GRIFFITH C. State Support of Higher Education: Data, Measures, Findings, and Directions for Future Research [M]. Higher Education: Handbook of Theory and Research. Springer Netherlands, 2013:613-685.

[97]"政府间财政均衡制度研究"课题组.各国财政均衡制度的主要做法及经验教训[J].经济研究参考,2006(10):14-41.

[98]杜育红,孙志军.中国义务教育财政研究[M].北京:北京师范大学出版社,2009:39.

[99]刘志伟.收入分配不公平程度测度方法综述[J].统计与信息论坛,2003(5):28-32.

[100]BARRO R J, SALA-I-MARTIN X. Public Finance in Models of Economic Growth[J]. Review of Economic Studies,1992(4):645-661.

[101]顾佳峰.中国基础教育财政收敛性实证研究——基于空间计量视角[J].教育与经济,2008(4):48-53.

[102]BARRO R J. Education and Economic Growth[J]. Annals of Economics and Finance,1995,14-2,301-328.

[103]KRUEGER A B,LINDAHL M. Education for Growth:Why and for Whom?[J]. Journal of Economic Literature,2001,39(4):1101-36.

[104]ROSSI R J,GILMARTIN K J. Models and forecasts of federal spending for elementary and secondary education[M]. New York:Human Sciences Press,1982:71-75.

[105]TANG H W V,YIN M S. Forecasting performance of grey prediction for education expenditure and school enrollment[J]. Economics of Education Review,2012,31:452-462.

[106]DE MEULEMEESTER J L,ROCHAT D. A causality analysis of the link between tertiary education and economic development[J]. Economics of Education Review,1995,14(4):351-361.

[107]GOLDIN C D,KATZ L F. The Race between Education and Technology. MA:Harvard University Press,2009:62.

[108]HECKMAN J,YI J. Human Capital,Economic Growth,and Inequality in China[R]. NBER Working Paper w18100,2012.

[109]WU X. Economic transition,school expansion and educational inequality in China,1990-2000[J]. Research in Social Stratification and Mobility,2010,28(1):91-108.

[110]KHARAS H,KOHLI H. What is the middle income trap,why do countries fall into it,and how can it be avoided?[J]. Global Journal of Emerging Market Economies,2011,3:281-289.

[111]KHOR N. China's Looming Human Capital Crisis:Upper Secondary Educational Attainment Rates and the Middle Income Trap[R]. Rural Education Action Program(REAP)Working paper 280,2015.

[112]刘天佐,陈祥东.论公共高等教育财政资源配置模式的"公式化"现象——以 H 省为例[J].教育与经济,2013(2):38-42.

[113]网易.教育新闻[EB/OL].[2019-1-20].http://edu.163.com/09/1110/08/5NODLJQF00293L7F.html.

[114]张连绪,王超辉.高等职业教育经费来源中的结构问题探讨[J].教育评论,2013(3):27-29.

[115]宋福进,胡薇,刘少雪.我国高等教育财政投入结构失衡问题分析[J].教育科学,2015,31(6):31-35.

[116]BOX G E P, JENKINS G M, REINSEL G C. Time Series Analysis Forecasting and Control (Third Edition)[M]. New Jersey: Prentice-Hall,2007:51.

[117]EVERETTE S, GARDNER JR, JOAQUIN D S. Exponential smoothing in the telecommunications data[J]. International Journal of Forecasting,2008,24(1):170-174.

[118]TANG X W, ZHOU Z F, SHI Y. The variable weighted functions of combined forecasting[J]. Computers & Mathematics with Applications,2003,45(4-5):723-730.

[119]周杰文,后灵芝.中国财政性教育经费对经济增长贡献率的区际差异分析[J].经济问题探索,2014(8):150-155.

[120]顾颖.高等教育财政拨款制度比较研究[D].兰州:西北师范大学,2012:11-12.

[121]龚小寒.我国高校财政拨款模式研究[D].沈阳:东北大学,2011:20-26.

[122]孙培清,苏运法,陈文莎,杨莉.高等学校不同学科生均培养成本与财政拨款模式研究——以某理工大学为例[R].首届中国教育财政学术研讨,2015.

[123]李博.基于成本和绩效的高等教育财政拨款机制研究[D].天津:

天津大学,2016:12-13.

[124]教育部.天津:实现生均拨款各级各类教育全覆盖[EB\OL]. [2021-2-7]. http://www.moe.gov.cn/jyb_xwfb/s5989/s6635/201509/t20150925_210766.html.

[125]周雪飞.高等教育拨款模式研究[M].合肥:安徽教育出版社,2012:5-73.

[126]DOUGHERTY KJ,JONES SM,LAHR H,et al. Performance funding for higher education[J]. Annals of the American Academy of Political & Social Science,2016,655(1):163-184.

[127]HEFCE. History of TRAC [EB/OL]. [2015-4-8]. http://www.hefce.ac.uk/funding/finsustain/trac/history/.

[128]JCPSG. Transparent Approach to Costing (TRAC) Guidance [EB/OL]. [2016-1-8]. http://www.jcpsg.ac.uk/guidance/foreword.htm.

[129]HEFCE. TRAC Guidance:The Transparent Approach to Costing for UK Higher education institutions (applies from 2014-15) [EB/OL]. [2016-1-9]. http://www.hefce.ac.uk/media/hefce/content/What,we,do/Leadership,governance,and,management/Financial,sustainability,and,TRAC/TRAC,guidance/TRAC%20Guidance%20August%202014%20Version%201.0.pdf.

[130]HEFCE. Guide to funding 2015-16:How HEFCE allocates its funds[EB/OL]. [2015-4-13]. http://www.hefce.ac.uk/media/HEFCE,2014/Content/Pubs/2015/201504/2015_04.pdf.

[131]HEFCE. Postgraduates:policy and funding [EB/OL]. [2015-4-13]. http://www.hefce.ac.uk/sas/pg/.

[132]袁连生.教育成本计量探讨[M].北京:北京师范大学出版社,2000:87-90.

[133]甘国华.高等教育成本分担研究[M].上海:上海财经大学出版社,2007:56-63.

[134]武雷.高等教育成本管理理论与实务[M].北京:中国人民大学出版社,2016:123-126.

[135]郭化林.高等教育标准成本计量与核算体系研究[M].北京:中国农业科学技术出版社,2010:96.

[136]张凤.作业成本法在高等教育成本核算中的应用研究[J].经济研究导刊,2017(21):87-88.

[137]刘馨阳,张紫荷.基于作业成本法的高等教育全成本核算分析[J].北京航空航天大学学报(社会科学版),2015,28(6):86-89,94.

[138]龚艳林.我国高等教育成本核算与成本控制的研究[D].南昌:江西财经大学,2017:12-15.

[139]于丰.高校本科生培养成本测算及分析[J].当代经济,2019(9):116-119.

[140]吴雯雯,曾国华,余来文.高校人才培养质量成本:效率测算与结构优化[J].教育财会研究,2016,27(6):44-50.

[141]潘松剑.高校培养成本核算与学费定价研究——以广西5所高校为例[J].教育财会研究,2015,26(3):28-32.

[142]张海兰,王绍磊.高校教育成本影响因素分析研究[J].教育财会研究,2007(5):26-30.

[143]王绍磊,刘斐.高校教育成本影响因素评估分析[J].现代经济信息,2009(10):206.

[144]75所部属高校预算公布,8所高校预算超百亿,有你的母校吗?[EB/OL].[2020-6-8].https://baijiahao.baidu.com/s?id=1632051353400750886&wfr=spider&for=pc.

[145]唐一鹏.什么影响了高校办学成本--基于教育部直属高校数据的实证研究[J].教育学报,2017,13(1):93-106.

[146]AGASISTI T,JOHNES G. Heterogeneity and the evaluation of efficiency: the case of Italian universities[J]. Applied Economics,2010,42(11),1365-1375.

[147]WORTHINGTON A C,Higgs H. Economies of scale and scope in Australian higher education[J]. High Education,2011 61,387-414.

[148]林李楠,程程. 高校生均事业性经费支出的地区差异研究[J]. 黑龙江高教研究,2015(9):76-78.

[149]唐一鹏. 我国高等教育财政的充足、均衡与收敛[J]. 黑龙江高教研究,2019,37(10):71-74.

[150]新华网. 国务院印发《2016年推进简政放权放管结合优化服务改革工作要点》[EB/OL]. [2017-04-02]. http://news.xinhuanet.com/2016-05/24/c_1118924776.htm.

[151]张金贵,孙杰. 高校科研经费管理的现状、原因及对策[J]. 江苏科技大学学报(社会科学版),2014,14(3):98-103.

[152]中国日报网. 全国首届大学生发展与筹、投资学术研讨会在北师大举办[EB/OL]. [2017-04-02]. http://www.chinadaily.com.cn/hqcj/xfly/2014-11-26/content_12786234.html.

[153]徐永. 区域高等教育非均衡发展的形成机制及其检视:一个"国家行动"的解释框架[J]. 教育发展研究,2013(19):18-25.

[154]施一公,饶毅. 中国的科研文化[J]. 科技导报,2010(18):13.

[155]汤敏慧,马亮,邢少璟,李霆. 中央高校基本科研业务费管理模式研究[J]. 科技管理研究,2011(10):77-81.

[156]樊桂清,贾相如. 高校科研领域内"马太效应"对青年教师发展影响研究[J]. 高校教育管理,2013(2):70-74.

[157]财政部. 关于印发《中央高校基本科研业务费专项资金管理暂行办法》的通知[EB/OL]. [2017-04-20]. http://jkw.mof.gov.cn/zhengwuxinxi/zhengcefabu/200908/t20090818_194961.html.

[158]周伟.省域科技资源配置效率评价研究[M].中国科学技术大学出版社,2014:36.

[159]FIGUEIREDO J D. How Does the Government (Want to) Fund Science? Politics, Lobbying and Academic Earmarks[R]. MIT Sloan School of Management,2004.

[160]WEINER,TIM. Lobbying for Research Money:Colleges Bypass Review Process[N]. New York Times,1999-8-24.

[161]田华,肖瑜.竞争性资助与非竞争性资助关系研究——以Y大学国家重点实验室为例[J].科技进步与对策,2014(15):19-23.

[162]康小明.中国政府对大学科研的资助体系研究.北京大学中国教育财政科学研究所简报[EB/OL].(2007-6-1)[2020-05-12]. http://ciefr.pku.edu.cn/xmykt/gdjy/gdjy-8337.shtml.

[163]段从宇,张雅博.来源构成、支出分布及资源配置意蕴:美国高等教育科研经费研究[J].现代教育管理,2016(6):119-123.

[164]陈霞玲,王彩萍.美国高校科研经费拨款方式对我国的启示[J].世界教育信息,2009(9):48-51.

[165]顾全.典型科技发达国家财政科技投入管理对我国的借鉴研究[D].成都:西南交通大学,2013:76.

[166]王敏,张国兵.英国高校科研经费"双重资助体系"研究及思考[J].科技管理研究,2015(24):29-34.

[167]马楠楠.国外高校科研经费管理对我国高校的启示[D].石家庄:河北科技大学,2018:23.

[168]杨明.论德国高等学校科研经费筹措的现状、问题和对策[J].比较教育研究,2007(12):71-75.

[169]赵清华,王敬华.德国联邦政府科研经费配置和管理的特点[J].全球科技经济瞭望,2018,33(4):40-45.

[170]白璇,游玎怡.中日科研资助体系对比研究及启示[J].科技和产

业,2018,18(4):100-104.

[171]席酉民,李会军,郭菊娥.我国高校科研经费优化配置研究[J].科技进步与对策,2014(3):103-107.

[172]SHI Y, RAO Y. China's Research Culture. Science[J]. 2010, 329(5996):1128.

[173]姚玉鹏.对我国科研资助体系存在问题及深化体制改革的思考[J].中国科学基金,2011(1):26-29.

[174]刘莉.欧洲大学科研评价与拨款的相关度[J].复旦教育论坛,2004(3):70-74.

[175]晏成步.关于建立"生均拨款标准"的制度设计与思考[J].现代教育管理,2011(9):43-45.

[176]李国俊,任文隆,卞艳,高辉,张执力,高雅霞.理工类学科与人文类学科生均培养成本构成分析——以北京市属本科院校为例[J].中国高教研究,2011(1):37-40.

[177]姚利华.高校权责发生制及生均培养成本负担分析[J].财会通讯,2011(32):63-64.

[178]宣杰,王静,许楠,杜美澄.基于基本办学指标的高校生均培养成本研究——以Y高校为例[J].会计之友,2014(19):22-27.

[179]MOWERY D C. The U. S. national innovation system:Origins and prospects for change [M]. Springer Netherlands,1994:125-144.

[180]NELSON R R. National innovation systems[M]. USA:Oxford University Press,1993:65.

[181]BRAINARD J, BORREGO A M. Academic pork barrel tops $2-billion for the first time[R]. Chronicle of Higher Education,2003.

[182]FERRIN S E. Characteristics of in-house lobbyists in American colleges and universities[J]. Higher Education Policy,2003,16(1):87-108.

[183]夏欢欢,钟秉林.论日本竞争性经费配置机制对我国创新科研管理的启示[J].高校教育管理,2016,10(3):87-93.

[184]肖广岭.多层次全方位竞争是我国高校科研效率高的关键[J].科学学与科学技术管理,2010(9):21-24.

[185]中国教育和科研计算机网.高校科研论文质量整体低于科研机构:为什么[EB/OL].[2017-04-02].http://www.edu.cn/rd/zui_jin_geng_xin/201511/t20151105_1334950.shtml.

[186]温珂,张敬,宋琦.科研经费分配机制与科研产出的关系研究——以部分公立科研机构为例[J].科学学与科学技术管理,2013(4):10-18.

[187]刘魁.大学科研经费"马太效应"的辩证试解[J].教育财会研究,2015(2):25-28..

[188]何光喜,赵延东,杨起全.我国科研资源分配不均等程度初探——对科研人员经费集中情况的分析[J].中国软科学,2014(6):58-66.

[189]李兵,李正风,崔永华.课题制科研经费管理存在的问题与对策[J].中国科技论坛,2011(7):5-11.

[190]房慧.教育科研中的消费主义倾向[J].大理学院学报,2009(1):83-84.

[191]刘彬.中央高校基本科研业务费专项资金管理及资助成效[J].科技导报,2014(2):129-132.

[192]张斌,陈广胜,范德林.中央高校基本科研业务费专项资金的管理模式与资助成效初探[J].研究与发展管理,2011(6):105-109.

[193]崔卫芳,刘旭,赵磊,王志刚.中央高校基本科研业务费执行情况回顾与思考——以西北农林科技大学为例[J].科技资讯,2013(27):159-160.

[194]曹学.中央高校基本科研业务费实施情况探讨[J].当代教育实践与教学研究:电子刊,2016(1):74-74.

[195]谢双琴.高等学校的科研经费管理研究[D].武汉:武汉科技大

学,2011:37.

[196]张乐平.科研工作中不公平竞争的存在与防范[J].科学学研究,2003(S1):165-169.

[197]中华人民共和国教育部.专任教师年龄情况(普通高校).[EB/OL].[2019-01-05]. http://www.moe.gov.cn/s78/A03/moe_560/jytjsj_2016/2016_qg/index_1.html.

[198]王维懿,杜育红.学术系统"马太效应"研究及其启示[J].齐鲁学刊,2014(3):103-107.

[199]雷炜.高校青年教师专业发展特征、现状及策略[J].教育理论与实践,2018,38(24):41-43.

[200]王一帆,冯瑛.高校年长教师的内外职业发展特征及影响因素研究[J].中国成人教育,2018(19):53-56.

[201]梁文艳,周晔馨.社会资本、合作与"科研生产力之谜"——基于中国研究型大学教师的经验分析[J].北京大学教育评论,2016,14(2):133-156,191-192.

[202]李冲,林焕翔,苏永建.绩效考核、知识共享与高校教师科研创新关系的实证研究[J].现代教育管理,2018(9):56-62.

[203]刘兴凯,左小娟.基于卓越框架(REF)的英国大学科研质量拨款模式及其启示[J].大连理工大学学报(社会科学版),2016,37(3):6-11.

[204]张耀方,白杰.非竞争性经费支持高校自主科研路径优化研究[J].科技进步与对策,2015(2):19-23.

结　束　语

　　高等教育财政是教育经济学科经久不息的研究主题,其中有关规模和结构的研究一直是国内外教育经济学界的研究热点。本专著是依托国家自然科学基金面上项目"'后4%时代'中国高等教育财政投资规模与配置结构研究(71573020)"的重要研究成果。我们围绕我国高等教育财政投资的充足性和公平性,以及我国"十四五"期间高等教育财政投资规模预测,"十三五"期间不同类属院校的财政投资比例预测开展了较为系统深入的研究。同时,我们还计算了76所教育部直属高校2015—2018年各校的生均培养成本,估算了不同层次、不同规模、不同类型、不同经济发展水平高校的生均拨款的调整系数。此外,还基于高校教师问卷调查数据,探讨了高校教师科研经费需求,以及师均科研经费的标准设定。上述内容围绕高等教育财政规模预测、外部结构、内部配置等重要议题开展研究,具有很强的政策参考价值。

　　《中国教育现代化2035》为未来15年的我国高等教育发展指明了方向,为大众化阶段高等教育事业发展提供新的机遇。但机遇与挑战并存,特别是诸如高校内部经费支出的合理配比问题还没有得到科学解决。我国高等教育经费支出结构不合理的长期事实已经被学术界所重视,不仅事业费与基建费比例不合理,而且事业费内部人员经费比重也在趋于下降。因此,后续研究应当对不同类型高校(普通高等院校、高等职业院校)事业费、人员经

结束语

费分别建立预测模型,根据预测模型的系数调整高校内部财政经费配置比例,从而给出不同类型高校事业费占总经费的比重、人员经费占事业费的比重的参考标准。